CITY INVESTMENT COMPANY
PRACTICAL OPERATION MANUAL

胡恒松　曹玉屏　苑德江 ◎ 编

城投公司实操手册

上海财经大学出版社
SHANGHAI UNIVERSITY OF FINANCE & ECONOMICS PRESS

上海学术·经济学出版中心

图书在版编目(CIP)数据

城投公司实操手册/胡恒松,曹玉屏,苑德江编. —上海:上海财经大学出版社,2023.9
ISBN 978-7-5642-4144-5/F・4144

Ⅰ.①城… Ⅱ.①胡…②曹…③苑… Ⅲ.①城市建设-投资公司-企业管理-中国-手册 Ⅳ.①F299.23-62

中国国家版本馆 CIP 数据核字(2023)第 048457 号

城投公司实操手册

| 编 著 者：胡恒松　曹玉屏　苑德江　编
| 责任编辑：陈　佶
| 封面设计：贺加贝
| 出版发行：上海财经大学出版社有限公司
| 地　　址：上海市中山北一路 369 号(邮编 200083)
| 网　　址：http://www.sufep.com
| 电子邮箱：webmaster@sufep.com
| 经　　销：全国新华书店
| 印刷装订：苏州市越洋印刷有限公司
| 开　　本：787mm×1092mm　1/16
| 印　　张：15.5(插页:2)
| 字　　数：294 千字
| 版　　次：2023 年 9 月第 1 版
| 印　　次：2025 年 2 月第 2 次印刷
| 定　　价：78.00 元

前　言

党的二十大报告指出,全面建设社会主义现代化国家的重要任务就是建设现代化经济体系,作为地方基础设施建设的主力军,城投公司在现代化经济建设过程中发挥了重要作用。但是现在,随着改革开放的进一步深入和社会主义市场经济的进一步发展,诸多城投公司都面临巨大的债务压力和转型发展压力。

当前,城投公司的转型困难重重,究其原因是城投公司是央地博弈下的产物,带有明显的时代特征。1991年,中央推行新一轮政府投融资体制改革,规定地方政府不能直接从事城市基础设施建设,再加上1994年分税制改革,使得地方财政更加捉襟见肘,各地方政府开始试行通过平台公司化解融资难题。随着融资规模的增加,多地的城投公司累积了大量的城投债,已成为制约地方发展的包袱。由于长期累积的城投债务持续增加,大量短期债券即将到期,且融资成本处于高位,我国近三分之一的城投公司面临较大的再融资压力,这倒逼城投公司增强造血功能、加快市场化转型。

本书从城投公司的经营管理和业务拓展出发,为城投公司对内适应市场化转型提供可借鉴的思路和建议。全书共分为六章,内容涵盖了对内公司治理和对外投融资业务。第一章主要是回顾了城投公司的发展史,介绍了城投的概念、演变历程到当前所面临的市场化转型,系统介绍了城投公司的现状。第二章描述了城投公司的内部管理及架构设计,作为国有企业,城投公司需要确定相应的股权结构、组织结构、绩效考核制度、财务报表优化和风险管理控制等方面的内部管理,这是确保公司正常经营的重要环节。作为重要的融资平台,城投公司需要具备一定的优质资产,才能开展融资业务。第三章着重介绍了一些资产注入的方法和技巧。第四章是从业务投资的角度分析城投公司的业务模式和类型,主要包括土地整理、委托代建、城市新型基础设施建设和供应链金融业务,从五大业务体系分析城投公司如何开展业务。在分析业务模式的基础上,第五章重点介绍了当前城投公司常用的五种融资途径和技巧,主要包括股权融资、债权融资、非标融资、盘活存量资产和公募REITs盘活存量资产。对于某些城投公司来说，隐性债务已经影响到公司正常的经营管理和业务拓展，因此第六章重点介绍了当前隐性债务化解的途径和案例，为公司有序开展业务、解决隐性债务难点提供一些启示。

  站在地方投融资平台市场化转型的关口，希望本书能够为广大的城投公司在经营管理和业务实操方面提供实际且有效的思路，为助力平台公司实现市场化转型提供有用的帮助！

序 一

作为推动区域经济发展的重要力量，近三十多年来，地方政府投融资平台在服务地方经济高质量发展、促进共同富裕等方面发挥了积极的作用，特别是为地方城市基础设施、市政公司、科技园区等建设做出了突出贡献，是地方城市建设发展的重要主体，在推进中国城镇化发展中发挥了重要的带头作用。从城投公司的诞生历程来看，它是分税制改革推动下的产物，虽然经过多年的市场化转型，但本质上仍不同于其他类型的国有企业，经营管理更加依赖政府信用，投融资业务带有明显的政府行政色彩。

近年来，由于疫情影响，经济下行，土地财政收紧，导致一些地方政府对城投公司的输血能力明显减弱，甚至需要城投公司反向支持地方政府，城投公司经营压力剧增，债务问题进一步凸显，甚至出现一些城投公司选择退出地方政府融资平台，不再承担地方政府融资职能的情况。

对于城投公司来说，上述情况说明传统的行政化发展模式难以为继，迫切需要深入进行市场化转型。特别是对于欠发达地区、区县级城投公司来说，转型升级压力更大。区域经济发展仍需要平台公司承担融资功能，只有顺应市场规律，迎合市场需求的市场化转型升级，才能从根本上解决城投公司面临的困境。

《城投公司实操手册》立足平台公司实际需求，内容涵盖了公司内部组织管理、资产注入、业务模式、融资途径和化债案例，做到了内容丰富翔实、有理有据，能够协助公司对内理顺内部经营管理，对外扩宽业务发展思路，有助于解决公司在经营管理和业务实操中面对的难题，以适应市场化转型的新要求、高要求，不断提升市场经营能力和治理水平。本书的主编胡恒松博士是研究地方政府投融资平台的资深专家，不仅拥有多年研究城投公司的丰富经验，而且在企业治理方面具有独到的经营管理实操见解。

《城投公司实操手册》凝结了胡恒松博士在企业管理和投融资业务方面的相关经验,能够针对平台公司提供精准的建议指导,并提出具有现实意义的解决思路和方法。

是为序。

中国城投 50 人论坛理事长
中国人民大学应用经济学院教授、博士生导师

孙久文

序 二

2021年7月1日,中共中央总书记、国家主席习近平庄严宣告,我们实现了第一个百年奋斗目标,在中华大地上全面建成了小康社会。在这个宏大背景下,地方政府投融资平台也迎来重要的发展转折点。多年来,作为助力地方政府推进基础设施建设、提升城镇化率,并最终实现小康社会的地方政府投融资平台,其积极开展资本市场融资,很大程度上缓解了地方财政压力。随着我国踏上第二个百年征程,地方政府投融资平台的历史使命也发生了重大变化。随着小康社会的建成、城镇化的脚步放缓,城投公司需要及时转型,紧随时代发展的脉搏,在管理体制、经营领域、融资模式等方面做出新的改变。

城投公司自成立之初便肩负着为地方建设提供资金支持的职责,其管理模式往往也延续了类政府的管理模式。作为公司制法人,城投公司虽按照监管要求开展市场化运作,但脱胎自地方政府的成立背景,使得公司的市场化程度仍有较大的提升空间。从实践中可以了解到,有些城投公司业务战略规划、决策流程和制度、组织架构和管理体系等方面均存在一定程度的不足,这些不足导致公司市场化运作能力偏弱,无法适应新征程中政府对于地方投融资平台的新要求。近年来,各地政府虽然都在积极推动城投公司市场化转型升级,但对于多数城投公司来讲,转型之路并非坦途,尤其在我国踏入第二个百年征程后,相关的融资监管政策要求城投公司必须做出实质性的改变。

目前城投公司主要面临三大难点:业务短板、投融资短板、现代企业管理短板。补齐现代企业管理短板是城投公司市场化转型的关键环节,而完善投融资短板是城投公司存在的核心价值。《城投公司实操手册》重点研究了城投公司在转型过程中面临的现代企业管理短板和投融资短板,内容包括企业治理、资产注入和融资途径等,能够为企业解决实际问题提供参考和建议。此外,本书介绍了最近业内普遍关注的隐性债务化解路径和案例,为城投公司解决债务问题提供了思路。

胡恒松博士是研究地方政府投融资平台的专家,具备较强的行业敏感性,能够准确捕捉到城投公司对于管理和业务的需求,从国企转型和业务拓展的视角来研究城投公司。从内容上看,本书全面丰富,具有较强的指导性和实践性,一方面可供城投公司的领导和员工参考,另一方面也可以作为国企转型发展的指导书籍。总体来看,本书的实用性较强,总结了城投公司在业务实践中面临的难点和痛点,有助于指导城投公司提升经营管理水平、拓宽业务开展思路。

甘肃公航旅建设集团有限公司党委书记、董事长

石培荣

目录
CONTENTS

第一章　城投公司发展史/001

　　第一节　城投公司概述/001

　　第二节　城投公司演变历程/009

　　第三节　转型发展必然/024

第二章　城投公司内部管理及架构设计/029

　　第一节　主要发展阶段/029

　　第二节　股东分类与股权结构/031

　　第三节　组织结构与绩效考核制度/035

　　第四节　财务报表的优化管理/043

　　第五节　风险管理与控制/061

第三章　城投公司资产注入方法及技巧/070

　　第一节　城投公司资产概述/070

　　第二节　城投公司资产注入方式/078

　　第三节　城投公司资产整合分析/094

第四章 城投公司业务模式类型及方法/107

第一节 土地整理业务分析/107

第二节 委托代建业务分析/122

第三节 城市新型基础设施建设业务分析/130

第四节 供应链金融业务分析/137

第五章 城投公司融资途径及技巧/146

第一节 股权融资/146

第二节 债权融资/153

第三节 非标融资/166

第四节 盘活存量资产/176

第五节 公募REITs盘活存量资产/180

第六章 隐性债务化解路径及案例/186

第一节 隐性债务的定义与测算/186

第二节 隐性债务政策演变与解读/190

第三节 隐性债务化解途径/194

第四节 隐性债务化解案例分析/206

第五节 化解地方政府隐性债务风险的建议/222

参考文献/225

附录：案例/229

第一章
城投公司发展史

城投公司是各地方政府开展投资建设活动的重要主体,也是地方基础设施和公共服务等公共领域盘活存量资产、资源和资本的重要载体。20 世纪 70 年代末、80 年代初,我国经济开始迅速发展,城市化进程不断加快,但当时经济条件尚未发展到非常充裕的阶段,无论是财政资金还是管理人员都非常匮乏,因此陷入两难的境地。在此背景下,城投公司应运而生,承担起地方政府的投融资任务,在我国的城市发展和城镇化建设中发挥了巨大的作用。

第一节 城投公司概述

城投公司是顺应我国城镇化建设与经济发展的要求而产生的一类经济实体。改革开放以前,受历史和现实等因素影响,我国经济发展缓慢,整体经济水平较低,因此,城镇化进程缓慢,城市化水平较低。改革开放后,为推动经济发展、加快城镇建设,城投公司作为地方政府承担基础设施建设和公共服务的融资平台应运而生。随着市场经济的发展,城投公司在定位上呈现多元化趋势,根据不同的功能产生了不同的类型。

一、概念及认定标准

城投公司起源于 1991 年,承担相应的政府职能,是特殊的市场经营主体。但是具体来看,关于地方政府融资平台的概念和界定,目前我国学术界和官方还未达成共识,各单位也依据不同的认定标准形成了不同的统计口径及投融资平台名单。

2010 年 6 月 10 日,国务院发布《国务院关于加强地方政府融资平台公司管理有关问题的通知》(国发〔2010〕19 号),提到"地方政府融资平台公司是指由地方政府及其部门和机构等通过财政拨款或注入土地、股权等资产设立,承担政府投资项目融资功能,并拥有独立法人资格的经济实体"[①],首次在政府文件中对融资平台做出了明确定义。2010年7月30日,财政部、国家发改委、中国人民银行和原银监会联合发布《关于贯彻国务院关于加强地方政府融资平台公司管理有关问题的通知相关事项的通知》(财预〔2010〕412号),在19号文的基础上对融资平台公司及其债务进行了详细分类,再次对地方政府融资平台做出了明确界定,进一步将地方政府融资平台划分为各类综合性投资公司及行业性投资公司。此外,中国人民银行、财政部、原银监会、审计署等根据自身监管需要,也分别对融资平台进行了定义和界定(见表1-1)。

表1-1　　　　　　　　主要政府文件对地方融资平台的界定

机 构	文 件	定 义
国务院	《国务院关于加强地方政府融资平台公司管理有关问题的通知》(国发〔2010〕19号)	地方政府融资平台公司是指由地方政府及其部门和机构等通过财政拨款或注入土地、股权等资产设立,承担政府投资项目融资功能,并拥有独立法人资格的经济实体。
财政部、国家发改委、中国人民银行、原银监会	《关于贯彻国务院关于加强地方政府融资平台公司管理有关问题的通知相关事项的通知》(财预〔2010〕412号)	地方政府融资平台是指由地方政府及其部门和机构、所属事业单位等通过财政拨款或注入土地、股权等资产设立,具有政府公益性项目投融资功能,并拥有独立企业法人资格的经济实体,包括各类综合性投资公司,如建设投资公司、建设开发公司、投资开发公司、投资控股公司、投资发展公司、投资集团公司、国有资产运营公司、国有资本经营管理中心等,以及行业性投资公司,如交通投资公司等。
中国人民银行	《2010年中国区域金融运行报告》	由地方政府及其部门和机构等通过财政拨款或注入土地、股权等资产设立,承担政府投资项目融资功能,并拥有独立法人资格的经济实体。
原银监会	《中国银监会关于加强2013年地方政府融资平台贷款风险监管的指导意见》(银监发〔2013〕10号)	地方政府融资平台是指由地方政府出资设立并承担连带还款责任的机关、事业、企业三类法人。

资料来源:作者整理。

除了官方文件中对地方政府融资平台的定义和界定,国内一些学者也根据自己的理解和实践经验尝试着对地方政府融资平台的定义做出解读。

魏加宁(2010)提出,地方政府投融资平台是指由地方政府及其部门和机构等通过财政拨款或注入土地、股权等资产方式设立,承担政府投资项目融资功能,并拥有独立

[①] 中华人民共和国中央人民政府.《国务院关于加强地方政府融资平台公司管理有关问题的通知》,http://www.gov.cn/zwgk/2010-06/13/content_1627195.htm.

法人资格的经济实体。[①] 詹向阳(2010)认为,对融资平台的界定应该包括以下几个方面:出资方或者设立方为地方政府或者相关部门;从事业务主要是城市基础设施建设、城市开发等公共领域;业务收入和还款来源主要是项目收益、财政资金;必须是独立法人机构。[②] 姜彬(2008)认为,地方政府融资平台首先应该是由各个地方的政府机构发起成立的一种组织结构,其角色是资金筹集人,主要宗旨在于将城市建设过程中出现的各类基础设施项目所需的资金皆由银行贷款的方式筹集,并且以其未来的收入作为偿债保障。[③] 粟勤和熊毅(2021)从综合视角出发,将地方政府融资平台的特征概括为以下三点:政府出资、独立法人、投融资功能。且由于投融资平台大多承担公益性或准公益性项目的建设,因此其在经营上普遍存在自身现金流难以完全覆盖债务本息的情况。[④]

本书认为地方政府融资平台是指由各级地方政府组织建设,通过财政拨款或注入土地、股权等资产设立,从事政府指定或委托的公益性或准公益性项目的融资、投资、建设和运营,拥有独立法人资格的经济实体。

二、产生背景与原因

1. 地方融资渠道受限

改革开放初期,为了调动地方积极性,我国曾实行地方财政大包干的政策,地方政府的财政收入中只有少部分上缴中央,大部分则用于地方建设。这一政策充分调动了沿海省份的积极性,广东等沿海地区经济迅速发展,但是这种财政包干体制也存在诸多弊端:一是财政收入大部分归地方,中央财政收入过少,财力被稀释,宏观调控能力下降,另外,这一体制也造成了地方本位主义与保护主义盛行;二是这一政策加剧了沿海省份和中西部落后地区间的贫富差距,各省经济发展情况本来就相差较大,而中央又缺乏财力进行转移性支付,导致各地收入差距一直扩大,不利于整个国家经济的稳定发展。

为了解决上述问题,加强中央财力,强化中央对宏观经济的调控能力,有效遏制地方政府无序竞争,1993年党的十四届三中全会决定实行分税制改革,建立中央税收和地方税收体系。1993年12月15日,国务院发布《关于实行分税制财政管理体制的决定》(国发〔1993〕85号),确定从1994年1月1日起改革地方财政包干体制,对各省、自治区、直辖市以及计划单列市实行分税制财政管理体制。分税制改革对各级政府的

---

① 魏加宁. 地方政府投融资平台的风险何在[J]. 中国金融,2010(16):16—18.
② 詹向阳. 辩证看待地方政府融资平台发展[J]. 中国金融,2010(7):38—40.
③ 姜彬. 从制度演进的角度考察地方财政融资与担保[J]. 生产力研究,2008(12):37—39.
④ 粟勤,熊毅. 债务压力下我国地方政府融资平台转型[J]. 江西社会科学,2021,41(7):70—77.

事权及支出范围进行了重新划定,并依据财权事权相对应的原则,对税收归属权进行重新界定。主要税种被划归为中央政府收入和共享税种,难于征收和增长率较小的税种被划归为地方财政收入,中央政府在共享税种中占据较大比例,增值税按照75%和25%,企业所得税和非利息收入的个人所得税按照60%和40%,在中央与地方政府之间进行分配。原本在地方财政收入中占比较高的消费税和75%的增值税划归中央财政收入,使得中央财力大幅提升。

分税制改革影响了地方政府的财政收入,新的公共财政体制逐渐建立,我国财政的汲取能力大大增强,基础设施建设得到保障。政策实施后,财权上移至中央政府,事权不断向地方政府下放,所有税收政策的制定权和举债权都集中在中央,地方无权开设新税种,也无权举债,地方政府财政收支矛盾开始变得突出。数据显示,分税制改革后,地方财政收入在全国财政收入中的占比由1993年的78%急剧下降到44%,而地方政府财政支出的比重却没有明显改变,这一现象加重了地方政府的财政压力。城市化建设要求地方政府加大对基础设施的投资力度,巨大的资金缺口及迫切的融资需求倒逼地方政府寻求新的融资模式。社会主义市场经济体制改变了资源配置结构,为地方政府投入经济活动、在市场中获取资金资源提供了充足的空间。

1994年,国家在宏观调控上实行适度从紧的财政政策,旧《预算法》明文规定地方政府不得发行地方政府债券,不得列赤字。此外,《贷款通则》中规定,地方政府不能直接向商业银行借款,地方政府的融资受到了诸多限制。出于财政支出的压力,地方政府不得不积极寻求新的投融资模式。在此情形下,地方政府不可避免地要通过其他途径来绕过法律限制进行融资,通过设立地方融资平台等途径举借债务就逐渐成为地方政府融资的重要方式。

2. 城镇化发展扩大资金需求

我国真正意义上的城镇化是从新中国成立后才开始的。对于城镇化的内涵,较为普遍的说法是城镇化是农村人口向城市进行转移,产业结构由第一产业逐步向第二产业、第三产业转变。新中国成立后,我国将发展重心放在重工业发展上,开启了现代化进程。改革开放后,受经济体制转变的影响,生产力快速提升,城镇化随之快速发展并进入扩张阶段。20世纪90年代,我国经济进入高速发展时期,各级地方政府大力发展地方经济,大规模进行城市基础设施和公共服务设施建设,产生了巨大的资金需求。根据国家统计局数据显示,自1996年以来,我国城镇化率明显提速,1996年的城镇化率仅为30.5%,2015年则达到了56.1%,提高了25.6%,平均每年增长1.35%,而在1996年以前,城镇化率年均增速不到0.5%。随着城镇化的快速推进和城镇人口的增加,各类基础设施和公共服务设施需求也随之快速增加,政府的资本性支出需求越来越大。而在实行分税制改革之后,地方政府的财政收入在全国所占比重不断下降,地方政府单靠财政税收收入远远无法满足城镇化发展的巨大资金需求,尤其是基层地方政府,其收入中既无主体税种,又无独立税收立法权,在财政资金支出方面还受到上一级政府的限制,可调动的资金十分有限,远远不能满足城市快速发展所产生的巨大资金需求。旧《预算法》又不允许地方政府直接举债,导致其不得不寻求其他途径获取资金,通过组建地方政府融资平台筹措资金就成为缓解当时基础设施和公共服务设施供求矛盾的最有效的方式。

3. 地方政府追求短期效益

地方政府官员的晋升与地方发展绩效密不可分。在一段时间内,GDP 增长率、固定资产投资等指标都被作为衡量地方经济绩效最主要的参考指标,地方政府官员为在短期内获得晋升,会通过举借债务等方式增加财政支出,动用一切资源加大投资力度,进行大规模基础设施建设,快速拉动 GDP 增长。由于向上级政府举债存在诸多约束,比较被动,并且容易给上级领导留下能力不足的印象,因此,在预算收入有限的情况下,通过成立融资平台向下(商业银行、企业)举债成为地方政府快速融资、突破预算收入的最佳策略。地方官员的激励与晋升机制在一定程度上推动了地方政府融资平台的产生和加速发展。这种只重数量、忽视质量的扩张在短期内促进了地方经济的发展,却在长期对地方经济增长起到一定的负面影响,容易造成资源配置扭曲,造成企业经营绩效低下和政府的巨额财政赤字。

4. 国有资源禀赋优良

在城镇化过程中基础投资的巨大需求拉动,以及某些官员过度追求 GDP 考核的双重作用下,地方政府通过设立融资平台进行融资的愿望比较强烈,而地方政府掌握了大量国有资产和资源也为设立地方融资平台提供了可能。一方面,在现行制度下,国有经济仍占主导地位,地方政府拥有大量的财富资源,这为地方政府组建融资平台提供了可能性和坚实的经济基础。地方政府通过将其所掌握的资源注入融资平台公司,组成企业法人,为政府和银行之间搭建了一座连通的桥梁,地方政府可通过平台公司将这些注入的资产进行抵押获得银行的信贷支持。另一方面,各级政府还掌握支配土地、资金等重要经济资源流向的行政权力,构成政府的"隐形"财富,地方政府可以通过直接审批投资项目、设置市场准入的行政许可、价格管制等手段,直接对企业进行行政干预。因此,地方政府通过对所控制的地方国有企业进行整合,构建融资平台来解决财政资金短缺的问题,而地方国有企业在整合过程中,可利用政府行政权力获得竞争优势。在地方融资平台后续的经营过程中,地方政府利用手头所掌握的各种资源,比如土地、国有资产、矿场等,对地方融资平台提供持续不断的支持,以确保地方融资平台保持较强的实力,从而长期持续地为地方政府进行融资。

三、功能定位及分类

1. 功能定位

从城投公司的功能来看,主要有以下三大项。

(1)管理功能

投融资平台的管理功能是指对平台所拥有的各类国有资产进行管理,对企业内部事务和外部债务等实行管理。同时,投融资平台需要对自身提供的公共服务产品和城市基础设施等进行有效管理,对自身负责投资建设的项目实施项目管理。

(2)投融资功能

城投公司的投融资功能分为两个方面:一方面,投融资平台拥有对外投资的功能,主要是受政府委托进行重大公共基础设施、公共服务等项目的投资;另一方面,投融资平台可通过吸收社会资本并运用于当地政府性项目的建设,从而发挥基础设施建设主要融资渠道的作用。

(3)资本运作功能

投融资平台通过科学合理的资本运作最终是为了实现平台资产的保值增值。地方政府投融资平台可以根据当地政府决策和经济发展需要,对自身资本结构进行优化调整,整合资源优势,从而提高经济效益。此外,投融资平台还可以选择优质的产业项目进行投资,从而增强平台营利能力,扩充资本。

2. 分类

从其分类来看,根据地方政府融资平台所属类别,主要包括经营性质和还款来源、平台专业化程度、平台处置方式、成立时的行政级别以及平台自身现金流覆盖债务本息的情况五种分类标准。

(1)按经营性质和还款来源划分

根据国务院的文件,地方政府融资平台按经营性质和还款来源可划分为非营利性地方投融资平台、准营利性地方投融资平台以及营利性地方投融资平台三类,具体见表1—2。

表1—2　　　　　　　　平台公司按经营性质和还款来源情况分类

类　别	内　涵
非营利性地方政府投融资平台	具有公益性质,主要为社会提供公益性服务,其运营产生现金流,为项目的投资建设前期大量举债,但项目投资资金无法得到弥补,依靠政府的财政支持偿还本息,负债最终需要政府负担。

续表

类　别	内　涵
准营利性地方政府投融资平台	项目运行本身可以产生一定的现金流入,但是无法做到真正的独立自主,其运行或多或少会受到当地政府的干预,项目运行收入不能弥补建设、运营支出,需要政府财政资金的投入,盈亏需要财政予以差额补贴,负债由其自身产生的现金流和财政补贴共同偿还。
营利性地方政府投融资平台	主要负责营利性项目的建设任务,项目前期投入可通过其平稳的营利能力获得补偿,具有较高的经济效益和较强的营利能力。公司运行支出主要依靠自身的现金流入,负债通过自身产生的现金流得以偿还。

资料来源:作者整理。

(2)按平台专业化程度划分

地方政府投融资平台按其专业化程度可划分为专业性投融资平台和综合性投融资平台,具体见表1-3。

表1-3　　　　　　　　　平台公司按专业化程度情况分类

类　别	内　涵
专业性投融资平台	专注于某一个领域或行业,在长期发展中专业化程度较高,并且不断进行上下游产业链的合理扩张。相对于综合性投融资平台,其单向竞争实力较强,业务范围精而细。
综合性投融资平台	随着经济发展和市场竞争不断加剧而发展起来的平台公司。组建综合性投融资平台能够更好地吸引外部资金参与地方建设,充分发挥平台公司的投融资能力。这类平台公司往往具有资产多、信用好、授信足、投资高、内控严、产业众、政府背景深、政策优惠多、综合实力强等特点。

资料来源:作者整理。

(3)按平台处置方式划分

国发〔2010〕19号文发布后,出于管控地方政府隐性债务的需要,原银监会开始对城投平台实行"名单制"管理。根据平台贷款特征和自有现金流等情况,按分类处置方式将地方政府融资平台划分为"仍按平台管理类"(或称"监管类")和"退出为一般公司类"(或简称"退出类")。

"仍按平台管理类"是指凡不符合退出条件以及未完成退出流程的融资平台,继续按平台实施管理。"退出类"是指本身具有稳定的经营性收入的融资平台,经过核查评估和整改后,整体转化为普通商业企业的融资平台。

根据银监办发〔2011〕191号、银监发〔2013〕10号文的要求,退出原银监会的政府融资平台名单需满足以下条件:

①符合现代公司治理要求,属于按照商业化原则运作的企业法人。

②资产负债率在70%以下,财务报告经过会计师事务所审计。

③各债权银行对融资平台的风险定性均为全覆盖。

④存量贷款中需要财政偿还的部分已纳入地方财政预算管理并已落实预算资金来源,且存量贷款的抵押担保、贷款期限、还款方式等已整改合格。

⑤诚信经营,无违约记录,可持续独立发展。

退出程序为:牵头行发起,各债权银行总行审批以及债权银行、地方政府、平台公司三方签字确认,退出承诺(地方政府不为平台新增贷款担保且债权银行承担平台新增贷款风险)以及进行监管备案以标示退出。

(4)按行政级别划分

按照行政级别,可将地方政府融资平台划分为省级政府融资平台、地市级政府融资平台以及区县级政府融资平台。

省级政府融资平台通常是由省级政府通过绝对控股方式进行控制,并将财政资金、固定资产、国有股权以及国债转贷资金等注入融资平台,对所辖区域内的基础产业、基础设施项目、支柱产业以及金融领域进行投资,是省级层面的投融资主体。例如,河北建设投资集团有限责任公司、安徽省投资集团控股有限公司、广东省交通集团有限公司等。此类平台公司资金实力雄厚,市场化程度较高,抗风险能力较强。

地市级政府融资平台(包括地级市、计划单列市)是指市政府将土地使用权转让收益、财政性资金和固定资产收益等资产注入融资平台,对市域内的公益性项目和基础设施建设进行投资的主体。例如,厦门国贸控股集团有限公司、杭州市实业投资集团有限公司、佛山市公用事业控股有限公司等。

区县级政府融资平台和地市级政府融资平台相似,主要对区县级公益性项目和基础设施建设进行投资,并承担区县招商引资任务。例如,建德市国有资产经营有限责任公司、成都空港兴城建设管理有限公司、潍坊滨城投资开发有限公司等。地市级和区县级政府融资平台一般数量庞大、规模较小,并且可经营性项目较少,抗风险能力较弱。

(5)按现金流覆盖债务本息的情况划分

根据2013年原银监会发布的《关于加强2013年地方政府融资平台贷款风险监管的指导意见》(银监发〔2013〕10号),按照融资平台自身现金流覆盖情况可将融资平台分为全覆盖、基本覆盖、半覆盖和无覆盖四类。这一分类方式对风险定性动态调整,即相当于对融资平台进行动态评级,具体见表1—4。

表1—4 平台公司按现金流覆盖情况分类

类别	内涵
全覆盖	指借款人自有现金流量占其全部应还本息的比例为100%(含)以上。

续表

类别	内涵
基本覆盖	指借款人自有现金流量占其全部应还本息的比例为70%(含)至100%之间。
半覆盖	指借款人自有现金流量占其全部应还本息的比例为30%(含)至70%之间。
无覆盖	指借款人自有现金流量占其全部应还本息的比例为30%以下。

资料来源：作者整理。

第二节 城投公司演变历程

一、发展历程

从20世纪80年代诞生至今，我国地方政府融资平台主要经历了四个阶段：萌芽创建阶段、发展扩张阶段、改革规范阶段、转型阶段。

1. 萌芽创建阶段：20世纪80年代初至1997年

20世纪80年代初，广东省政府为解决道路建设中地方政府资金不足的问题，通过"为省内各地政府集资贷款，再以建成后的收费作为还款来源"的方式进行融资，首开地方政府融资先河。1986年，国务院国函〔1986〕94号批准上海可筹借32亿美元，安排城市基础设施、旅游和第三产业、工业生产和技术改造三个方面的项目建设，并专门成立"久事公司"负责资金的统一筹措、安排和综合放款及项目实施工作。1988年，原国家体改委[①]发布《1988年深化经济体制改革的总体方案》，允许组建竞争性的专业投资公司，以其承担本行业之前由中央承担投资的重点建设项目，比如能源、交通、原材料和农业投资等，并允许投资公司跨行业进行投资。同年，《国务院关于印发投资管理体制近期改革方案的通知》（国发〔1988〕45号）明确基础设施的投融资逐步市场化，对政府投融资体系进行改革，由过去单一的中央投资模式，逐步转为中央与地方共同投资模式；扩大企业的投资决策权，使企业成为一般性建设的投资主体；成立投资公司，用经济办法对投资进行管理。在中央政府的政策鼓励下，地方政府组建了一批服务地方建设的区域性投资公司。这种地方政府借助投资公司通过市场化方式筹集资金用于城市基础设施建设投资的模式，成为后来地方融资平台的雏形。

1992年，上海市成立了我国第一家专门从事城市基础设施建设投资的平台公

[①] 国家经济体制改革委员会，1998年3月根据中华人民共和国第九届全国人民代表大会第一次会议通过的《关于国务院机构改革方案的决定》终止运行，改设国务院经济体制改革办公室（"体改办"）。2003年3月，体改办与国家发展计划委员会合并，成立国家发展和改革委员会（"发改委"）。

司——上海市城市建设投资开发总公司[后发展为"上海城投（集团）有限公司"]。根据上海市政府的安排，其主要任务是集中管理城建规模和建设费用，提高资金管理效率。除传统贷款融资方式外，上海市城市建设投资开发总公司也尝试发行债券的融资方式，发行了我国首只城市建设债券。1995年，国家开发投资集团有限公司的组建更是标志着我国投融资模式的调整，投资主体从过去以行政主体为主向以市场主体为主进行转变，并为地方政府组建投融资平台提供了导向。上海城投（集团）有限公司的详细介绍如下：

上海城投（集团）有限公司

公司于1992年7月成立于上海市，由上海市国有资产监督管理委员会100%控股，实际控制人是上海市国资委，公司注册资本500万元。

公司是上海市最主要的城市基础设施产业集团，在上海城市基础设施建设、运行中具有不可替代的地位。公司作为中国2010年上海世博会配套基础设施的建设方、世博会指定的环境卫生运营服务商以及世博会项目赞助商，为世博会的成功举办做出了重大贡献。根据上海城市规划新一轮发展的要求，公司已经形成水务、路桥、环境、置业四大业务板块，在上海城市基础设施建设中发挥着重要的作用，在城建资金的筹措、使用和管理中具有不可替代的地位。自成立以来，上海城投公司的经营性和公益性业务均体现了较好的发展势头，在取得较高经济效益的同时，也体现了良好的社会效益。

1994年，分税制改革致使财政收入大部分上缴中央，事权则大部分下沉到地方政府，给地方政府带来了巨大的财政压力。为弥补地方经济建设的资金短缺，各地政府先后开始组建本地区地方投融资平台。这一时期，地方投融资平台的融资目的主要局限于城市基础设施建设，范围不大，融资渠道单一，平台公司也没有投资项目的选择权和建成后的管理权、收益权，仅是地方政府的"贷款中介"。但这一时期大量地方政府融资平台的建立为其后期的发展奠定了基础。

2. 发展扩张阶段：1997年至2009年

这个时期地方政府融资平台得到了快速推广，融资平台数量保持快速增加但总体上增长速度保持平稳。1997年亚洲金融危机爆发之后，为了减少危机对我国的影响，中央政府开始实施积极的财政政策，加大基础设施建设投资力度，在中央增加投资力度的同时，地方政府需承担相应的配套投资。在政府资金需求和银行放贷需求的双重推动下，推出了城市基础设施项目"打捆贷款"模式，即政府承诺兼财政兜底，然后对项目进行市场化运作，还款资金主要来源于地方财政收入，如城市维护建设税、留给地方可支配的收费等。该模式最早由国家开发银行在安徽芜湖试点,并迅速被各地地方政府推广运用,许多商业银行也参与其中。"打捆贷款"模式成为地方融资平台在初始阶段最主要的融资模式。

2004年7月,国务院发布《国务院关于投资体制改革的决定》(国发〔2004〕20号),对投资体制进行改革,大力拓展融资渠道,鼓励社会资本进入法律法规没有明确禁止进入的基础设施以及公共事业领域,尽可能充分利用社会资金来进行社会投资建设,推动了融资平台进一步发展壮大。

2008年,为应对美国"次贷危机"的冲击,促进中国经济平稳增长,时任总理温家宝在2008年11月5日召开的国务院常务会议上提出,要加大金融对经济增长的支持力度,取消对商业银行的信贷规模限制,合理扩大信贷规模,加大对重点工程、"三农"、中小企业和技术改造、兼并重组的信贷支持,有针对性地培育和巩固消费信贷增长点。初步匡算,实施上述工程建设,到2010年底约需投资4万亿元。[①] 此项扩大内需的4万亿元经济刺激计划在一定程度上损耗了地方财政的可用资金。在财政收入减少和投资增加的双重压力下,投融资平台数量激增,平台级别下移,大量的区县级融资平台建立。除传统银行贷款方式外,政府连续出台政策鼓励融资平台在资本市场进行直接融资,进而提高了直接融资比例。2009年3月,中国人民银行联合原银监会发布《关于进一步加强信贷结构调整,促进国民经济平稳较快发展的指导意见》(银发〔2009〕92号),鼓励地方政府通过多种方式组建合规的融资平台,并通过发行债券方式进行融资。同年10月,财政部要求有关部门和单位尽快落实地方配套资金,允许地方政府配套资金可利用政府融资平台通过市场机制筹措。这为地方政府组建融资平台进行融资提供了政策支持,地方政府融资平台的积极性大幅度提高,贷款规模显著增长。在这一时期,地方政府融资平台对实现"保增长、扩内需"的战略目标发挥了极为重要的作用。同时,2008—2009年地方政府融资平台的数量也急剧增加,尤其是区县级融资平台比例大幅上升,融资方式多样化,具体相关政策见表1—5。

表1—5　　　　　　　　　　2008—2009年地方政府融资平台相关政策

时　间	机　构	文　件	主要政策内容
2008年1月	国家发改委	《国家发展改革委关于推进企业债券市场发展、简化发行核准程序有关事项的通知》	简化企业债券审批环节,累计发行额上限由项目总投资的20%提高至60%。

[①] 中国广播网.《温家宝主持国务院常务会 提出扩大内需十项措施》,https://www.cnr.cn/2008zt/sxcs/hxyd/200811/t20081113_505149639.html。

续表

时间	机构	文件	主要政策内容
2008年12月	国务院办公厅	《国务院办公厅关于当前金融促进经济发展的若干意见》	扩大债券发行规模,积极发展企业债、公司债、短期融资券和中期票据等债务融资工具,优先安排与基础设施、民生工程、生态环境建设和灾后重建等相关债券发行。
2009年3月	中国人民银行、原银监会	《关于进一步加强信贷结构调整,促进国民经济平稳较快发展的指导意见》	鼓励地方政府通过增加地方财政贴息、完善信贷奖补机制、设立合规的政府投融资平台等多种方式,吸引和激励银行业金融机构加大对中央投资项目信贷支持力度。支持有条件的地方政府组建投融资平台,发行企业债、中期票据等融资工具,拓宽中央政府投资项目的配套资金融资渠道。
2009年10月	财政部	《关于加快落实中央扩大内需投资项目地方配套资金等有关问题的通知》	地方政府配套资金可利用政府融资平台通过市场机制筹措。
2009年11月	财政部	《关于坚决制止财政违规担保向社会公众集资行为的通知》	禁止一些基层政府出现的政府融资平台公司等主体由财政担保,向行政事业单位职工等社会公众集资,用于开发区、工业园区等的拆迁及基础设施建设的现象。

资料来源:根据国务院、国家发改委、财政部、原银监会官方文件整理。

3. 改革规范阶段:2010年至2014年10月

随着地方融资平台数量的快速增加,负债规模迅速膨胀,其潜在的风险随即暴露,如银行等金融机构对融资平台的信贷风险管理缺失、部分地方政府存在违规担保承诺行为、融资平台自身运作不规范等。从2010年起,国务院和各监管机构接连发布了一系列规范和约束地方融资平台发展的政策法规。

首先是对地方融资平台的债务加强管理。2010年之后,部分地方融资平台出现偿债风险,为此,2010年6月,国务院发布了国发〔2010〕19号文,拉开了对地方融资平台规范管理的序幕,这也是第一个专门针对融资平台管理的文件。国发〔2010〕19号文提出了按照"分类管理、区别对待"原则,"区分新增项目和在建项目融资",对在建项目后续融资问题进行妥善处理。而对只承担公益性项目融资任务且主要依靠财政性资金偿还债务的融资平台公司,今后不得再承担融资项目,不得发放贷款,同时对融资平台公司贷款的风险权重进行了适当提高,按照不同情况严格进行贷款质量分类。2010年7月,财政部、国家发改委、中国人民银行、原银监会四部门联合发布412号文,进一步对国发〔2010〕19号文相关规定和要求进行解释,并以2010年6月30日为时间节点,对地方政府融资平台债务进行"新老划断"分类管理,并对该时点以前的债务进行清理核实和处理。2010年11月,原银监会要求金融机构强化对地方政府融资平台的贷款风险监控,加强对融资平台贷款实施动态台账管理,根据现金流是否覆盖债务原则开展分类管理和分类处置工作。2011年3月,原银监会进一步要求金融机构加强对地方政府融资平台通过银行贷款筹集资金的行为进行规范,要求银行健全"名单制"管理系统,上收融资平台信贷权限,将平台贷款审批权限统一收至总行,退出名单监管需满足以下条件:一是符合"全覆盖"原则;二是符合"定性一致"原则;三是符合"三方签字原则"。2011年6月,原银监会发布《关于地方政府融资平台贷款监管有关问题的说明》(银监办发〔2011〕191号),在原来对融资平台"名单制"管理的基础上,要求银行在对融资平台贷款时执行"四贷四不贷"原则,"退出类"平台按照商业化原则自主放贷,对仍按平台管理的符合《公路法》项目、保障房、国务院重大项目、全覆盖且已完成整改的四类可以新发贷款,对名单制以外融资平台、有地方政府担保承诺、以公益性资产抵(质)押、以有土地使用权证的土地抵押四类不准新发贷款。

其次是禁止政府违规担保。2009年11月,财政部发布《关于坚决制止财政违规担保向社会公众集资行为的通知》(财预〔2009〕388号),禁止政府财政部门为政府融资平台公司等主体进行担保,以及通过行政事业单位职工等社会公众开展筹资来进行开发区、工业园区等的拆迁及基础设施建设。2010年,19号文、412号文也提到"坚决制止地方政府违规对融资平台进行担保承诺行为""严禁地方政府提供违规隐性担保"。2010年11月,国家发改委发布《国家发展改革委办公厅关于进一步规范地方政府投融资平台公司发行债券行为有关问题的通知》(发改办财金〔2010〕2881号),收紧企业债发行条件,禁止地方政府违规担保,公益性资产不得注入资本金。2012年12月,财政部、国家发改委、中国人民银行、原银监会四部门联合发布《关于制止地方政府违法违规融资行为的通知》(财预〔2012〕463号),对政府违规融资行为进行规范,明确禁止通过吸收公众资金方式进行违规集资,禁止融资平台通过BT回购方式进行融资,规范地方政府对融资平台公司的注资行为,禁止将公益性资产注入融资平台中,加强对融资平台公司融资行为进行管理,严格禁止地方政府进行任何形式的财政担保行为。

国务院及四大部门不仅密集出台相关政策规范地方投融资平台行为,还采取了一系列措施对地方投融资平台的债务风险进行"疏导"。在防范风险方面,一是允许地方政府自主发行政府债券,2011年10月,财政部发布《2011年地方政府自行发债试点办法》(财库〔2011〕141号),批准上海市、浙江省、广东省、深圳市四个省市建立地方政府自行发债试点,将地方政府债发行向规范化推进;二是扩大信贷资产证券化试点,2012年5月,中国人民银行、原银监会、财政部联合发布《关于进一步扩大信贷资产证券化试点有关事项的通知》(银发〔2012〕127 号),鼓励金融机构选择符合条件的地方政府融资平台开展信贷资产证券化,扩大资产证券化的试点范围。

2010—2012 年,国务院和各金融监管部门给快速发展的地方投融资平台不断降温,地方投融资平台的融资行为得到显著规范,融资方式透明度得到提升,地方投融资平台债务规模得到了一定程度的控制。但是地方政府用于城市化建设的巨大资金缺口仍然没有得到填补,并且在过去的融资扩张中,地方政府对投融资平台融资已形成严重依赖。因此,在地方投融资平台规范化以后,又进入一个新的发展阶段。从 2012 年 7 月起,国家发改委允许地方政府投融资平台在获得地方银监局出具的非平台证明文件后,或者正在办理非平台文件手续的,即可通过发行企业债进行融资;银行间交易商协会允许那些满足"六真原则"①且属于"保障房建设""419 号文中支持的地铁轨道项目"的地方融资平台在银行间市场发行债券进行融资。

4. 转型阶段:2014 年 10 月至 2022 年

2014 年 10 月,国发 43 号文正式发布,要求剥离融资平台政府融资职能,融资平台与地方政府进行脱钩,地方政府不得通过融资平台举借债务,今后融资平台新增债务不属于政府债务。从 2015 年 1 月 1 日起实施的新《预算法》规定,除发行地方政府债券外,地方政府及其所属部门不得以任何方式举借债务。而后,地方政府投融资平台发行城投债的相关发行政策和信贷政策进一步收紧。但是由于实体经济下行,稳增长压力下仍有较大的融资需求,国发 43 号文的政策在实际执行过程中并未按照要求严格落实。2015 年 5 月,国务院办公厅转发财政部、中国人民银行、原银监会三部门联合发布的《关于妥善解决地方政府融资平台公司在建项目后续融资问题的意见》(国办发〔2015〕40 号),要求支持在建项目的存量融资需求,商业银行等金融机构要在全面把控风险的前提下,不允许随意盲目抽贷、压贷、停贷;严格规范和支持实施存量在建项目的增量要求,加强对农田水利设施、保障性安居工程、城市轨道交通等领域的重点在建项目的支持。2015 年,证监会发布《公司债券发行与交易管理办法》(证监会令第 113 号),对原公司债发行试点管理办法进行修订,新修订后的公司债管理办法中扩大了公司债的发行人范围,但最初仍将融资平台排除在发行公司债名单之外,之后逐步对融资平台发行公司债进行放松,允许满足一定条件的原银监会"地方政府融资平台名单"之外的融资平台通过交易所发行债券融资。地方政府融资平台的出现增加了

---

① 所谓"六真原则",是指真公司、真资产、真项目、真支持、真偿债、真现金流。即明确要求申请融资平台不得为"空壳"公司,须内控完善,业务经营和公司财务具有独立性;公司资产必须存在产生现金流和利润并保证偿债的经营性资产,不能全部为公益性资产;必须是公司及下属子公司正常经营的项目,要避免为融资而将项目主业临时并入的情况;政府具有明确的支持措施,其措施落实到位;要有明确、可信的偿债计划,具体体现为非经营性收入是否超过 30%,地方政府债务率是否低于 100%;融资平台必须有稳定、真实的现金流。

交易所融资渠道,大量融资平台通过发行私募债券的方式进行融资,债券融资规模得到了较大增长。

同时,中央政府力推政府与社会资本合作模式(PPP模式),促进地方政府融资平台转型。43号文中也提到要大力推广使用PPP模式,鼓励社会资本通过PPP模式或者特许经营等方式,参与具有一定收益的城市基础设施等准公益性项目的投资和运营。2015年5月,《国务院办公厅转发财政部发展改革委人民银行关于在公共服务领域推广政府和社会资本合作模式指导意见的通知》(国办发〔2015〕42号)表示可以"广泛采用政府和社会资本合作模式提供公共服务",在择优选择项目合作伙伴、提高新建项目决策的科学性的同时,也要注意化解地方政府性债务风险。2015年8月,原银监会和发改委发布《关于银行业支持重点领域重大工程建设的指导意见》(银监发〔2015〕43号),对于满足国办发42号文中规定的三个条件的地方融资平台,针对其承担的重大工程项目建设或作为社会资本方参与的当地PPP模式,银行业金融机构可以在符合相关法规要求,并经过对融资平台还款能力进行审慎测算,确保项目将来能够获得足够收益的前提下,给予信贷支持。

对于该时期新增的地方投融资平台债务,财政部有关负责人在2016年11月再次明确表示:"新修订的《预算法》生效之后,2015年之后地方融资平台举借的债务依法不属于政府债务。地方国有企业(包括融资平台公司)的债务由企业自身负债偿还,地方政府不承担偿还责任。"在此期间,财政部对2015年之后地方政府举债过程中存在的违规行为加大了监管力度,对地方政府存在的违规借款、担保行为进行了查处,对涉及违规举债的地方政府责任人进行了问责,先后对山东、内蒙古等5个省区违规融资行为进行了追责。

自2017年以来,国家又陆续出台了一系列融资平台管控政策,特别是《关于进一步规范地方政府举债融资行为的通知》(财预〔2017〕50号)、《关于坚决制止地方以政府购买服务名义违法违规融资的通知》(财预〔2017〕87号)、《关于规范金融企业对地方政府和国有企业投融资行为有关问题的通知》(财金〔2018〕23号)三个文件的颁布,对城投公司的融资渠道和融资模式提出了新的规范要求,文件要求防范存量债务资金链断裂,按照"穿透原则"和"还款能力评估原则",评估平台公司的还款能力和还款来源,防范和化解地方债务风险。平台公司融资渠道日渐缩窄,金融机构对资金使用的监管日益规范,这就使得平台公司在筹资方面面临巨大的压力。具体见表1-6。

表 1-6　　　　　　　　　　地方政府融资平台相关政策梳理

时　间	机　构	文　号	文　件	主要政策内容
2014年10月	国务院	国发〔2014〕43号	《国务院关于加强地方政府性债务管理的意见》	加快建立规范地方政府举债融资机制,对地方政府债务实行规模控制和预算管理,控制和化解地方政府隐性债务风险,妥善处理存量债务和在建项目后续融资问题;剥离地方政府融资平台的政府性融资功能。
2015年5月	国务院办公厅	国办发〔2015〕40号	《国务院办公厅转发财政部人民银行银监会关于妥善解决地方政府融资平台公司在建项目后续融资问题意见的通知》	支持在建项目的存量融资需求,规范实施在建项目的增量融资,切实做好在建项目后续融资管理工作。
2014年12月	财政部、民政部、原国家工商行政管理总局	财综〔2014〕96号	《政府购买服务管理办法(暂行)》	只要纳入政府采购目录的事项都可以做政府购买服务,而禁止纳入的范围又比较模糊,并且县级政府就有开展政府购买服务的权限。
2016年10月	财政部	财预〔2016〕152号	《关于印发〈地方政府性债务风险分类处置指南〉的通知》	依据不同债务类型的特点,分类提出处置措施,明确地方政府偿债责任,实现债权人、债务人依法分担债务风险。
2017年5月	财政部	财预〔2017〕50号	《关于进一步规范地方政府举债融资行为的通知》	摸底排查政府融资担保行为,监管规范PPP融资模式。
2017年5月	财政部、原国土资源部	财预〔2017〕62号	《地方政府土地储备专项债券管理办法(试行)》	明确禁止"储备土地前期开发"进行政府购买服务,并未限制土地储备中的拆迁安置补偿服务。
2017年5月	财政部	财预〔2017〕87号	《关于坚决制止地方以政府购买服务名义违法违规融资的通知》	地方政府及其部门不得利用或虚构政府购买服务合同为建设工程变相举债,不得通过政府购买服务向金融机构、融资租赁公司等非金融机构进行融资,不得以任何方式虚构或超越权限签订应付(收)账款合同帮助融资平台公司等企业融资。
2018年2月	发改委、财政部	发改办财金〔2018〕194号	《关于进一步增强企业债券服务实体经济能力严格防范地方债务风险的通知》	严禁将公益性资产作为资本注入投融资平台公司,同时规范土地融资行为,包括建立土地储备名录,加强土地储备前期开发管理等,并逐步厘清城投企业和土地储备机构的关系。

续表

时　间	机　构	文　号	文　件	主要政策内容
2018年3月	财政部	财预〔2018〕34号	《关于做好2018年地方政府债务管理工作的通知》	强调加大高风险地区债务风险防范力度,首次提出研究制定对高风险地区政府投融资行为的约束性措施。
2018年3月	财政部	财金〔2018〕23号	《关于规范金融企业对地方政府和国有企业投融资行为有关问题的通知》	除购买地方政府债券外,不得直接或通过地方国有企事业单位等间接渠道为地方政府及其部门提供任何形式的融资,不得违规新增地方政府融资平台公司贷款。
2018年3月	中共中央办公厅	中办发〔2018〕15号	《关于人大预算审查监督重点向支出预算和政策拓展的指导意见》	硬化地方政府预算约束,坚决制止无序举债投资搞建设,规范举债融资行为;坚决遏制隐性债务增量,决不允许新增各类隐性债务。
2018年8月	中共中央办公厅、国务院	中发〔2018〕27号	《中共中央国务院关于防范化解地方政府隐性债务风险的意见》	明确隐性债务风险范围,在全国范围内开展隐性债务摸底统计;提出债务化解期限和方向性建议;提出严格的问责处置办法。
2018年8月	原银保监会	银保监办发〔2018〕76号	《中国银保监会办公厅关于进一步做好信贷工作提升服务实体经济质效的通知》	在不增加地方政府隐性债务的前提下,加大对资本金到位、运作规范的基础设施补短板项目的信贷投放;保险资金要发挥长期投资优势,通过债权、股权、股债结合、基金等多种形式,积极服务国家重大战略、重点工程和重要项目;积极配合地方政府对在建基础设施项目的建设情况和融资需求进行调查分析,按照市场化原则满足融资平台公司的合理融资需求,对必要的在建项目要避免资金断供、工程烂尾。
2018年12月	发改委	发改财金〔2018〕1806号	《国家发展改革委关于支持优质企业直接融资进一步增强企业债券服务实体经济能力的通知》	支持信用优良、经营稳健、对产业结构转型升级或区域经济发展具有引领作用的优质企业,特别是支持符合条件的优质民营企业融资发展;明确优质企业主体信用等级达到AAA,明确财务指标参考标准。
2019年3月	财政部	财金〔2019〕10号	《关于推进政府和社会资本合作规范发展的实施意见》	新签约项目不得从政府性基金预算、国有资本经营预算安排PPP项目运营补贴支出。

续表

时　间	机　构	文　号	文　件	主要政策内容
2019年4月	国务院	国务院令第712号	《政府投资条例》	政府投资资金按项目安排,以直接投资方式为主;对确需支持的经营性项目,主要采取资本金注入方式,也可以适当采取投资补助、贷款贴息等方式;政府投资项目不得由施工单位垫资建设。
2020年7月	财政部	财预〔2020〕94号	《关于加快地方政府专项债券发行使用有关工作的通知》	鼓励发行长期专项债券;重点用于交通基础设施、能源项目、农林水利、生态环保项目、民生服务、冷链物流设施、市政和产业园区基础设施七大领域,支持"两新一重"、公共卫生设施建设中符合条件的项目,加强防灾减灾建设;可依法合规调整新增专项债券用途。
2020年12月	财政部	财库〔2020〕43号	《关于印发〈地方政府债券发行管理办法〉的通知》	一般债券是为没有收益的公益性项目发行,主要以一般公共预算收入作为还本付息资金来源的政府债券;专项债券是为有一定收益的公益性项目发行,以公益性项目对应的政府性基金收入或专项收入作为还本付息资金来源的政府债券;加强信息公开机制,推进市场机制建设,专项债券要全面详细公开项目信息、项目收益与融资平衡方案、债券对应的政府性基金或专项收入情况。
2021年2月	国资委	国资发财评规〔2021〕18号	《关于加强地方国有企业债务风险管控工作的指导意见》	要求地方国资委完善债务风险监测预警机制,精准识别高风险企业,分类管控资产负债率,保持合理债务水平,开展债券全生命周期管理,重点防控债券违约,依法处置债券违约风险,严禁恶意逃废债。
2021年4月	国务院	国发〔2021〕5号	《国务院关于进一步深化预算管理制度改革的意见》	把防范化解地方政府隐性债务风险作为重要的政治纪律和政治规矩,坚决遏制隐性债务增量,妥善处置和化解隐性债务存量;健全市场化、法治化的债务违约处置机制,鼓励债务人、债权人协商处置存量债务,切实防范恶意逃废债,保护债权人合法权益,坚决防止风险累积形成系统性风险。

续表

时　间	机　构	文　号	文　件	主要政策内容
2021年9月	财政部	财预〔2021〕110号	《关于印发〈地方政府专项债券用途调整操作指引〉的通知》	专项债券资金使用,坚持以不调整为常态、调整为例外;专项债券发行后,严禁擅自随意调整专项债券用途,严禁先挪用、后调整等行为。
2021年12月	国务院新闻办公室	—	国务院政策例行吹风会	完善常态化监测机制,坚决遏制隐性债务增量,稳妥化解隐性债务存量,分类推进融资平台公司市场化转型,剥离融资平台公司的政府融资职能,健全监督问责机制。
2022年1月	国务院	国发〔2022〕2号	《国务院关于支持贵州在新时代西部大开发上闯新路的意见》	防范化解债务风险;严格政府投资项目管理,依法从严遏制新增隐性债务;加大财政资源统筹力度,积极盘活各类资金资产,稳妥化解存量隐性债务;按照市场化、法治化原则,在落实地方政府化债责任和不新增地方政府隐性债务的前提下,允许融资平台公司对符合条件的存量隐性债务,与金融机构协商采取适当的展期、债务重组等方式维持资金周转;完善地方政府债务风险应急处置机制。在确保债务风险可控的前提下,对贵州适度分配新增地方政府债务限额,支持符合条件的政府投资项目建设;研究支持在部分高风险地区开展降低债务风险等级试点。

资料来源:根据国务院、财政部、国资委等官方文件和信息整理。

二、发展现状

我国城投公司发展逐步趋于规范,但也面临以下痛点:功能定位不清晰,法人治理结构不完善;项目建设压力大,融资渠道面临监管制约;传统业务占比高,经营性业务有待开发等。

1. 功能定位不清晰,法人治理结构不完善

多数城投公司的主营业务以城市基建的公益性项目为主,大多为地方政府融资服务,自身功能定位不明确,市场化发展能力弱;大多数城投公司处于政企不分、职能定位不清、公司法人治理结构形同虚设的管理混乱局面。

2. 项目建设压力大,融资渠道面临监管制约

地方政府债务严控导致政企信用脱钩,政企信用脱钩导致城投公司融资趋紧;政府城市化建设压力大,资金需求规模大,城投公司融资渠道受到监管制约,难以满足融资需求和偿还债务;城投公司承担的公益性项目多,营利能力弱,缺乏稳定的资金支持。

3. 传统业务占比高,经营性业务有待开发

城投公司承担的传统基建业务占比过高,经营类业务的占比过低,导致整体资产质量不高,影响公司的市场化直接融资;传统业务制约城投公司的可持续发展,城投公司业务未来趋向于多元化发展。

4. 运营类人才缺乏,市场核心竞争力不足

城投公司各专业领域的人才比较匮乏,尤其缺乏具备相关资质的人才;城投公司大多长期服务地方公益性项目,市场化经营经验不足,存在人才结构不合理、管理经营类人才缺乏等问题。

5. 融资模式"旧",举债经营难以为继

城投公司作为政府平台公司,所采用的传统投融资模式一直是"代融资、代投资",银行直接项目融资、信托融资、租赁融资等仍是城投公司融资的主要方式,这些融资手段成本高、资金量小、周期短,并且还受到银行附加条件影响,造成担保费、财务费用、利息费用支出增加。而且城投公司在投融资过程中往往仅为政府提供通道作用,自身的投融资能力非常有限,筹资活动的现金流量以借款为主,隐性债务问题较为严重。

6. 经营领域"旧",业务布局亟待优化

近年来,各地城投公司尽管已完成一些业务上的创新,但多数投资项目仍以民生领域基础设施建设和公益类非营利性设施建设为主,与政府功能性任务逐渐脱钩是一个复杂而漫长的过程,现阶段多数城投公司的业务仍与地方政府手里掌握的资源和项目高度相关。一方面,此类项目虽然投资数额大,但资金回笼周期很长、资金使用效率低下,后续一旦无法产生足够的现金流就很容易引发债务危机;另一方面,在政府"放管服"改革和金融监管趋严的背景下,这种发展模式势必面临改变,城投公司势必需要寻找一条走向市场化发展的道路。

三、问题与监管演变

1. 当前我国城投公司转型发展面临的困境

我国城投公司经过多年的发展,以政府信用和城市土地等资源为支撑,主动承担起保增长的任务,对促进地方经济发展、城市基础设施建设起到重要作用。据审计署公布的数据,截至 2021 年底,全国地方政府性债务为 30.47 万亿元,大部分是这段时

间形成的。许多市县级城投公司如雨后春笋般建立起来。这一阶段，城投公司成为各地城市建设的主力军，为提升城市载体功能、改变各地城市形象做出了巨大的贡献。但党的十八大以后，我国经济进入了一个新的发展阶段，从高速增长转为中高速增长，从规模速度型粗放增长转向质量效率型增长。经济结构深度调整，从增量扩能为主转向调整存量与做优增量并举，发展动力从要素驱动、投资驱动转向创新驱动。为保持经济稳定增长，防止区域性和系统性金融风险，自2013年以来，国家出台了一系列对融资平台公司的限制性文件，融资平台公司不得新增政府债务，剥离融资平台公司政府融资职能，意味着城投公司传统的融资平台的职能定位终结。2010年6月，《国务院关于加强地方政府融资平台公司管理有关问题的通知》(国发19号)出台后，各部委颁布了一系列政策文件，从资产注入、政府担保、融资方式等方面规范投融资平台的行为。2014年10月2日，国务院办公厅发布《国务院关于加强地方政府性债务管理的意见》(国发〔2014〕43号)，明确了建立"借、用、还"相统一的地方政府性债务管理机制，明确政府债务的融资主体仅为政府及其部门，剥离平台公司政府融资职能，加强地方政府债务管理。为顺应政策环境变化，城投公司必须进行市场化转型，通过提升公司营利能力，创造稳定的经营性现金流，分担财政偿债压力，弥补城建资金缺口，为城市建设和发展提供更有力的支持。但近年来，随着融资平台举债规模的急剧膨胀，部分中小城投公司由于自身运作不规范、债务结构不合理、公司经营性资产匮乏等原因，进一步加大了融资平台甚至地方政府的偿债风险。具体而言，主要表现在如下几个方面：

(1)行业政策趋紧，融资渠道不畅

自2017年以来，国家陆续出台了一系列融资平台管控政策，特别是50号、87号、23号三个文件的颁布，对城投公司传统的融资渠道和融资模式进一步提出了新的要求，要求防范存量债务资金链断裂，按照"穿透原则"和"还款能力评估原则"，评估城投公司的还款能力和还款来源，防范和化解地方政府债务风险。城投公司融资渠道日渐缩窄，金融机构对资金使用监管日益规范，使得城投公司的资金面临巨大压力。

(2)偿债机制缺乏，资源整合不充分

发行企业债是城投公司发展的另一个方向，但涉及发债额度和净资产数，这些都有硬指标的要求，门槛较高而且好多业务与相关主管部门的职能交叉。历史负债较重，银行信贷议价能力不足，再加上我国部分地区基础设施建设部门机构设置比较混乱，管理重叠严重，没能高水平地利用城投公司资产庞大的优势进而创新融资渠道，影响了城投公司高水平发展的进程，使得一些中小城投公司资产负债率过高、造血功能不足、营利能力不足，缺乏持续经营动力。如果不及时处理好这些问题，必将给城投公司的持续发展和后续融资带来诸多风险。因此,当前的这种靠负债融资的方式不但不能做到融资渠道的多元化,还会影响城投公司的发展。

(3)产权交易平台利用不充分,资产运作经验不足

经过长期的历史积累,城投公司形成了巨量的存量资产,而这些在现有的城市资产中占有较大的比重。以前的政府和相关主管部门既是"运动员"也是"裁判",从而造成了这一部分的国有资产产权不明确、业主不明确、权责不清晰,这样通常会造成前期立项时积极争取,建设时大干快上,但是在建成后无人担责无人管理的局面,这样的项目后期往往需要大量的政府补贴。如何在资本市场上运用企业上市、转让、重组等手段来积极地运作国有资产,管理好产权,充分利用各种金融工具来盘活现有存量资产,做好风险控制,是当前必须着手解决的一项重要工作。

(4)经营体制欠缺,健康发展受限

一方面,城投公司主要负责人一般都是由政府部门的领导兼任,政府部门会直接参与城投公司的管理,城投公司大多承接的是政府的指令性任务,营利性较弱;另一方面,城投公司绝大部分业务的开展需要依靠政府,融资需要政府兜底,严重缺乏行业竞争实力。目前城投公司普遍存在政企不分、主业不明、激励机制缺乏、市场化选人用人制度欠缺、核心岗位所需的技术型人才流失等问题。在当前激烈的市场竞争中,城投公司不转型就很难实现可持续发展的目标。

2. 从监管层面来看,主要经历了以下几个阶段

2008—2009年:政策鼓励期,城投平台崛起。2008年11月,为应对金融危机,"4万亿"投资计划出台,其中除1.18万亿元由中央负担外,还有2.82万亿元需要由地方筹措配套资金。但在旧《预算法》《担保法》《贷款通则》等的约束下,地方政府无法直接作为借贷主体融资。为解决这一困境,2009年,中国人民银行联合其他监管部门发布92号文,鼓励地方政府通过组建投融资平台筹措资金。此后,全国各地的城投平台大规模成立,叠加发改委简化企业债审批程序,以企业债为主体的城投债快速扩容。

2010—2013年:"19号文"开启城投监管元年,重点管制银行贷款。地方融资平台为化解金融危机发挥了重要作用,但随着城投债务快速扩张,违规融资等潜在风险也开始涌现。2010年6月,国务院发布19号文,构建了城投监管的初期政策框架,提出对城投平台和平台债务进行分类监管。原银监会于2010—2013年间出台多项政策,包括开展平台贷款清查、健全"名单制"管理等。19号文时期的监管"重堵不重疏",以信贷为主要抓手,对债券、非标等渠道的管制整体较松。同时,政策仍然支持公路、保障房、棚改等项目的融资,城投债务的扩张仍然较快。根据审计署数据,2010—2013年,地方政府负有偿还责任的债务、负有担保责任的债务和可能承担一定救助责任的

债务分别增长了62.2%、14.1%和159.9%。此外,地方政府债务资金的来源日趋"影子银行化",在地方政府负有偿还责任的债务中,来自商业银行贷款的比例从74.8%下降到50.8%,而通过应付未付款项、信托融资、垫资施工、延期付款、证券保险业和其他金融机构融资等渠道形成的债务余额明显上升。

2014—2017年:"43号文"时期。2014年8月31日,新《预算法》通过,允许省级政府在国务院确定的限额内,发行地方政府债券举借债务。2014年9月21日,国务院下发43号文,提出"剥离融资平台公司政府融资职能",与新《预算法》共同搭建起了全新的政府性债务管理框架。核心包括五个方面:一是赋予地方政府适度举债权限,举债采用政府债券形式,分为一般债券和专项债券;二是划清政府和企业的界限;三是推广使用政府与社会资本合作(PPP)模式;四是建立地方政府性债务风险预警机制和债务风险应急处置机制;五是甄别并置换存量政府债务。根据审计署统计,2015—2018年,各地累计置换存量政府债务约12.2万亿元,平均每年置换约3万亿元。总体来看,2014—2017年间地方政府债务监管趋严,但在2015年经济下行期间,政策出现短暂的宽松期,以公司债为代表的城投债发行大幅扩容。

2018—2020年:"27号文"开启隐性债务化解序幕。2015年新《预算法》生效之后,一些地方政府仍有在法定债务限额之外变相和违法违规举债或担保行为,如利用企事业单位举债,利用政府购买服务、PPP、政府投资基金等变相举债等。2017年7月,中共中央政治局会议强调,"坚决遏制隐性债务增量",首次明确提出了"隐性债务"这一概念。2018年8月,27号文开启了隐性债务的甄别、统计和化解工作;2019年6月,40号文指导地方和金融机构开展隐性债务置换;2019年末,建制县隐性债务化解试点推出。

2021年以来:新一轮收紧,严控隐性债务增量。2018年开始的监管以"坚决遏制隐性债务增量,稳妥化解隐性债务存量"为原则,各地积极化债,隐性债务无序增长的势头得到遏制。但2020年上半年,为应对经济下行,财政政策发力导致地方债务增速再度抬头。以全国277个地级市为样本,发债城投有息负债总额在2020年增加了4.4万亿元,占2018—2020年债务增幅的54.7%。2021年经济企稳后,地方政府债务监管再度加严。当年4月,国发〔2021〕5号文提出"把防范化解地方政府隐性债务风险作为重要的政治纪律和政治规矩";同月,上交所、深交所发布债券审核新规(3号指引),结合2020年末的"红橙黄绿"分类监管,严控尾部城投风险。6月,财综〔2021〕19号文将土地使用权收入划转税务部门征收,土地出让金灰色操作空间受到压缩;7月,媒体报道15号文发布,严禁新增或虚假化解地方政府隐性债务,并限制流动性贷款融资等;11月,上海、广东等纳入无隐性债务试点。

总结而言,自 2008 年以来的城投监管经历了五个阶段,各阶段一脉相承,尽管随宏观经济变化政策偶有微调,但防范化解地方债务风险的方向未发生改变。监管对象从最初的银行贷款到非标、PPP,再到债券,从最初只监管资金端,到加强对项目端——地方政府的问责,政策"遏制增量,化解存量"的思路保持稳定,预计在兼顾"不发生系统性风险"的前提下,对隐性债务的监管还将推进,规范地方政府债务是大势所趋。

第三节　转型发展必然

城投公司作为承担政府投融资平台功能的特殊国企,为政府功能的延伸和地方的基础设施建设起到了巨大的作用。尤其是近十年来,国资国企改革逐步迈入新阶段,城投公司在改革发展的过程中发生了根本性、转折性、全局性的重大变化,也为新时代党和国家事业取得历史性成就、发生历史性变革做出了重要贡献。由于在城投公司的发展过程中出现过盲目追求规模扩张、不注重盈利等问题,使得城投公司在管理体制、经营领域、政府职能、债务问题、融资模式等方面的问题不断暴露,城投公司正面临着多方面的压力。因此,在政企分离、隐性债务化解历程中,单纯依赖政府回款的城投公司的融资空间被步步压缩,转型成为城投公司不得不选择的发展道路。

一、政府职能剥离

许多城投公司,尤其是一些区县级平台公司的产生与发展离不开当地政府的扶持,这在城投公司发展的初期会形成一定助力,但在公司发展壮大之后,机关单位尤其是政府各职能部门对公司的发展方向有时仍起到举足轻重的作用,甚至由于不同单位内部的利益博弈造成城投公司发展出现无谓的内耗。城投公司内部的领导干部也有很多来自地方上的机关单位,这种从事业机关单位领导转行为国企领导的经历使得其中相当一部分人对于公司的业务很难有效把握和熟悉,导致很多城投公司没有战略、没有决策能力、没有成熟的组织架构和管理体系,缺乏独立经营管理的基础,存在总部定位不清、职责不明、业务杂乱,子公司主业不清、业务较差,人员结构复杂、管理体系杂乱等多种问题。具体来看,主要有以下几个方面:

1. 组织结构"行政化"

大部分城投公司由政府全额出资组建,其治理决策方式受国资监管方式和授权机制的影响,没有形成现代企业制度,管理模式落后,体制机制僵化。大部分城投公司在集团总部和子公司层面分别设立董事会,经营性投资项目的决策须报请两级董事会决议,且中间环节还需经历子公司业务部门、集团归口部门、两级总经理办公会以及集团党委会的决策,决策流程繁杂影响项目进度。

2. 人员管理"行政化"

有些城投公司的管理层人员干脆由地方政府官员兼任,直接导致城投公司内部所有者和管理者职能混淆,城投公司自身没有自主决策的权力,城投公司的管理人员的出发点是服务于并帮助地方政府完成政绩,而非以经营营利为目的,不利于城投公司生产经营和持续发展。同时,人员的提拔受到多重因素的影响,晋升通道狭窄,带有较强的地方行政色彩。这样的管理模式必然导致公司缺乏竞争力,缺少灵活性和时效性,难以适应瞬息万变的市场经济。

3. 内部控制不健全

对于城投公司而言,其自身的资本来自政府部门,因此在设立之初即根据国家的需求,设立了相关的管理体制和董事会、监事会等机构,使得其运作模式过于单一,缺少活力。由于公司内部控制的不健全,造成了资本的分散和风险意识的缺失,从而造成了资本的不稳定。而且,政府的拨款是统一支付、统筹安排的,并没有分配给各个项目。由于子公司的资金链不牢固,致使其大量举债,而现金流量的分散,会造成财务造假。另外,由于企业领导的监管意识不强,导致监管功能的下降,造成了资金的积压和浪费,从而影响资金的利用。

二、债务问题频出

城投公司是地方建设的主要参与者,是地方政府进行基础设施建设的主要抓手,在促进地方经济平稳发展、增加就业、提高城镇化水平等方面起到了积极的作用,但由于前期的过度负债、无序发展,积聚了很多潜在的风险。

1. 近些年债务问题案例

自 2017 年以来,财政部对地方政府的违规融资举债加大问责力度,多起地方政府违规举债案例被相继公开。对违规举债的问责对相关地区的城投公司可能带来一定的影响:一方面,部分查处问责直接涉及相关城投公司负责人,处理措施包括撤职、降级、记大过等,可能对城投公司管理和运营造成负面影响。另一方面,在整治过程中,伴随着地方政府的不规范融资行为得到处理,政企信用进一步分离,当地城投公司基于"政府隐性担保"的外部融资也将受到限制。如 2015 年 1 月—2017 年 8 月,海南省海口市各级财政及国土等政府部门分别发函,要求 61 家企业和单位出资垫付征地拆迁资金,并违规出具承诺函,承诺待相关土地出让金上缴市财政后,由财政安排资金进行偿还;2017 年 1—7 月,陕西省渭南市下辖的韩城市住房和城乡建设局等 4 个部门向韩城市城市投资(集团)有限公司和韩城市旅游投资有限责任公司借款3.57亿元，承诺以财政资金偿还该笔债务，这是向地方企业违规借款。2015年5月，重庆市黔江区教委与上海爱建融资租赁有限公司签订2个"回租赁合同"融资1.2亿元；2016年2月，江西省九江市土地储备中心以暂缓执行的土地收储项目，向九江银行股份有限公司贷款形成政府承诺以财政资金偿还的债务4亿元等，都是通过银行贷款、融资租赁、信托、资产管理计划、明股实债等方式违规举债。再如2015年2月，山东省济宁市下辖的邹城市市政府召开第28次常务会议，决定以市总工会为发起人，以邹城市正方经济发展投资有限公司为借款主体，向全市企事业单位职工发行信托产品违法违规举债。

2. 债务水平偏高

截至2021年12月末，全国地方政府债务余额304 700亿元，控制在全国人大批准的限额之内。其中，一般债务137 709亿元，专项债务166 991亿元；政府债券303 078亿元，非政府债券形式存量政府债务1 622亿元。但实际上，国家政府债务率依旧有较大可能超过安全范围，面对如此高的债务水平，城投公司具有较大的偿债压力。据相关数据显示，目前我国大多数城投公司的资产负债率在50%以上，多者高达70%。随着政府对城投公司的支持力度减弱，债务量较大的城投公司势必进入"以新债养旧债"的恶性循环，通过期限短、成本高的融资方式，让自身的债务期限不断缩减，未来这一类债务偿还压力将会不断增大，风险系数也随之增加。此外，"十三五规划"为城投公司带来大量政府项目，作为城市基础建设的主力军，城投公司势必在项目承建方面面临巨大压力，以致无暇顾及自身发展。

高悬的存量债务化解压力与巨大的新增融资压力并存，尤其是在疫情影响、经济下行压力下，地方政府本身财政压力极大，将更多的融资压力给到了城投公司，更让很多城投公司雪上加霜。城投平台最大的问题是不同于普通企业的"预算硬约束"，而是存在"预算软约束"。普通企业的债务是有上限的，有各种偿债指标约束，投资者会评估贷款方或被投方的偿债能力。近些年，企业债市场出现各种违约事件，引发市场对财务造假、公司转型等各方面问题的反思。财务造假本质上是为了粉饰公司的偿债能力，但城投平台不需要财务造假，因为投资主要靠"信仰"支撑。市场认为城投平台有地方政府的隐性支持，很愿意提供资金。在过去很长一段时间，地方政府为扩大投资范围，成立了诸多城投公司。在"43号文"发布之前，城投平台的理念不是"做大做强"，而是"求多"，因为每个平台都能融资。这个问题目前虽有改善，但本质上地方政府"信仰"和预算软约束问题并没有得到解决。

三、政府监管趋严

城投债务从一开始即伴随着监管,每一轮的政策导向均有其历史背景,随着几轮的改革和治理,平台债务的管理也日趋透明和规范,从近些年尤其是金融危机之后每年的主要政策来看,政府监管不断加强。对其进行梳理总结,可以看到:

2008 年金融危机是城投公司职能变迁的一个重要转折点,融资职能开始不断放大。为避免经济出现"硬着陆",2008 年 11 月,中国政府推出了"4 万亿"投资计划,资金投向以重大基础设施建设和灾后恢复重建为主。这"4 万亿"投资计划所需资金,除了中央政府通过预算内资金和政府性基金等筹集的 1.18 万亿元,其余均由地方政府和企业共同承担。根据资金的不同来源,又可以分为三块:一是中央财政代地方财政增发 2 000 亿元的国债,之后由地方政府来偿还;二是银行发放部分期限较长、利率较低的特种贷款,用于特定项目的建设;三是利用地方投融资平台发行部分企业债券。经济刺激计划并没有起到立竿见影的效果,于是对城投公司的政策扶持力度进一步加大。

2009 年(松):中国人民银行和原银监会联合印发了《关于进一步加强信贷结构调整,促进国民经济平稳较快发展的指导意见》(银发〔2009〕92 号),其中明确指出支持有条件的地方政府组建投融资平台,发行企业债券、中期票据等融资工具,拓宽中央政府投资项目的配套资金融资渠道。

2010 年(紧):在"4 万亿"投资的刺激下,城市基础设施建设投资增长迅猛,由此造成的投资过热及地方政府隐性债务规模快速攀升。

2011 年(紧):以"降旧控新"为目标,将平台按照名单制集中审批管理,在全国银行中开展城投平台和平台贷款的整体管理。

2012 年(松):继续推进保障性安居工程建设,从"减存量,禁新增"放松为"缓释存量,控新增"。

2013 年(前紧后松):支持棚户区改造等国家重点项目。

2014 年(前松后紧):新《预算法》和国发 43 号文颁布,新《预算法》赋予了地方政府举债的权利,国发 43 号文成为后来城投监管的纲领性文件。

2015 年(松):经济增速持续下行,政府依靠基建投资进行经济的逆周期调节。

2016 年(前松后紧):中国经济增长较为平稳,传统行业出现产能过剩问题,中央实施供给侧结构性改革。全年城投政策以"防风险,堵后门"为主。

2017 年(紧):以"金融去杠杆和堵新后门"为主,政府不断重申 43 号文精神,同时也对出现扩大政府购买服务范围和 PPP 政府投资基金明股实债的新后门,进行规范和整顿。

2018年(前紧后松)：以"去杠杆变为稳杠杆"为主。上半年仍在强调城投与政府信用分离，并从国有金融机构角度规范城投的明股实债行为。下半年在中美贸易争端的背景下，把发展投资、稳定经济作为优先考虑之事，城投融资得到边际放松。

2019年(松)：多个文件进一步明确强调控制隐性债务风险，核心是规范隐性债务化解方案，为隐性债务化解创造了条件。

2020年(松)：受新冠肺炎疫情影响，基建投资托底经济的作用再次凸显，适度加大了基建逆周期调节的力度，明确了基础设施建设投资重点方向。

2021年(紧)：随着我国对疫情防控得当，经济增长得到恢复，城投监管政策"由稳增长转向防风险"。文件再次重申管控地方债务风险，并成为重要的政治纪律。

对城投公司来说，现在的发展始终是头上悬着一把剑，也就是严格的监管。显然，从阶段上看，监管政策会有紧有松，但监管加严、政策收紧的趋势不会改变。特别是政策对城投平台银行融资渠道、流动资金融资、存量续作等方面进行严格监管，进一步限制了城投公司的融资渠道。而在监管新常态下，城投公司目前处在严监管周期，呈现出两大特点：第一个特点是分类监管，债务风险等级、隐性债务化解进度等都会对实际的监管强度造成影响；第二个特点是有压有保，压的一面是隐性债务"控增量，化存量"的监管底线不会变，保的一面是监管多次强调防范"处置风险的风险"。因此，各级地方政府仍需严格落实责任，把防范化解隐性债务风险作为重要的治理目标，牢固树立底线意识和"红线"意识，坚决杜绝新增隐性债务；并且政府在融资平台监管人员的选择上，应该由相关法律法规的专业人员对接，这样监管人员的素质和专业技能才会有所保证，监管也会更加有力。

第二章

城投公司内部管理及架构设计

第一节 主要发展阶段

近些年,随着整体政策收紧,地方政府融资平台都在进行市场化改革、谋求转型,有的公司退出为"一般公司类"的融资平台公司,转型为市场化国企;有的地方政府融资平台通过兼并重组等方式调整合并业务组合,转型为在基础设施、公用事业、城市运营等某些领域市场化运作的国有企业。但总体上,地方政府融资平台的发展都要经历三个阶段:资产注入期、业务拓展期和资本推动期。后期的转型发展根据公司的战略发展方向有所不同。

一、萌芽阶段:资产注入期

在地方政府融资平台发展早期,主要承接地方政府指派的公益性质的项目,如市政设施、医院、学校、公园和交通项目建设等,这些项目往往周期长、回报低或无回报。有时候也会有少量经营性资产注入地方政府融资平台,以平衡公司的业务结构,但总体上缺少具备营利能力的市场化项目。从地方政府融资平台经营者的角度来讲,更倾向于经营性资产的注入、并购及运营,这会提高公司后续的融资能力。

地方政府为了支持融资平台发展,会将本地区的资源、资产、资金、资本(四资)注入地方政府融资平台,此时,地方政府融资平台中国有资产的比例相对较高。在当地政府的大力支持下,地方政府融资平台会快速扩大资产规模,同时注入一些经营性资产,帮助企业获得稳定的营业收入、改善财务状况、降低公司的资产负债率、改善地方政府融资平台的资产结构,达到经营性资产类型多元化的目的。

这一时期，地方政府融资平台发展的重点在于扩大资产规模，通过合理改善资产负债率、提高融资能力，为公司后续市场融资提供基础条件。同时，地方政府融资平台会逐步减少对银行信贷的依赖，通过发行少量公司债、企业债等方式募集资金，以提高直接融资的比例，尝试从资本市场募集资金。

二、发展阶段：业务拓展期

当地方政府融资平台的资产达到一定的规模，积累了一些经营和管理经验的时候，下一步的工作重点就在于调整优化布局，确定以公益性或准公益性项目为主营业务，搭配经营性业务，形成具有市场竞争力的业务组合。公益性项目是指为社会公共利益服务、不以营利为目的，资金来源主要为财政补贴，且不能或不宜通过市场化方式运作的政府投资项目，主要包括以下类型的项目：（1）城市开发、基础设施建设项目（城市基础设施建设、市政建设、园区开发建设等）；（2）土地开发项目（土地整理、土地储备管理等）；（3）公益性住房项目（棚户区改造、保障房、安居房、安置房、经济适用房、廉租房等）；（4）公益性事业（垃圾处理、污水处理、环境整治、水利建设等）。准公益性项目是指为社会公共利益服务，虽不以营利为目的但可产生较稳定的经营性收入的政府投资项目，主要包括以下项目：（1）公共服务项目（供水、供电、供气、供热等）；（2）公共交通建设运营项目（高速公路投资运营，铁路、港口、码头、机场建设运营，轨道交通建设运营，城市交通建设运营）。

这一时期，地方政府融资平台主要围绕当地的城市基础设施运营、产业投融资运营、城乡融合业务等主要领域开展业务，打造地方政府融资平台的核心业务板块，争取获得不错的经济效益。根据当地经济总量的状况，每个地方都会产生若干领域的一家或几家专业化的国有地方政府融资平台。经过业务拓展期，地方政府融资平台的融资能力得到提升，资产结构不断得到优化，直接融资的比例也会有所增加。

三、稳定阶段：资本推动期

经过前期资产注入和业务拓展期，地方政府融资平台已经在资产规模、经营管理、业务运营等方面达到一定的水平，如何将现有资源融合成为平台公司突破发展"瓶颈"的重点。

此时，地方政府融资平台已经具备资产规模和业务运营两大资源优势，工作的重点在于将资产与业务深度融合，协同深入推进，探索新型业务发展模式。经过前期的发展，地方政府融资平台已经对资本市场有所了解，下一步需要借助资本市场的力量，带动平台公司的改革和发展，实现产业整合，形成以产融互动为核心的商业模式。

在经济发展水平相对较高的市县,地方政府融资平台发展到高阶会成长为集团化公司,拥有核心业务板块,具备较强的资本运作能力,其中金融类业务成为所有类型集团化地方政府融资平台的业务强项。从资本市场角度来看,这一时期的地方政府融资平台资本运作能力强,可以通过 IPO 或并购方式控股上市公司,最大化地运用资本市场工具,拥有在债券市场和股权市场上的融资能力。

资本运作主要围绕盘活存量资本和优化增量资本两个维度,在资本配置的引导下,集团公司可以将吸收的资产整合到业务层面,整合现有业务条线。

第二节　股东分类与股权结构

一、股东分类

股东是股份制公司的出资人或投资人,股东作为出资者按出资数额(股东另有约定的除外),享有所有者的分享收益、开展重大决策以及选择管理者等权利。按不同的标准,公司股东可以分类如下:

(一)隐名股东和显名股东

以出资的实际情况与登记记载是否一致,可以把公司股东分为隐名股东和显名股东。隐名股东是指虽然实际出资认缴、认购公司出资额或股份,但在公司章程、股东名册和工商登记等材料中却记载为他人的投资者。隐名股东又称为隐名投资人、实际出资人。显名股东是指正常状态下,出资情况与登记状态一致的股东。在本书中有时也指不实际出资,但接受隐名股东的委托,为隐名股东的利益服务,在工商部门登记为股东的受托人。

(二)机构股东和个人股东

以股东主体身份来分,可分为机构股东和个人股东。机构股东是指享有股东权的法人和其他组织。机构股东包括各类公司、各类全民和集体所有制企业、各类非营利法人和基金等机构和组织。个人股东是指一般的自然人股东。对于城投公司来讲,主要以机构股东为主,包括政府、事业单位、国有企业、民营企业等,个人参股情况较少。

(三)创始股东与一般股东

以获得股东资格时间和条件等来分,可分为创始股东与一般股东。创始股东是指为组织、设立公司,签署设立协议或者在公司章程上签字盖章,认缴出资,并对公司设立承担相应责任的人。创始股东也叫原始股东。一般股东是指因出资、继承、接受赠予而取得公司股权,因而享有股东权利、承担股东义务的人。城投公司一般由当地政府或下属单位发起组建,创始股东一般为人民政府、国资委或国企。

(四)控股股东与非控股股东

以股东持股的数量与影响力来分,可分为控股股东与非控股股东。控股股东又分为绝对控股股东与相对控股股东。控股股东是指其出资额占有限责任资本总额50%或依其出资额所享有的表决权已足以对股东、股东大会的决议产生重大影响的股东。城投公司的控股股东最常见的是地方国资委、地方财政局、地方人民政府、某某管委会(常见的主要是新区),也存在一小部分城投公司的控股股东是某某办公室(例如一些地方的旅投),整体而言,都是政府相关部门及单位。

二、股权及其结构

股权是指基于股东地位可对公司主张的权利。股权结构也被称为所有权结构,其重点在于股份公司中不同性质股份的占比及股份之间的相互关系,包括以下具体内容:(1)公司的股东构成,即各股份持有者的特征;(2)各股份持有者占总股份的比例,即股权集中程度。针对城投公司股权结构,可以从以下几个方面具体分析:

(一)股权属性及特征

股权属性是指各类股东的性质,从股权性质的角度,包括国有股东、外资股东、民营股东等,这是对公司股东背景的细分。在我国,城投公司都是国家控股型。国家或者能够代表国家的机构在持有公司股份时,因持有公司大部分股份而占据控制地位的股权结构,称作国家控股型股权结构。由于国家利益目标的种类较多,在国家控股的企业中,常常不能以利润最大化作为企业的经营目标,否则长此以往,会造成国家"政企不分"的情况。同时,国家控股的公司不仅受到政府的保护,而且可以享受各种优惠政策。在这种情况下,公司的竞争压力得到缓解,同时进取心受到影响,从长期来看,公司的绩效无法提升,市场上也不能进行公平竞争。

股权集中度主要用来衡量股权集中或分散程度,这对于公司治理流程和效果都会产生很大的影响,从而影响公司绩效。股权集中度可以用前十大股东、前五大股东或前三大股东持股比例衡量,前几大股东持股比例越高说明股权集中度越高。

表 2—1　　　　　　　　　　股权集中度划分

股权集中度	单个股东持股比例	特　征
高	高于 50%	大股东拥有绝对控制权
比较高	30%—50%	股东之间相互制衡
低	低于 30%	股东的控制力弱

股权制衡度是指公司前几大股东之间的制衡关系。一般来讲,大股东(股份大于5%的股东)数量越多且股份越分散,控股股东之间的制约力越强,股东之间可以起到互相监督的制衡作用。从实际情况来看,股权制衡度往往表现为大股东和股份排名第2—5位股东之间的博弈过程。一般情况下,城投公司的主要股东都属于当地政府或下属的企事业单位和国企,因此股权一致性较高,股东之间的制衡力相对较弱。

(二)股权结构的类型

依据不同的股权集中度可以对股权结构进行如下分类:高度集中型、过度分散型和适度分散型。

1. 高度集中型股权结构

这是指大部分股份集中在第一大股东手中,不同于其他股东的持股比例,第一大股东能够对企业进行绝对控制。在该类股权结构下,因为占有持股的绝对优势,控股股东在参与公司治理时,有着很高的积极性;同时,能够有效监督代理人的工作,使得委托人和代理人的利益趋同,从而影响公司绩效。对于持股比例较小的小股东而言,在参与公司治理时并不积极,通常采用"用脚投票"的方式来参与公司的治理。在这种情况下,公司内部的其他股东无法对大股东进行监督与制衡,大股东可以通过代理人对公司治理进行高度干预,这样会造成"内部人"控制的问题,或者控股股东选择和代理人进行合谋,做出掏空小股东利益的行为,从而影响公司绩效。

2. 过度分散型股权结构

这种类型的公司称为"管理者控制型"公司。在该类公司中,存在大量的股东,并且这些股东所持有的股份数量相近、比例较低。对单个股东而言,作用十分有限,因此不会产生控股股东。相对于股权结构的高度集中,该类股权结构能够有效避免两极化的股东行为,避免小股东的权益被个别大股东剥夺。但是,股东们在行使权力时,普遍会受到股权过度分散所导致的抑制问题,致使股东产生"搭便车"的想法。长此以往,会增加代理人的委托成本,使得委托代理问题更加严重,最终会使企业绩效受到损害。

3. 适度分散型股权结构

在该结构下,若干个大股东的股份持有情况相近,剩余的股份被分散在小股东的手中。在该股权结构下,股东之间能够实行有效的制约机制,该机制可以解决股东的约束和激励问题,使得每个股东都能够充分参与到公司的经营管理之中。这种股权结构可以避免在前两种情形下非理性的股东行为,这样可以避免委托代理情形下效率的降低,能够帮助公司绩效提升。

三、股东及股权结构的要点

在我国,城投公司都不是民营企业,而是政府和企业的混合体,与政府或相关事业单位存在紧密相关的权责关系,主要股东持有的往往都是国有股,股份属性一致,但股东分属不同的单位或公司,确定城投公司股东和股权结构的重点在于主要股东的级别。一般情况下,地方政府融资平台主要由地方政府及其分支单位、事业单位等设立,地方政府融资平台确定股东的重点主要有以下几个方面:

一是控股股东。地方政府融资平台的企业性质普遍为国有企业,民营资本或其他经济成分可以参股,但控股股东往往是国有企业、国资委或当地政府。近些年,随着国企改革的推进,地方政府融资平台也开始实施一系列混改措施,平台公司逐渐向民营企业放开,但目前的比例不高。

二是控股股东的行政级别。地方政府融资平台的控股股东的级别代表着平台公司的行政级别,级别越高,平台公司能够控制的资源越多,违约的可能性越小,信用级别也越高。常见的控股股东分别是省政府、市政府、区县政府、园区管委会、民企等,调动资源的能力逐级下降。

三是政府职能部门。对于国有控股的地方政府融资平台,需要明确隶属于哪个政府职能部门监管,一般是政府本身、财政局或者国资委。对于平台公司来讲,直属分管领导部门不同,其调动资源的能力会有所差别,会影响平台公司后续的发展。

四是参股股东。在国有企业改革的大背景下,某些地方政府融资平台也开始进行产权多元化改革,鼓励和支持其他国有资本、民营资本等非公有制经济的资本注入。一方面,混合所有制改革有利于地方政府融资平台壮大资本实力和提升经营活力;另一方面,也有利于地方政府融资平台业态多元化,完善投融资价值链体系。因此,引入的参股股东需要与公司的战略相匹配,相关研究表明,互补型的股东最有利于提升公司绩效。在引入其他股东后,平台公司需要重点做好吸收整合工作,建立符合现有股权结构的内部监督体系,保证多元化股权相互制衡并融合,以保障不同性质的股东的利益,这样才能有效避免国有资本流失,提升企业绩效。

在股权架构方面,城投公司需要关注以下三点:

第一,股权上划。从行政架构上,地方政府融资平台的股东方的行政级别高于其业务区域行政级别。前几年,某些地方平台公司为了上调评级,以便于发债募资,采用股权上划的套路。比如城投公司由地级市国资委100%持股,但实际上该公司的业务仅限于区县级的基建和土地整理开发,因此,该城投公司依然是区县级平台,地级市国资委对城投公司的支持力度很小。

第二,参股股东有当地的农发基金等小股东。实际上,这是一种明股实债的做法,城投公司可以借此获取低成本的长期信贷资金。

第三,控股股东为当地城投公司,实际控制人为当地政府。近些年,在各个平台整合的大趋势下,很多地方政府会把城投公司股权划入另一家城投公司。对这种情况,需要关注母子公司之间的关系,母子公司之间是单纯的并表关系,还是母公司对子公司有实际的控制权、经营权？子公司的董事、高管由政府直接任命,还是由母公司任命？子公司的融资决策是否经过股东会决议？

第三节　组织结构与绩效考核制度

一、组织结构设计

组织结构是指组织内部各成员之间的权利与责任关系,包括高层组织结构如股东会、董事会等,以及执行层组织结构,如中层、基层组织结构。这涉及组织内部各机构的职能结构(关键职能)、权责结构(权责分工及相互关系)、层次结构(纵向管理层次)、部门结构(横向结构及其组合形式),强调分工与层级划分,具体可以分解为三种成分:复杂性、正规化和集权化。其中,"复杂性"是指企业分化的程度,内部成员的劳动分工越细致,纵向等级层次就越多;内部机构的地域分布越广泛,协调其活动就越困难。"正规化"是指企业依靠规范和准则引导员工的程度,有些企业仅以很少的规范和准则运营,而有些企业却制定各种具体规则去指示员工可以做或不可以做什么,规范和准则越多,其组织结构就越正规化。"集权化"是指决策制定权高度集中,与之相对应的是分权化。有些企业的信息自下而上逐级传递给管理者,由其制定决策,而有些企业的管理者则将决策权较多地授予中层或基层。

1. 常见的组织结构形式

(1)直线职能制(U型结构)

直线职能制又称为U型结构,是经典组织理论中直线式和职能式的组合,可以根据职能来划分部门,如财务部、人力资源部、战略部等单位,同时还可以根据业务来划分单元。这是一种公司总部或母公司对职能部门进行统一领导的高度集权的管理和控制组织形式。具体组织结构图如图2-1所示。

(2)事业部制(M型结构)

事业部制又称M型结构,是指企业按照生产产品、投放市场、销售地域和服务对象等要素将组织分为若干个事业部,比如一个大型的煤炭企业内部根据产品上下游关

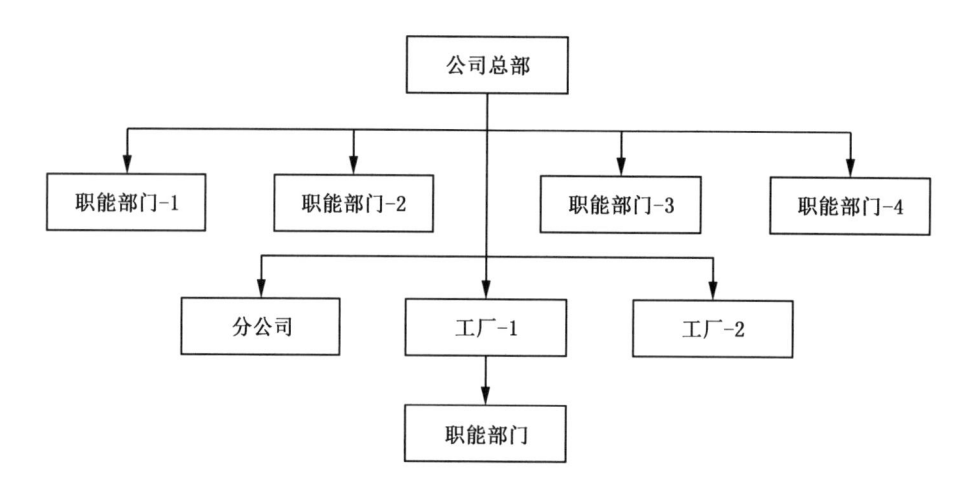

```
                        公司总部
         ┌──────┬────────┼────────┬──────┐
      职能       职能      职能      职能
      部门-1    部门-2    部门-3    部门-4
              ┌──────────┼──────────┐
            分公司      工厂-1      工厂-2
                          │
                        职能部门
```

图 2—1 直线职能制结构图

系,可以分为煤炭事业部、电力事业部、煤化工事业部,同时还可以根据资源分布地域不同,分为内蒙古事业部、青海事业部等,如果有海外资源则还需要设立海外事业部。这种组织结构模式实现了权力的集中和分散的适度结合,有效发挥了事业部的自主性,在对外竞争中能够灵活应变,具有一定的优势。其结构如图 2—2 所示。

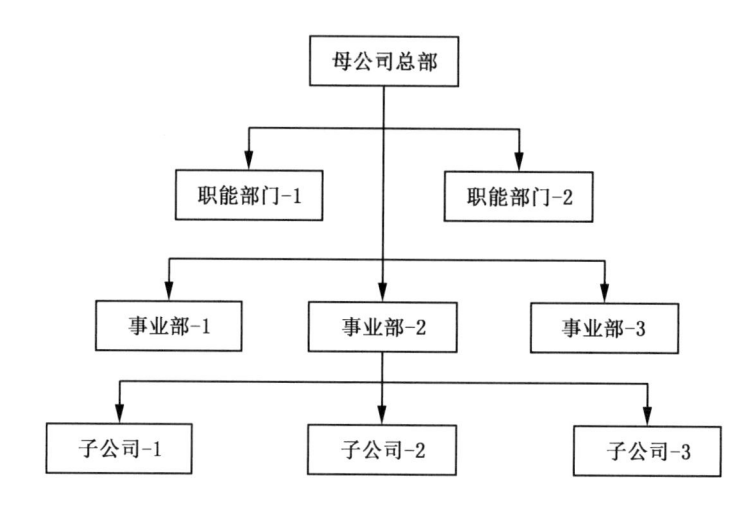

```
                      母公司总部
                ┌────────┼────────┐
             职能部门-1          职能部门-2
                         │
            ┌────────────┼────────────┐
         事业部-1      事业部-2      事业部-3
                         │
            ┌────────────┼────────────┐
         子公司-1      子公司-2      子公司-3
```

图 2—2 事业部制结构图

(3)控股制(H 型结构)

控股制又称 H 型结构,也就是我们所说的母子公司制。一般企业集团总部为母公司,下面拥有很多业务不相关的产业单元,它们一般都是以子公司的形式出现,是独立的法人单位,承担着利润中心或投资中心的责任。母公司与子公司之间依托产权纽带相联系,母公司通过绝对控股、相对控股或参股,对子公司实现不同程度的控制。控股制结构如图2—3所示。

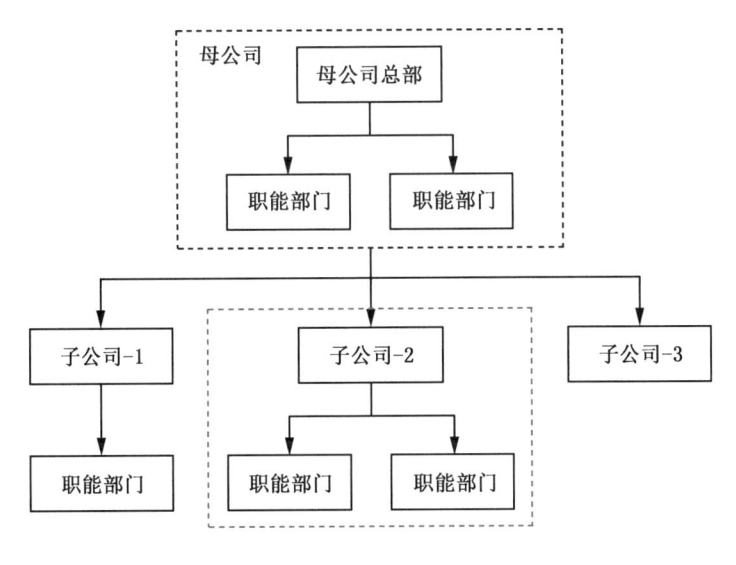

图2—3 控股制结构图

2. 组织结构对比及设计

直线职能制结构是最基本的组织结构形式,也是事业部制和母子公司制两种组织结构的基础,适用于规模小、业务单一的企业集团。事业部制组织结构适用于产业相关多元化、地域分散、规模较大的企业集团。控股制即母子公司制结构则适合于产业非相关多元化经营的大型企业或跨国企业。表2—2总结了三种组织结构形式的优缺点及其适用的条件。

表2—2　　　　　　　　　组织结构形式比较

类　型	U型结构	H型结构	M型结构
母公司总部职责	投资、决策、战略中心	投资、决策、战略中心	投资、决策、战略中心
集权程度	集权	分权	集权与分权相结合
中间管理层	无	子公司	事业部或分公司
适用的条件	规模小、业务集中的企业	产业非相关多元化	产业相关多元化

直线职能制组织结构是一种高度集权的组织结构;事业部制结构是一种产业相关多元化经营的结构形式;控股制结构是直线职能制和事业部制两种结构发展和进化的产物,是集权与分权的有效协调和统一,突出了企业整体。随着目前世界企业规模的不断扩大和资源业务的分散扩张,企业集团的组织结构也在不断地演变,呈现出混合

的形态,并随着企业发展战略和外部环境的变化进行调整和改变。很少有企业采用纯粹单一的组织结构形式,城投公司在设计组织结构中往往通过对不同组织结构模式进行混合设计,从而达到有效治理的目的。

二、绩效考核制度

绩效是员工完成组织目标的一种表现,换句话说,绩效表明了员工完成工作任务的质量与效率等。绩效考核指的是考核主体参照行业以及绩效标准,采取科学有效的绩效考核方法,对员工的工作任务完成情况以及履职情况等进行评价,从而判断员工在一段时间里的工作完成情况。

1. 四种绩效考核工具

绩效考核的目的在于通过激发员工的工作热情和提高员工的能力素质,持续提升个人、部门和组织的绩效。现阶段,绩效考核的方法非常多,常见的绩效考核工具主要有四种:关键绩效指标法、目标管理法、360度考核法、平衡计分卡。表2-3是四种绩效考核工具的对比。

表2-3　　　　　　　　　　四种绩效考核工具对比

工具	概述	优点	缺点
关键绩效指标法(KPI)	在分解细化组织目标的基础上,确定少数关键绩效指标,并以此作为主要考核内容	目标明确、针对性强、节省管理成本	指标难以界定、不是所有岗位都适用
目标管理法	确定组织目标后,将其分解细化成各部门和各员工的具体目标,管理者通过具体目标完成情况实施绩效考核	促进上下级沟通、提高工作效率	弱化目标完成的质量、应对环境变化时缺乏灵活性
360度考核法	通过员工自身、上级、平级、下级和客户的评价,反馈员工的行为表现	全面直接、易于理解	容易流于形式、难以客观公正
平衡计分卡	从财务、客户、内部流程、学习与成长四个方面,将组织战略落实为可操作的衡量指标和目标值的绩效考核指标体系	指标全面平衡、提升管理效率	对管理基础有一定要求、实施难度较大

(1)关键绩效指标法

关键绩效指标法(Key Performance Indicator,KPI)就是把绩效评估简化为部分关键绩效指标的考核,将关键绩效指标作为评估标准,将员工绩效产出与关键指标做比较的绩效考核工具。关键绩效指标法是企业战略目标的分解,由上下级共同参与制定。其优点在于关键绩效指标针对性强,具有可衡量性,是对真正驱动企业战略目标实现的具体因素的发掘,是企业战略对每个职位工作绩效的要求的具体体现。并且,当外部环境发生变化、企业战略目标侧重点转移时,关键绩效指标可以随之调整以反映企业战略新的内容。

关键绩效指标法的核心是从众多绩效考核指标体系中提取重要、关键的指标,已被广大企业所学习并使用,具有众多优点:一是显著提高了员工工作效率。KPI 的设置将员工精力从无关紧要的琐事中节省下来,引导员工更加关注企业重要工作领域和个人关键工作任务,使整个企业平稳、有序、高效地向目标前进。二是有效节省了绩效考核成本。考核指标精准,能减少主观考核的盲目性,缩短模糊考核的推敲时间,将企业所拥有的人力物力资源用于开辟新的市场。三是有效改进考核体系。通过 KPI 的使用可以迅速定位到管理中的关键问题,重点解决,提升管理效用。

当然,关键绩效指标法也有很多缺陷。一是很难确定 KPI 的指标。KPI 更侧重定量指标,如果没有运用专业化的工具和手段,便无法确定是否能对企业绩效产生关键性的影响。二是考核方式机械化。KPI 重视考核指标,而没有充分考虑到人为因素和弹性因素,难免会产生争议。三是 KPI 并不适用于所有岗位。对于城投公司来讲,更多承担的是公益性或准公益性项目,关键绩效指标考核法使用得较少。

(2)目标管理法

目标管理法是指企业管理者以企业整体目标为导向,由管理者和员工共同协商,依据实际情况将企业总体目标层层分解到部门和员工层面,实施后将控制引导员工的工作行为,考核时将部门与个人的实际绩效产出情况与一开始设定的具体目标做对比,根据结果进行评价以及奖惩,通过目标层层传导最终实现企业整体目标。目标管理法使每个员工更加了解自己的需求与目标并努力实现,是一种以结果为导向的绩效考核工具,不仅能促使员工自我激励、提升潜能,也有助于企业整体目标的实现。

目标管理法的运用主要分为四个阶段。第一阶段,制定各层次具体目标。首先明确企业的整体战略目标,再通过上下级的充分沟通,共同制定各层次绩效目标,并就绩效标准如何测量、时间期限等达成共识,体现员工的参与性,有利于目标的精准设置。第二阶段,具体实施阶段。分解目标后,持续进行绩效指导,关注各个层面的实施情况,及时收集相关数据与材料。第三阶段,绩效考核阶段。根据收集的数据材料确定绩效完成情况,并对照一开始制定的具体目标进行比较,得到考核结果并实际应用。第四阶段,对企业整体目标的实现程度进行评价,将本次绩效考核经验运用到下一轮绩效考核当中。

目标管理法存在弊端。一是企业从上至下更多的是注重考核结果,忽视了目标完成的质量情况。二是目标管理中的目标通常是短期目标,很少关注长期目标,并且使员工过于注重奖惩,不利于企业的长期发展。三是目标管理法对环境变化的适应性较差。目标一旦设定后就不能轻易改变,使企业的管理运作缺乏弹性,无法适应变化多端的外部环境。

(3) 360度考核法

与传统的上级考核下属的方式不同,360度考核法是一种多视角、多层面的考核方法。个体的绩效由自身、上级、平级、下级和服务的客户等全方位各个角度来进行考核,以获取全面、客观的评价。对考核对象的考核面非常广,涉及领导能力、人际关系、行政能力和沟通能力等。

360度考核法有几个明显的优点。第一,360度考核法的评价参与方来自企业的各个层面,并且拓展到了企业外部,能更加客观、直接地进行考评,进一步提高考核结果的真实性,杜绝了个别主观、偏激的评价影响考评公平性的情况。被考核者更容易接受考核结果,更容易了解有关自身优缺点的信息,并可作为改善绩效的参考,有利于提升整体能力水平。第二,多维度的考核方式为企业成员提供了学习交流的平台,有利于促进提升工作效率和团队凝聚力,加强沟通与互动。第三,企业成员在对自身和他人进行评价时,有更多机会站在他人的角度思考问题,促进上下级之间、同级之间互相理解,能营造一个公平、公开的工作氛围,对管理别人和接受别人的管理有了更多的认识,推进360度考核法进入良性循环,促使企业目标的达成。

360度考核法也存在不足之处。首先,考核成本高。考核参与者众多,不同层级的考评者需设计出不同的考核指标并量化,涉及信息面广,消耗大量人力物力和时间,给企业具体实施考核带来一定的难度。其次,考核容易流于形式。企业常常忽略对参与考核者进行培训,使大家在考核标准上未达成共识,在实施考核时容易受到人际关系的影响,对考核指标进行笼统的评价,导致考评结果有偏差。最后,360度考核法主要是服务于员工的发展,目的在于帮助企业成员找到问题、认识不足,并进行有针对性的改善。如果企业过多地使用其作为奖金发放、职位晋升的手段,评价者就会考虑到个人利益得失,所做的评价难以客观公正,被评价者也会怀疑评价的准确性和公平性,最终导致公司人际关系紧张,考核结果不可靠。

(4) 平衡计分卡

平衡计分卡是从财务、客户、内部流程、学习与成长四个角度,将企业战略落实为可衡量可操作指标的一种新型绩效考核工具,于1992年由卡普兰和诺顿率先提出,第一次将财务指标和非财务指标结合起来,是企业管理理论发展历程中重要的里程碑之一。设计平衡计分卡的目的就是要建立"实现战略指导"的绩效管理系统,从而保证企业战略得到有效的执行。平衡计分卡既是企业绩效考核的工具,也是企业战略管理与执行的工具,人们通常称平衡计分卡是加强企业战略执行力最有效的战略管理工具。

平衡计分卡的运用要考虑四个方面:财务层面、客户层面、内部流程层面、学习与成长层面。每个层面都有其核心内容,这几个层面分别代表企业三个主要利益相关者:股东、客户和员工。内容结构如图2—4所示。

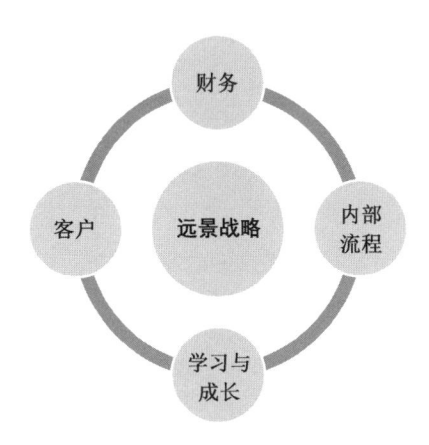

图2—4 平衡计分卡内容结构

财务层面:财务指标体现股东的利益,通常与获利能力有关,不仅可以显示企业战略,还可以体现出企业战略实施与执行是否对改善企业盈利做出贡献,通常有投资报酬率、营业收入、现金流量等。设置财务指标有三个维度:一是收入,这是指加大产出、调整产出结构、拓展市场,实现价值的提升;二是成本,这是指降低产品和服务的相关成本,提高生产率;三是资产利用,这是指提高资产运营的水平,利用空闲的生产能力拓展新业务,处置盈利不足的资产,提高资源使用效率。

客户层面:满足客户需求并以此获利是企业追求的目标。明确企业的客户和市场,通过提高市场份额和客户满意度来提升企业绩效。客户层面的评价指标通常有目标市场份额、客户满意率、客户保持率等。

内部流程层面:这是实现股东利益、提高客户满意度的关键,不仅完善了企业相关制度,并且保证了企业战略目标的实现。一般的内部流程包括创新流程、日常运营流程、客户管理流程。其中,创新流程是指企业对市场进行充分调研,了解客户偏好,确认市场规模,对是否开发新产品和新服务进行决策。日常运营流程是指从企业接受订单到提交产品或服务的整个活动过程,对所有环节进行控制和改进。客户管理流程是指企业为获取客户、培养客户、保留客户所进行的活动过程。

学习与成长层面:关注企业的持续发展能力,根据内部流程所需的知识和能力来设置学习成长类指标,从人力资本(支持企业战略所需技能知识的可用性)、信息资本(支持企业战略所需信息系统、数据库和基础设施的可用性)和组织资本(执行企业战略所需的维持变革和改进流程的组织能力)三个方面分析企业实际水准和需要做出的改进,强调企业无形资产和企业战略保持一致的重要性。

平衡计分卡中各个指标不仅是简单的集合,还是相互联系、互相强化的。例如,员工服务水平为学习与成长层面的指标,企业通过培训提升员工服务能力,能改进内部流程产出质量。内部流程产出质量作为内部流程层面的指标,它的提高有助于提升客户满意度。客户满意度作为客户层面的指标,驱动客户加大采购量等,带来收入的提高。收入水平则为财务层面的指标。完整的因果关系贯穿了平衡计分卡的四个层面。

平衡计分卡的优点在于:具有前瞻性,整合了内部和外部的衡量指标,实现了财务指标和非财务指标的平衡、企业长短期目标的平衡、企业内外部之间的平衡,以及领先指标与滞后指标之间的平衡,使企业在员工、客户、组织流程、技术革新等各方面得以改进,让企业实现短期目标的同时,也关注未来的发展,提高企业的整体管理水平,获得持续发展的动力。此外,平衡计分卡的执行有利于上下级沟通。现代企业的战略实施应让所有员工了解和认同。平衡计分卡通过层层分解目标,让员工都能对应到自身的工作职责,加深对企业愿景和使用平衡计分卡的理解,有利于统一思想。

2. 绩效考核流程

不同领域、行业和企业的绩效管理内容不尽相同,但绩效管理的基本环节是一致的,涵盖:目标—计划—实施—反馈—应用。各个环节相互衔接、相互作用,使绩效管理形成了一个环形的结构,从而实现绩效目标。

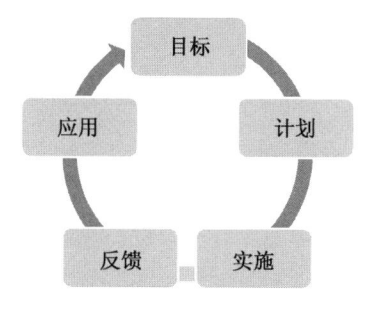

图 2—5 绩效考核流程

第一个环节:制订绩效计划。这一阶段依据企业发展目标,确定各个职能部门的绩效目标,并对其进一步分解成为员工的个人绩效指标。

第二个环节:绩效实施。这一阶段通过对基层员工辅导沟通,让基层员工了解绩效计划涉及的内容,完成工作任务,落实有关指标。绩效计划是否有效、是否可行得到检验证明。

第三个环节:绩效评价。这一阶段通过在绩效实施过程中全面掌握基层员工对绩效目标的完成情况，对部门及基层员工的绩效水平做出量化评价。绩效评价是对被考核对象的评价。

第四个环节：绩效反馈。这一环节应该贯穿整个流程，是一个信息反馈的过程。它要求把绩效实施的有关情况、绩效评价的结果及时告知基层员工。

第五个环节：绩效考核结果应用。这个环节涉及把考核结果应用在工资待遇的确定上；为提高绩效水平，组织员工学习、开展技术培训；对员工岗位做出调整；编制员工管理档案。这一环节是激励员工、达成组织战略的关键。

第四节　财务报表的优化管理

一、三张报表

（一）资产负债表

1. 编制资产负债表

资产负债表是反映企业在某一特定日期财务状况的报表，又称为静态报表，主要提供有关企业财务状况方面的信息。通过资产负债表，可以展现在某一日期资产的总额及其结构，表明企业拥有或控制的资源及其分布情况，即有多少流动资产、有多少长期投资、有多少固定资产等；可以展现某一日期的负债总额及其结构，表明企业未来需要用多少资产或劳务清偿债务以及清偿时间，即流动负债有多少、长期负债有多少、长期负债中有多少需要用当期流动资金进行偿还等；可以反映所有者所拥有的权益，据此判断资本保值、增值的情况以及对负债的保障程度。此外，资产负债表还可以提供数据供财务分析，如将流动资产与流动负债进行比较，可计算出流动比率；将速动资产与流动负债进行比较，可计算出速动比率等，可以表明企业的变现能力、偿债能力和资金周转能力，从而有助于会计报表使用者做出经济决策。

资产负债表可以根据资产、负债、所有者权益（或股东权益，下同）之间的钩稽关系，按照一定的分类标准和顺序把企业一定日期的资产、负债和所有者权益各项目适当排列。它反映的是企业资产、负债、所有者权益的总体规模和结构，即资产有多少；资产中，流动资产、固定资产各有多少；流动资产中，货币资金有多少，应收账款有多少，存货有多少等。又如，所有者权益有多少；所有者权益中实收资本（或股本，下同）有多少，资本公积有多少，盈余公积有多少，未分配利润有多少等。

在资产负债表中，企业通常按资产、负债、所有者权益分类分项反映。也就是说，资产按流动性大小进行列示，具体分为流动资产、长期投资、固定资产、无形资产及其他资产;负债也按流动性大小进行列示,具体分为流动负债、长期负债等;所有者权益则按实收资本、资本公积、盈余公积、未分配利润等项目分项列示。

资产负债表的格式一般有表首、正表两部分。其中,表首概括地说明报表名称、编制单位、编制日期、报表编号、货币名称、计量单位等。正表是资产负债表的主体,列示了用以说明企业财务状况的各个项目。资产负债表正表的格式一般有两种:报告式资产负债表和账户式资产负债表。报告式资产负债表是上下结构,上半部列示资产,下半部列示负债和所有者权益。具体排列形式又有两种:一是按"资产=负债+所有者权益"的原理排列;二是按"资产-负债=所有者权益"的原理排列。账户式资产负债表是左右结构,左边列示资产,右边列示负债和所有者权益。不管采取什么格式,资产各项目的合计等于负债和所有者权益各项目的合计这一等式不变。

在我国,资产负债表采用账户式。每个项目分为"期初数"和"期末数"两栏分别填列。

表 2—4　　　　　　　　　　　资产负债表模板

编制单位:　　　　　　　　　　20××年　　　　　　　　　　单位:元

资　产	行次	期末余额	期初余额	负债和所有者权益 (或股东权益)	行次	期末余额	期初余额
流动资产:				流动负债:			
货币资金				短期借款			
交易性金融资产				交易性金融负债			
应收票据				应付票据			
应收账款				应付账款			
预付账款				预收账款			
应收利息				应付职工薪酬			
应收股利				应交税费			
其他应收款				应付利息			
存货				应付股利			
一年内到期的非流动资产				其他应付款			
其他流动资产				一年内到期的非流动负债			
流动资产合计				其他流动负债			
长期投资:				流动负债合计			
长期股权投资				长期负债:			

续表

资　产	行次	期末余额	期初余额	负债和所有者权益（或股东权益）	行次	期末余额	期初余额
长期债权投资				长期借款			
长期投资合计				应付债券			
固定资产：				长期应付款			
固定资产原价				专项应付款			
减：累计折旧				其他长期负债			
固定资产净值				长期负债合计			
减：固定资产减值准备				递延税项：			
固定资产净额				递延税款贷项			
工程物资				负债合计			
在建工程				所有者权益（或股东权益）：			
固定资产清理				实收资本			
固定资产合计				减：已归还投资			
无形资产及其他资产：				实收资本（或股本）净额			
无形资产				资本公积			
长期待摊费用				盈余公积			
其他长期资产				其中：法定公益金			
无形资产及其他资产合计				未分配利润			
递延税项：				所有者权益（或股东权益）合计			
递延税项借项							
资产合计				负债和所有者权益（或股东权益）合计			

2. 资产负债表科目

2014年，中央国债登记结算有限责任公司（简称"中债登"）发布了城投债发行人的划分标准，分为主营业务包含但不限于公益性或准公益性项目两个标准。由于各个城投公司主营业务有所不同，相应的报表特征也不尽相同，因此，根据主营业务标准，可将城投公司分为主营业务为公益性项目或准公益性项目，分别进行资产负债表分析。

(1)资产端

城投公司主要的资产有存货、应收和预付款项、固定资产和在建工程、无形资产等。

①存货

城投公司的存货主要有开发成本、拟开发土地、工程施工、开发产品、库存商品、原材料、周转材料、低值易耗品等。根据主营业务的不同,城投公司的主要存货也不尽相同。

对于主营业务为公益性项目的城投公司,其存货主要是开发成本、拟开发土地、工程施工。存货价值一般非常大,占总资产的比重平均在50%左右,往往是城投公司最主要的资产项目,甚至有一些城投公司的存货价值占总资产比重超过90%。

对于主营业务为准公益性项目的城投公司,其存货主要是原材料。存货价值不大,占总资产的比重较小。尤其是一些主营业务是高速公路投资与运营的城投公司,存货占总资产的比重大多在1%以下,如东莞发展控股股份有限公司、邯郸市交通建设有限公司。

②应收和预付款项

应收和预付款项包含应收账款、预付款项、其他应收款、长期应收款。对于主营业务是准公益性项目的城投公司,应收和预付款项多为相关应收费用,金额占总资产的比重较小;对于主营业务是公益性项目的城投公司,其应收和预付款项的客户多以政府部门为主,金额占总资产的比重较大,是公司主要的资产项目之一。因此,主要分析主营业务是公益性项目的城投公司的应收和预付款项。需要注意的是,一般情况下,如果客户为政府部门、事业单位和关联方,其产生的应收账款、其他应收款、长期应收款不计提坏账准备。

应收账款核算的内容主要是已完工项目尚未收回的工程款,客户主要有政府部门、事业单位和关联方。一些城投公司应收账款在总资产中的占比非常高,面临较大的资金占用压力。对于区分不清或不能列入其他科目的款项一般均计入其他应收款,主要包括各类往来款、支付的保证金、押金等,其中往来款一般是城投公司借给其他企业或政府的资金。需要注意的是,需要具体分析其他应收款的性质、账龄、客户的业务状况及未来收回的可能性等。预付款项主要是预付的拆迁费用、原材料采购款项、劳务款等。

③固定资产和在建工程

对于主营业务为准公益性项目的城投公司,其资产类别中固定资产和在建工程较多,是最主要的资产项目。分类别来讲,主营业务为公共交通建设运营项目的城投公司,其固定资产主要有交通路线及配套设施、管理系统、机械设备、交通运输设备、房屋及建筑物、办公设备及其他,在建工程也多为交通配套设施;主营业务为公共服务项目的城投公司,其固定资产主要有机器设备、房屋及建筑物、土地资产,在建工程也多为热力、燃气等配套设施。城投公司承担的项目一般固定资产投入过大,资产的流动性相对较差,例如,漳诏高速公路服务有限公司、三明福银高速公路有限责任公司的固定资产占总资产的比重都在90%以上。如果在建工程项目较多,城投公司面临的资本支出压力也会较大,例如,青岛地铁集团有限公司、广东珠三角城际轨道交通有限公司在建工程占总资产的比重达80%以上。

④无形资产

城投公司的无形资产多为土地使用权、相关收费权,其中,主营业务为公益性项目的城投公司,其无形资产多为土地使用权,而主营业务为准公益性项目的城投公司,其无形资产多为相关收费权。此外,个别城投公司还有采矿权、海域使用权等。城投公司无形资产过多会导致资产整体流动性差,例如,湖北楚天高速公路股份有限公司、潍坊渤海水产综合开发有限公司的无形资产占总资产的比重在80%以上。

按照新会计准则,土地使用权应记入无形资产,对于城投公司的建筑物,一般土地使用权和地上建筑物分别记入无形资产和固定资产,但如果土地使用权和地上建筑物难以合理分配,就全部记入固定资产,这是城投公司土地记入固定资产的情形之一。另外,也存在将土地按存货进行核算的情况。在房地产开发企业,一般是将土地使用权记入所建造房屋建筑物的成本,对于主营业务是城市开发、土地开发、公益性住房的城投公司,一般将土地记入存货。

表2—5　　　　　　　不同业务类型的城投公司的主要资产项目

资产项目	城投公司	
	主营业务为公益性项目	主营业务为准公益性项目
存货	主要存货是开发成本、拟开发土地、工程施工,是最主要的资产项目	主要是原材料,价值较小
应收和预付款项	客户以政府部门为主,金额占总资产的比重较大,是主要的流动资产项目	多为相关应收费用,金额占总资产的比重不大
固定资产和在建工程	主要是房屋及建筑物等,是主要的非流动资产	主要是房屋及建筑物、土地资产、机器设备、相关配套设施等,是最主要的资产项目
无形资产	土地使用权	收费权

⑤其他主要资产

有时候城投公司也会承接一些非主营业务的项目,从而产生其他主要资产,如投资性房地产、长期股权投资等。例如,重庆西永微电子产业园区开发有限公司的跟踪评级报告中显示,"经过'十二五'期间的加速开发建设,园区的基础设施日趋完善,公司正逐步由主营土地一级开发业务向持有工业地产和物业转型,未来公司将通过持有、出租公租房和城市综合服务区中的高端商业物业获得租金收入",因此,其投资性房地产是最主要的资产,占总资产的比重达 63.25%。对于投资性房地产,会计后续处理分成本模式和公允价值模式:以成本模式计量的,往往会对投资性房地产价值低估;以公允价值计量的,应关注公允价值变动的不确定性。例如,福州市交通建设集团有限公司、江西省水利投资集团有限公司、深圳市盐田港股份有限公司的长期股权投资占总资产的比重在 50%以上。对于长期股权投资,应关注其主要投资方向和营利能力等。

(2)负债端

地方政府投融资平台多是高杠杆经营,其资产主要来源于负债,负债规模往往较大。负债端主要有长短期借款、应付债券、一年内到期的非流动负债、应付和预收款项、专项应付款。对于城投公司的债务,应主要关注负债规模、结构、期限、融资成本等,尤其是有息债务情况。

对于负债端,无论城投公司的主营业务是公益性项目还是准公益性项目,其主要核算内容都是一致的。从负债结构来看,城投公司的主要负债类型为长短期借款、应付债券及一年内到期的非流动负债。长短期借款是指城投公司的"部分"长期借款和全部短期借款,包括质押借款、抵押借款、信用借款、保证借款。应付债券,即城投公司发行的"部分"债券余额。需要注意的是,长期借款、应付债券等核算的都是距到期日还有一年以上的负债,城投公司即将在一年内到期的负债金额均列示在"一年内到期的非流动负债"里,如短期融资券就记入一年内到期的非流动负债中。

应付和预收款项的占比并不是很大,对城投公司调节资金的作用有限。但有些城投公司的应付和预收款项规模比较大,尤其是有息的其他应付款和长期应付款债务。从核算内容上看,应付账款、预收账款多为相关工程款;其他应付款多为往来款、借款、保证金等,还包括一些地方政府置换债券;长期应付款主要包括单位借款、信托贷款、融资租赁款、明股实债的项目投资资金、地方政府置换债券等。

专项应付款是企业接受国家作为企业所有者拨入的具有专门用途的款项所形成的不需要以资产或增加其他负债偿还的负债。从专项应付款的性质来看,与地方政府的补助类似,但是两者有本质区别,专项应付款是城投公司的负债,属于专款专用的政府拨款,不需要以城投公司的资产或新的负债偿还,在使用该款项后,需核销部分在报批后冲销该项拨款,不需上交原拨款部门的款项可转为城投公司的"资本公积";而地方政府给城投公司的补助是直接计入"营业外收入",或者先计入"递延收益",待以后年度转入"营业外收入"。此外,需要说明的是,一些城投公司也会将地方政府置换债券计入专项应付款中。

(3)所有者权益端

城投公司的所有者权益一般包括实收资本、资本公积、盈余公积、未分配利润,其中以实收资本和资本公积为主要科目。

对于实收资本,绝大多数城投公司的实收资本是与其注册资本相同的。如果实收资本比原注册资本数额增减超过20%,就应持资金使用证明或验资证明,向原登记主管机关申请变更登记。但是实际操作中也有一些城投公司的实收资本与注册资本不相同。一般情况下,股东出资尚未完全到位会导致实收资本小于注册资本,而实收资本大于注册资本一般是由于股东追加投资,一般股东追加投资要进行注册资本变更,否则追加的投资应计入资本公积。重庆高速公路集团有限公司评级报告中对实收资本大于注册资本300多亿元的解释为:"系国家分年投入项目资本金所致,目前大部分项目正处于建设期,尚未进行工商变更登记"。

资本公积往往是城投公司最主要的所有者权益科目,其占所有者权益的比重平均为50%以上,主要来源于四个方面:(1)地方政府的追加投资,如果城投公司不变更注册资本的话,追加投资就计入"资本公积",这是最主要的来源;(2)拨入的项目资金;(3)地方政府拨入专项应付款的转入;(4)城投公司在并购过程中产生的相关差额。

公司经营积累一般留存为盈余公积和未分配利润,但由于城投公司承担的项目多为公益性和准公益性项目,所以盈利空间有限,盈余公积和未分配利润较少。只有少数城投公司的盈余公积和未分配利润金额较大,如南京奥体建设开发有限责任公司的两者合计占所有者权益的比重为83.23%。

(二)利润表

1. 编制利润表

利润表是反映企业在一定会计期间经营成果的报表,由于它反映的是某一期间的情况,所以利润表又称为动态报表,有时也称为损益表、收益表。利润表主要提供有关企业经营成果方面的信息。利润表可以反映企业在一定会计期间的收入、成本、费用和利润等科目。业务收入科目可以反映企业在一定会计期间的收入实现情况,即实现的主营业务收入有多少、实现的其他业务收入有多少、实现的投资收益有多少、实现的营业外收入有多少等。期间费用科目可以反映一定会计期间的费用使用情况,即产生的主营业务成本有多少,主营业务税金有多少,营业费用、管理费用、财务费用各有多少,营业外支出有多少等。净利润科目可以反映一段时间内企业生产经营活动的成果,即净利润的实现情况,据以判断资本保值、增值情况。

通过对某些科目的综合计算,可以将利润表中的信息与资产负债表中的信息相结合,作为财务分析的基本资料,如将赊销收入净额与应收账款平均余额进行比较,可计算出应收账款周转率;将销货成本与存货平均余额进行比较,可计算出存货周转率;将净利润与资产总额进行比较,可计算出资产收益率等,从而体现企业资金周转情况以及企业的营利能力和水平,便于企业经营管理者判断企业当前的营业情况和预测未来的发展趋势,以此做出更加准确的经济决策。

配比原则是会计原则之一,亦称配合原则,作为会计要素确认要求,用于利润的确定。利润表中各个分项列示了企业在一定会计期间因销售商品、提供劳务、对外投资等所取得的各种收入以及与各种收入相对应的费用、损失,并将收入与费用、损失加以对比,结出当期的净利润。将收入与相关的费用、损失进行对比,结出净利润的过程,会计上称为配比。配比原则的目的是衡量企业在特定时期或特定业务中所取得的成果,以及为取得这些成果所付出的代价,为考核经营效益和效果提供数据。比如分别列示主营业务收入和主营业务成本、主营业务税金及附加并加以对比,得出主营业务利润,从而掌握一个企业主营业务活动的成果。

作为三大报表之一,利润表主要反映以下四个方面的内容:(1)构成主营业务利润的各项要素。从主营业务收入出发,减去为取得主营业务收入而发生的相关费用、税金后得出主营业务利润。(2)构成营业利润的各项要素。营业利润是在主营业务利润的基础上,加上其他业务利润,减去营业费用、管理费用、财务费用后得出。(3)构成利润总额(或亏损总额)的各项要素。利润总额(或亏损总额)是在营业利润的基础上加上(减去)投资收益(损失)、补贴收入、营业外收支后得出。(4)构成净利润(或净亏损)的各项要素。净利润(或净亏损)是在利润总额(或亏损总额)的基础上,减去本期计入损益的所得税费用后得出。

利润表的编制框架一般有表首、正表两部分。其中,表首标明报表名称、编制单位、编制日期、报表编号、货币名称、计量单位等;正表是利润表的主体,反映形成经营成果的各个项目和计算过程,所以曾将这张表称为损益计算书。在利润表中,企业通常以各项收入、费用以及构成利润的各个项目分类分项列示。也就是说,收入按其重要性进行列示,主要包括主营业务收入、其他业务收入、投资收益、补贴收入、营业外收入;费用按其性质进行列示,主要包括主营业务成本、主营业务税金及附加、营业费用、管理费用、财务费用、其他业务支出、营业外支出、所得税等;利润按营业利润、利润总额和净利润等利润的构成分类分项列示。

利润表正表的格式一般有两种:单步式利润表和多步式利润表。单步式利润表是将当期所有的收入列在一起,然后将所有的费用列在一起,两者相减得出当期净损益。多步式利润表是通过对当期的收入、费用、支出项目按性质加以归类,按利润形成的主要环节列示一些中间性利润指标,如主营业务利润、营业利润、利润总额、净利润,分步计算当期净损益。

在我国,利润表一般采用多步式,每个项目通常又分为"本月数"和"本年累计数"两栏分别列示。"本月数"栏反映各项目的本月实际发生数;在编报中期财务会计报告时,填列上年同期累计实际发生数;在编报年度财务会计报告时,填列上年全年累计实际发生数。如果上年度利润表与本年度利润表的项目名称和内容不一致,则按编报当年的口径对上年度利润表项目的名称和数字进行调整,填入本表"上年数"栏。在编报中期和年度财务会计报告时,将"本月数"栏改成"上年数"栏。本表"本年累计数"栏反映各项目自年初起至报告期末止的累计实际发生数。

表 2-6　　　　　　　　　　　利润表模板

编制单位:　　　　　　　　　202×年度　　　　　　　　　单位:元

项　目	行　次	上年数	本年累计数
一、主营业务收入			
减:主营业务成本			
营业税金及附加			
二、主营业务利润(亏损以"-"号填列)			
加:其他业务利润(亏损以"-"号填列)			
减:营业费用			
管理费用			
财务费用			
三、营业利润(亏损以"-"号填列)			
加:投资收益(亏损以"-"号填列)			
补贴收入			
营业外收入			
减:营业外支出			
四、利润总额(亏损以"-"号填列)			
减:所得税			
五、净利润(亏损以"-"号填列)			

2. 利润表主要科目

与一般公司一样,城投公司的利润表结构也需要满足这一公式:营业总收入-营业总成本＋其他经营收益＝营业利润＋营业外收入－营业外支出＝利润总额－所得税＝净利润(少数股东损益＋归属于母公司股东的净利润)＋其他综合收益＝综合收益总额。

(1)营业总收入

营业总收入是指企业在从事销售商品、提供劳务和让渡资产使用权等日常经营业务过程中所形成的经济利益的总流入。不同区域和类型的城投公司营业总收入差异较大,根据披露2021年财务数据的城投公司,营业总收入最高的北京国有资本运营管理有限公司的营收高达14 068.08亿元,营收最低的城投公司少于100万元。大多数城投公司营业总收入在20亿元以下,营业总收入在20亿元以下的合计占比72.20%。

与一般公司一样,城投公司的营业总收入＝主营业务收入＋其他业务收入。主营业务收入主要依靠地方政府安排的相关业务,如土地整理开发业务、基础设施建设业务(包含自建项目和委托代建项目)、各类收费权资产收入、资产运营收入、其他(房地产、商品销售等)。不同类型的城投公司的营收能力差异较大,对于主营业务主要是公益性项目的城投公司,营业总收入相对较少,缺乏持续经营能力;对于主营业务主要是准公益性项目的城投公司,营业总收入相对较多,这与城投公司的定位和当地经济发展状况有关。对于成功布局金融产业的城投公司而言,其他业务收入较多,主要是金融类业务收入,如利息收入、手续费及佣金收入、保费收入等,这类城投公司具备整合各种金融工具和金融资源的能力,能够成长为大型城投金控平台。

(2)营业总成本

营业总成本是指企业在经营活动中所有的成本支出,营业总成本＝主营业务成本＋其他业务成本。对于城投公司,营业总成本包含的科目主要有营业成本、税金及附加、销售费用、管理费用、财务费用、资产减值损失、其他业务成本。其中,营业成本是指按与主营业务收入对应的不同业务类型核算的相关成本。税金及附加的核算在"营改增"之后有所变化,在全面试行"营改增"前为营业税金及附加,"营改增"后调整为税金及附加。此前城投公司主要缴纳的税种为营业税,"营改增"后,城投公司所缴税金及附加改为土地增值税、城市维护建设税、教育费附加,以及之前计入管理费用的相关税金(如房产税、车船使用税、土地使用税、印花税)等,管理费用金额会有所减少。

对于地方政府融资平台,三大期间费用里以财务费用、管理费用居多。财务费用是指企业为筹集生产经营所需资金等而发生的费用。债务资金是城投公司的主要资金来源,债务规模越大的公司,每年支付的利息越多,财务费用也就越大。根据会计规则,利息费用一般分为资本化的利息费用和费用化的利息费用。资本化的利息费用计入相关资产价值,一般不易获取,需要城投公司单独提供。某些城投公司会在审计报告中披露,披露的位置并不是在固定资产、在建工程或财务费用附注中,而是在"借款费用"附注中单独披露,很多是在利润表或现金流量表补充资料之后、或有事项之前。费用化的利息费用反映在利润表里,当期利息费用＝费用化的利息支出－利息收入＋汇兑损失＋其他支出。实际上,很多城投公司的利息收入规模已经大于费用化的利息支出规模,在账面上,当期财务费用为负数。需要注意的是,一般计算发债城投公司EBIT利息保障倍数使用的是：EBIT/(计入财务费用的利息支出＋资本化利息),分母并不单是财务费用里的利息支出。管理费用是指企业行政管理部门为组织和管理生产经营活动而发生的各种费用,主要包含计入管理费用的职工薪酬、费用化的研究与开发费用、折旧与摊销、差旅费等。

资产减值损失是指因资产的可回收金额低于其账面价值而造成的损失。对于城投公司,资产减值损失核算的是各类资产计提的减值损失,如坏账损失、存货跌价损失、固定资产减值损失等。当发生大量转回流动资产减值损失的时候,资产减值损失有可能为负数。

(3) 其他经营收益

其他经营收益是指企业除日常经营性收入以外的其他销售或其他业务的收入,包括公允价值变动损益和投资收益。传统的以业务开发为主的城投公司一般这两项收益金额不大,而大型资产运营类城投公司涉及的这两项收益相对较大。公允价值变动损益主要来源于以公允价值计量且其变动计入当期损益的金融资产和以公允价值计量的投资性房地产的公允价值变动,根据资产的公允价值变动情况,科目余额可能为负值,但大多数城投公司的公允价值变动损益为零。投资收益主要包括长期股权投资、可供出售金融资产、持有至到期投资等金融资产在持有期间和处置时产生的投资收益,该科目余额也可能为负值。

(4) 营业外收支

营业外收入是指与企业日常营业活动没有直接关系的各项利得,是城投公司重要的利润来源,主要包含政府补助、处置资产利得、债务重组利得等,多数城投公司的政府补助占比较高。地方政府对城投公司补助的形式包含各类补助、补贴、贴息、奖励、补偿、增值税返还和退税等。需要注意的是,企业实际收到即征即退、先征后退、先征税后返还、直接减免的增值税,均贷记补贴收入科目;而企业实际收到即征即退、先征后退、先征税后返还的消费税,均贷记税金及附加科目;直接减免的消费税,不做会计处理。与营业外收入相对应,营业外支出包括处置资产损失、债务重组损失、对外捐赠、违约金、罚款等。

(5)其他项目

所得税是当期所得税费用加上递延所得税调整而来的,当期所得税费用＝当期应纳税所得额(与会计确认的利润总额不同)×税率,加上递延所得税负债、减去递延所得税资产后,多数城投公司的所得税费用为负数或者为零。

城投公司利润表上的净利润不仅包括母公司的净利润,还包括其控股子公司的净利润,其中有一部分归属于子公司的其他股东,这些子公司的其他股东依法按比例享有子公司的净利润,即少数股东损益,扣除少数股东损益之后的净利润即归属于母公司股东的净利润。

其他综合收益核算的内容比较复杂,对于城投公司,主要是可供出售金融资产的公允价值变动损益、权益法核算出的在被投资单位其他综合收益中所享有的份额、自用房地产或存货转换为采用公允价值模式计量的投资性房地产时公允价值大于原账面价值的部分等。

(三)现金流量表

1. 编制现金流量表

现金流量表是以现金为基础编制的财务状况变动表,以现金的流入和流出反映企业在一定期间内的经营活动、投资活动和筹资活动的动态情况,反映企业现金流入和流出的全貌,表明企业获得现金和现金等价物(除特别说明外,以下所称的现金均包括现金等价物)的能力。表2－7是现金流量表模板。

表 2－7　　　　　　　　　　　　　现金流量表模板

项　目	行　次	金　额
一、经营活动产生的现金流量:		
销售商品、提供劳务收到的现金		
收到的税费返还		
收到的其他与经营活动有关的现金		
经营活动现金流入小计		
购买商品、接受劳务支付的现金		
支付的各项税费		
支付的其他与经营活动有关的现金		
经营活动现金流出小计		
经营活动产生的现金流量净额		
二、投资活动产生的现金流量		

续表

项　　目	行　次	金　额
收回投资所收到的现金		
取得投资收益所收到的现金		
处置固定资产、无形资产和其他长期资产所收回的现金净额		
处置子公司及其他经营单位收到的现金金额		
收到的其他与投资活动有关的现金		
投资活动现金流入小计		
购建固定资产、无形资产和其他长期资产所支付的现金		
投资所支付的现金		
取得子公司及其他经营单位支付的现金净额		
支付的其他与投资活动有关的现金		
投资活动现金流出小计		
投资活动产生的现金流量净额		
三、筹资活动产生的现金流量：		
吸收投资所收到的现金		
借款所收到的现金		
收到的其他与筹资活动有关的现金		
筹资活动现金流入小计		
偿还债务所支付的现金		
分配股利、利润或偿付利息所支付的现金		
支付的其他与筹资活动有关的现金		
筹资活动现金流出小计		
筹资活动产生的现金流量净额		
四、汇率变动对现金的影响		
五、现金及现金等价物净增加额		
加：期初现金及现金等价物余额		
六、期末现金及现金等价物余额		

2. 现金流量表主要科目

城投公司的现金流量表的结构与一般公司一样，其核算公式是：经营活动产生的现金流量净额＋投资活动产生的现金流量净额＋筹资活动产生的现金流量净额＋汇率变动对现金的影响＝现金及现金等价物净增加额＝期末现金及现金等价物余额－期初现金及现金等价物余额。其中，筹资活动产生的现金流量净额往往是城投公司现金流入的重要组成部分。但是，城投公司在财务报告中很少会对各项目详细情况进行披露，每个城投公司对同一现金收支计入哪个现金流量表项目做法都不统一，具体情况可根据公司会计习惯列示。

3. 经营活动产生的现金流量

经营活动现金流量是指企业投资活动和筹资活动以外的所有的交易和事项产生的现金流量，对于一般企业，经营活动产生的现金流是企业现金的主要来源。对于城投公司，可用销售商品、提供劳务收到的现金核算城投公司主营业务和其他业务收入，包含增值税销项税额，例如城投公司代建项目收到的现金、土地整理开发业务收到的现金等。可用收到的税费返还核算城投公司收到返还的各种税费，包括增值税、所得税、教育费附加返还款等，收到的税费返还＝"补贴收入——税费返还"（增值税返还）＋"营业税金及附加——税费返还"（营业税金及附加返还）＋"所得税——税费返还"（所得税返还）。收到的其他与经营活动有关的现金主要包括收到的政府补助、其他往来款、利息收入等。

可用购买商品、接受劳务支付的现金核算城投公司主营业务和其他业务活动的现金支出，包含增值税进项税额。支付给职工以及为职工支付的现金是经营活动中公司支付给职工的薪酬等，不包括不属于经营活动的在建工程部分应付职工薪酬，也不包括支付离退休人员的各项费用（在支付其他与经营活动有关的现金中反映）。支付的各项税费核算的是城投公司支付的所得税、增值税、教育费附加等各项税费。支付的其他与经营活动有关的现金核算的是城投公司支付的管理费、手续费、滞纳金、罚款、往来款等，以往来款为主。

对于地方政府融资平台，经营现金流入主要是销售商品、提供劳务收到的现金和收到的其他与经营活动有关的现金，经营现金流出主要是购买商品、接受劳务支付的现金和支付的其他与经营活动有关的现金。对于主营业务是准公益性项目的城投公司，面对普通大众，经营活动现金流入单数较多且总金额较大，公司经营活动往往呈现出持续不断的净流入状态，如各个地方的水务建设公司等。

某些城投公司会承接非常规项目，那么主要的经营现金流入和流出项目归类为"其他类项目"（即收到的其他与经营活动有关的现金和支付的其他与经营活动有关的现金，下同），如遵义市道路桥梁工程有限责任公司2022年6月发布的报告上显示，公司收到的其他与经营活动有关的现金和支付的其他与经营活动有关的现金分别为136.58亿元和119.64亿元，而同期销售商品、提供劳务收到的现金和购买商品、接受劳务支付的现金分别为 4.40 亿元和 3.28 亿元。

4. 投资活动产生的现金流量和筹资活动产生的现金流量

投资活动现金流量是指企业长期资产（通常指一年以上）的购建及其处置产生的现金流量。筹资活动现金流量是指企业经营过程中所产生的与筹资活动相关的现金流入和现金流出的差额，是企业资本及债务的规模和构成发生变化的活动所产生的现金流量。

对于大多数城投公司而言，投资活动相对频繁，往往呈现出现金净流出的状态。投资活动现金流入主要是收回投资所收到的现金和取得投资收益所收到的现金，投资活动现金流出主要是购建固定资产、无形资产和其他长期资产支付的现金和投资支付的现金。当然，对于某些城投公司，投资活动现金流有时候主要为"其他类项目"，从个别披露详细情况的城投公司来看，这个项目主要核算的是取得（处置）子公司及其他营业单位收到的现金净额的负数和政府部门的专项拨款等。

对于大多数城投公司，筹资活动是常态，现金净流入一直是常规科目。在筹资活动现金流量中，由于城投公司的主要资金来源是债务资金，所以取得借款收到的现金和偿还债务支付的现金较多。同样，某些城投公司筹资活动现金流为"其他类项目"，主要核算内容有非金融机构借款的取得和收回、定期存款质出、票据及其保证金和财政拨入的专项应付款等。

二、关键财务指标

城投公司的实际控制人往往是地方政府或其相关部门，主要从事政府指定或委托的公益性或准公益性项目的融资、投资、建设和运营，主要目标就是实施政府意图，推进当地基础设施建设，推动城市化进程，并不完全以营利为目的，具有公益属性。因此，城投公司兼具社会责任的公益属性与企业运转的市场属性，使其财务关键指标呈现出不同的特点。

第一，城投公司的利润主要依赖地方财政。对于大多数城投公司而言，除了经营过程中所创造的利润，其他利润主要来自政府的财政支持（补贴），会产生营业利润小于净利润的情况，即经营利润/净利润小于1。

第二，流动比率反映问题不突出。大部分城投公司的资产负债表上的"老债"和应收账款所占比例相对较高，部分存在超过 80% 的情况。城投公司承接的项目往往周期较长，在收到工程款之前，大量的"存货"科目导致流动资产规模较大，其中部分"存货"为政府注入土地，存在征地拆迁难度大的情况，导致各方面费用成本增加，拖延项目周期，降低项目的变现能力。因此，包含"存货"的流动比率实际上难以真正反映其偿债能力。

第三,经营现金流无清偿债务的能力。城投公司主要投资的项目是公益性项目和准公益性项目,该类工程往往涉及面广,投资初期资金需求量较大,投资周期非常长,导致收益率普遍较低,具体反映在现金流方面就是经营和投资的现金流基本呈正向,但城投公司流动性的反映因素不仅是经营现金流,而且现金流的流动性还需要不断筹资维持。因此,就城投公司而言,仅依靠现金流和负债比率分析其偿债能力的参考性不强。

三、财务管理模式及制度

(一)财务管理模式

城投公司早期发展往往是非营利性质的,一般是通过地方政府的补贴来实现盈利,是具有政府性质的特殊市场经营体。随着城市和市场经济的发展,城投公司经营发展达到一定规模和级别后,已具备部分自负盈亏的市场主体特征。根据管理分权与集权程度的区别,以及行业资金运转规律的差异,可将城投公司的财务管理模式分为以下几种模式:

1. 集中监控模式

集中监控模式下,城投公司只对资金进行集中监控,不参与分公司资金管理,分公司具备自主权,可以直接安排、分配流动资金总量,还可以自主确定是否购买与公司经营有关的资产。但为了确保资金运转的合规性,城投公司需要严格监控分支单位的资金借贷规模和负债,防范分支单位负债风险和金融风险,严格落实资金集中监控的要求。集中监控模式的优点在于可以调动分支单位的经营积极性,同时可根据不同需求展开管理,在一定程度上提升了公司的财务管理效率。这一模式的缺点在于各下属单位分别进行资金管理与分配方式会导致整个公司资金利用率降低,推高了资金的使用成本和沉淀比例。

集中监控财务管理模式适用于新时期多元化经营类型的城投公司,或者是现金流稳定性差的行业。此外,受集中监控模式缺点的限制性影响,该模式可应用于处于初创期阶段资金集中管理类公司。

2. 统收统支模式

统收统支模式与集中监控模式存在一定相似之处,集团资金管理部门对下属单位全部资金收入和支出进行集中控制,并在管理中实施收支两条线,分离核算和管理。而总部及分支单位仅允许保留一个费用支出账户,城投总公司于异地开设用于分公司汇款或存款的专门账户。在账户资金流转中,需要配合总部所在地银行进行统一资金调拨，分公司不掌握主动权，不可将账户行中资金用于日常支出。这种资金管理方式在使用中会使得资金流动决策权、使用权以及对外融资权等均高度集中于总公司。统收统支模式的优点在于不仅有利于掌握整体收支平衡，提升资金周转效率，而且可加强对资金流出量和沉淀情况的控制，提升对资金的合理利用。缺点在于，实际应用中易降低分支单位开源节流的效率和积极性等，进而降低分公司在财务管理方面的应变能力。此外，将全部资金收付交由总公司进行集中管理会增加资金主账户的连带风险，甚至导致经营活动开展效率以及灵活性降低。

3. 结算中心模式

结算中心模式是一种常见的财务管理模式，根据总公司对财务的管控情况，在内部建立结算中心，由中心对分支单位开展现金结算和转账结算业务。财务管理中，需要借助总公司名义实施对外部资金的融通业务，开展成员企业间内部资金融通，有利于降低资金成本。

4. 财务公司模式

当城投公司发展到一定规模，其财务条件和经营状况达到相应标准后，经银行批准，可独立进行内部银行业务。同时，作为城投公司子公司的财务公司，在整合控制资金和金融投资方面具有重要作用，通过企业内部转账结算方式可提升资金周转以及利用率。财务公司模式适用于对集中控制要求较低的城投公司，具有关键的企业理财职能，但难以有效控制资金流入流出，很难有效兼顾整体利益。

5. 现金集合库模式

现金集合库模式在上下级关系方面可形成联动效果，可以利用银行账户以及内部结算系统双线运行。在进行财务管理时，资金收付均需要依照相应规则安排，具体情况可根据公司需求有所调整。现金集合库模式比较适用于具有多个法人，可以融合多种资金集中策略的中大型城投公司。

(二)财务管理制度

公司财务管理的基本任务是根据标准的财务管理制度，做好财务预算、控制、核算、分析和考核工作，准确计量公司的财务状况和经营成果，协助经营管理层有效控制和合理配置公司的财务资源，实现公司价值的最大化。

制定财务管理制度是建立在具体的财务管理模式基础之上，不同财务管理模式下的财务制度有所差异，也会随业务程序的不同而有所变化。因此，城投公司制定财务管理制度需要包含以下几个原则：

1. 建立健全内部稽核制度和内部牵制制度原则

内部稽核制度是城投公司制定财务管理制度的重要组成部分，主要包括：稽核工作的组织形式和具体分工;稽核工作的职责、权限;审核会计凭证和复核各种财务账簿、报表等方法。稽核工作的主要职责是:(1)审核财务、成本、费用等计划指标是否齐全,编制依据是否可靠,有关计算是否衔接等;(2)审核实际发生的经济业务或财务收支是否符合有关法律、法规、规章制度的规定,若发生问题要及时加以改正;(3)审核财务凭证、财务账簿、财务报表和其他财务资料的内容是否合法、真实、准确、完整,手续是否齐全,是否符合有关法律、法规、规章、制度规定的要求;(4)审核各项财产物资的增减变动和结存情况,并与账面记录进行核对,确定账实是否相符,并查明账实不符的原因。

内部牵制制度规定了涉及企业款项和财务收付、结算及登记的任何一项工作,必须由两人或两人以上分工处理,以起到一种相互制约的作用。例如:出纳人员不得兼任稽核、财务档案保管和收入、支出、费用、债权债务账目的登记工作,即"管账不管钱,管钱不管账"。通过内部稽核制度和牵制制度的建立,既能够保证各种财务核算资料的真实、合法和完整,又能使各职能部门的经办人员之间形成一种相互牵制的机制。

2. 建立健全内部审计制度原则

内部审计是实施再监督的一种有效的手段,其目的是健全公司的内部控制制度,严肃财经纪律,查错防弊,改善经营管理,保证公司持续健康发展。在建立内部审计制度时,要坚持内部审计机构与财务机构分别独立的原则,只有这样才能更好地发挥财务人员的再监督作用。

3. 建立财务审批权限和签字组合制度原则

城投公司建立财务审批权限和签字组合制度的目的在于加强对企业各项支出的管理,体现财务管理的严格控制和规范运作。在审批程序中规定财务上的每一笔支出应按规定的顺序进行审批;在签字组合中规范每一笔支出的单据应根据审批程序和审批权限完成必要的签名,同时还应规定出纳只执行完成签字组合的业务,对于没有完成签字组合的业务支出,出纳员应拒绝执行。小企业通过建立财务审批权限和签字组合制度,能对控制不合理支出的发生及保证支出的合法性起到积极的作用。

4. 建立成本核算和财务分析制度原则

成本核算制度的主要内容包括成本核算的对象、成本核算的方法和程序以及成本分析等。特别要提出的是,成本分析是财务会计人员的一项重要职责,公司的经营者必须定期了解企业的资金状况和现金流量。公司财会人员也要定期向企业经营者提供成本费用方面的各种报表,以利于经营者进行成本分析、成本控制和效益衡量。企业通过财务分析制度的建立,确定财务分析的主要内容、明确财务分析的基本要求和组织程序、建立财务分析的方法和财务分析报告的编写要求等,掌握各项财务计划和财务指标的完成情况,检查国家财经制度、法令的执行情况,有利于改善财务预测、财务计划工作,研究和掌握公司财务会计活动的规律性,不断改进财务会计工作。

5. 规范财务基础工作,提高财务人员工作水平原则

在市场经济条件下,城投公司应与时俱进,认识到财务人员服务主体、核算范围以及信息质量的新特点。财务人员工作要满足各类投资者、债权人及国家宏观管理部门的需要,由于财务管理工作不仅影响到企业与国家的分配关系,还会影响到社会各方面的利益关系,因而公司应将协调各方面的利益关系、抵制和防范各种市场风险作为基础,使财务信息能够真实、公允地反映企业资金的运转情况、经济效益的提高情况及公司的发展前景。

从财务管理制度的形式上看,城投公司制定的财务管理制度与一般企业一样,主要包括总则、财务会计、原则问题、财务管理、设施管理和其他事项等具体内容。本书附录提供了××市建设投资开发有限责任公司制定的财务管理制度。

第五节　风险管理与控制

当前我国地方政府债务问题严重,偿债能力过度依赖土地升值;债务规模大,还债高峰集中。对地方债务风险进行有效防控已经成为迫在眉睫的重要任务。构建有效的风险管理与控制机制对于城投公司的健康可持续发展具有重要的实践意义。

一、债务风险来源

(一)负债风险规模大

从目前情况来看,我国各个区域经济发展情况有所不同,并且会产生一些社会经济问题,这些问题需要在政府部门的财力支持下进行处理,这使得地方政府部门长时间处于赤字状态。在各地方政府部门中,大部分债务具有隐蔽性。需要注意的是,在审计部门发布的统计数据中,不涉及县级、乡级政府债务,并且现阶段县级与乡级政府部门创建的地方融资平台数量较多,全国数量无法统计,大部分县乡级政府正处于财政紧张状态,这有可能导致地方政府出现债务风险。

(二)有效监管不完善

实际中,政府部门通过多个融资平台,从各个银行机构获得贷款,融资和财务风险均缺少公开性与透明性。并且,银行机构对融资平台等借贷主体的资本金贷款、资金使用、资本负债等情况掌握不全面,不能对信贷资金进行风险防范和管控。从监督管理角度来说,地方政府缺少完整的地方债务监管体系,风险评估机制不完善,导致地方

债务风险频繁出现。

(三)平台运行不规范

从地方融资平台角度来说,其运行缺少规范性,具体体现在以下几个方面:首先,融资平台运行缺少负债整体规模约束。建立政府融资平台公司的主要目的在于帮助地方政府建设公益性项目,推动地方经济发展。融资过程中的偿债率、风险水平等方面,可能不在政府思考范畴中。其次,融资平台缺少投资规范约束。现阶段,融资平台大规模参与原本由市场主体投资建设的领域,导致该类政府投资缺少充足的资金支持,或者造成负债规模超出承受范围,加剧债务风险的出现。最后,融资平台缺少有效监管。融资平台是目前地方政府"政企不分"的经典类型,不但没有融入地方财政监管范围中,而且中央政府对于该类项目的监管力度有待加强,使得各级政府人员可能出现腐败行为。

二、风险防范与控制

(一)化解相关政策风险,探索公司转型路径

平台公司转型是顺应国家关于投融资体制改革、地方政府性债务管理、国有企业改革等政策的需要,因此,转型发展的方向必须与国家及地方政策导向保持一致性,及时根据政策的变化进行调整,明确可为与不可为,否则将面临政策风险而导致转型失败。因此,应采取这样两个方面的应对措施:一方面对平台转型涉及的相关政策进行梳理,把握政策精髓,并随时跟踪政策动向,以便对公司发展方向做出及时调整。另一方面要争取政府政策上的支持,减少转型的阻力和压力。加强与国家各有关部门,尤其是行业主管部门的沟通,建立信息收集和分析系统,做到及时了解政策、掌握政策,制定应对策略,以降低行业监管政策对公司经营和盈利造成的不利影响。应积极探索城投公司的转型,加大对经营性资产的投入,提高经营性资产带来的经营性收入,以减少对政府补助的依赖。

(二)化解经营决策风险,优化法人治理结构

转型过程中可能存在市场化经营风险。城投企业要实现转型发展,必须调整职能定位、拓展业务板块、转变运营模式、创新盈利模式。市场化经营尽管能增强城投企业自身的造血能力,但是各类市场化经营业务的风险不同,应对措施也不尽相同,且市场化业务的复杂程度、应对难度远在传统业务之上。因此,在城投企业转型过程中市场化经营风险十分严峻。

法人治理结构是公司治理的顶层设计。公司治理由三块内容组成:第一块是法人治理结构,第二块是公司内部控制,第三块是公司外部监督,其中法人治理结构是公司

治理的核心内容,也是公司治理的基础。确立公司治理中的法人治理结构不仅是一个理论研究问题,而且是实际模式操作问题,更是公司治理规则制定问题。因此,优化法人治理结构势在必行。

一方面,与主管部门保持紧密联系,加强对行业政策和经营环境情况的研究,以积极适应环境变化。另一方面,大力加强基础设施建设运营的产业化探索,提高企业整体运营效率,增加企业自身积累,提高企业的可持续发展能力,尽力降低行业政策和经营环境变动风险的影响。同时,进一步完善法人治理结构,建立健全各项内部管理制度和风险控制制度,引进先进管理经验和优秀管理人才,使企业的管理始终能与环境的变化相适应,加大对投资企业的监管力度,防范经营风险,保证企业的健康发展。

(三)化解内部管理风险,完善企业内控制度

转型过程中对城投企业的机制、人才、管理、思想等多个方面都提出了挑战。城投企业从"融资导向"向"经营导向"转变,原有的类似于政府部门、事业单位的管理体制将面临严峻挑战,城投企业需要对机制、人才、管理、思想等各个方面进行革新,以应对更为复杂的市场化经营情境。特别是企业管理层及所有员工都需要转变观念,如果大多数员工在观念上不能适应转型的要求,那么转型效果会不可避免地受到影响。

一是应贯彻落实中央、省、市国企党建工作会议精神,全面强化国有企业党委组织机构,进一步协调党委会、董事会、监事会之间的关系。二是严格按照"清廉国企"要求,将党风廉政和反腐败建设常态化推进,在工程招投标、大额资金存放、资产管理等方面,不断修订完善运营监管制度、财务制度、投资项目审批制度等一系列流程,建立科学规范的运行体系。三是强化"人才为本"理念,建立"管理人员能上能下、员工能进能出、收入能增能减"的市场化选人用人机制。四是强化绩效考核,健全"与选任方式相匹配、与企业功能性质和市场机制相适应、与经营业绩相挂钩"的差异化薪酬体制,并探索引入职业经理人管理模式。五是以先进地区国企为标杆,加强团队建设,树立作风硬朗、富有凝聚力、具有拼搏精神和创新意识的企业形象。六是推进容错免责机制,对政府要重点发展且带有风险的投资业务,解决历史遗留案件等问题,制定相应容错免责等机制,促进国企干部以拼搏诠释担当、用奋斗书写辉煌。

(四)化解资产整合风险,提升实质性管理能力

平台公司在转型过程中将会涉及资产划转、置换、并购等,面临资产整合的风险。对于市域范围内的国有资产资源整合,由于涉及利益部门多、协调关系复杂、整合难度大,即使划转或置换成功,往往也只是形式上的整合,平台公司对下属划转企业并无实质性管理权,多头管理显然不利于下属企业及平台公司的发展。对于并购重组的外部企业,重组后由于主客体在体制、文化等方面的不一致,可能导致并购企业员工丧失认

同感,从而影响并购的效果。这就需要采取下列三个方面的应对措施:一是在市政府层面给予大力支持,打破部门间的利益格局,在更高的层面主导和推动城投公司的转型;二是根据下属企业的类型,设置不同的管控目标,对于短期内无法达到实质性控制的,设置过渡期解决事企职能交叉重合、人员资产等问题;三是对外购企业,要及时沟通和融合,形成共同的文化观和价值观。

在完成资产整合的同时,还要优化资产运营模式。一是顶层设计架构调整。各地财政应树立"融资一盘棋"理念,加强对融资的研究和统筹。围绕债券发行"2A+、3A"等评级要求,各主管部门、国企应按照整合要求,进一步加快财务并表、资产移交等工作。二是盘活非经营性资产。全面摸清历史形成的非经营性资产,并转为经营性资产注入国企;同时,可将事业单位的改制资产,按照行业属性注入区属国企,增强国企"造血功能"。例如,可将菜场服务中心、城区停车位等资产及体育馆、文体中心等具有市场经营潜力的资产划入相应国有集团。三是注入经营性土地资产。积极研究建立土地出让金固定收益机制,并让国有集团参与小微园区建设和村留地开发,通过经营性收入迅速壮大国有资产。四是妥善处理、登记、盘活各类建设指挥部遗留资产。可排摸当地国企划拨资产底数,探索将划拨土地补缴协议出让金,实现国企增资。五是拓宽直接融资渠道。建立银企常态化沟通机制,积极争取市级的各类专项债券份额,并灵活运用资本市场提供的企业债券、票据、基金、ABS以及资产证券化等方式拓展融资渠道。

三、保障措施

(一)加强党的建设,筑牢企业根基

党建工作一直是城投企业的核心工作之一。在市场化转型的大背景下,城投企业面临的主要问题是如何深化国企改革、增强企业的竞争力。在改革开放的几十年里,国有企业承担了自己的社会责任,保证了国有资产的稳定性,稳定了党执政的根基。城投企业作为国有企业的重要组成部分,在国企改革的大背景下,需要进一步明确企业党建工作的重要性,在深化国企改革、增加国企竞争力的同时,保证国有资产不流失,保证党对国有企业的领导不动摇。

2015年8月24日,《中共中央 国务院关于深化国有企业改革的指导意见》(中发〔2015〕22号)明确了在深化国有企业改革中,党的领导只能加强、不能削弱,需要充分发挥国有企业党组织的政治核心作用,进一步加强国有企业领导班子建设和人才队伍建设,切实落实国有企业反腐倡廉"两个责任"。2015年6月5日,中央全面深化改革领导小组第十三次会议审议通过《关于在深化国有企业改革中坚持党的领导加强党的

建设的若干意见》(中办发〔2015〕44号),进一步明确在深化国有企业改革中加强党的建设、坚持党管干部原则、把加强党的领导和完善公司治理统一起来等内容。2019年12月30日,中共中央印发《中国共产党国有企业基层组织工作条例(试行)》,阐明了国有企业党组织工作指导思想及原则、结构的设置、主要职责以及队伍建设的相关原则。

坚持把党的政治建设摆在首位,切实提高政治站位,树牢"四个意识"、坚定"四个自信"、坚决做到"两个维护"。用党的创新理论武装党员,认真学习党的十九届五中、六中全会和党的二十大精神,建立完善学习贯彻习近平总书记重要讲话和重要指示批示精神的"第一议题"制度,切实把学习成果转化为推动企业高质量发展的实效。巩固深化主题教育成果,建立完善"不忘初心、牢记使命"长效机制。扎实推进"两学一做"学习教育常态化、制度化,持续推动学习贯彻习近平新时代中国特色社会主义思想往深里走、往实里走、往心里走。

牢牢把握新发展阶段党风廉政建设和反腐败斗争的新形势、新任务,突出"两个维护",进一步强化政治监督。巩固拓展巡视巡察工作成果,进一步提升"大监督"工作效能。不断深化作风建设,加大对职工群众身边腐败和作风问题的查处力度。统筹运用"四种形态",完善容错纠错机制,推进精准执纪问责。推动以案促改、以案促建、以案促治,使"三不腐"体制机制建设一体推进、贯通融合,以纪检工作高质量发展为企业高质量发展保驾护航。

(二)全面深化改革,激发内在活力

近年来,为切实加强国有企业反腐倡廉建设,推动国有企业决策行为,保证企业决策的科学化、民主化,国家对包括城投企业在内的国有企业提出严格落实重大决策、重要人事任免、重大项目安排和大额度资金运作(以下简称"三重一大")决策制度要求,凡属"三重一大"事项,必须由领导班子集体做出决定。"三重一大"决策制度的前半部分解释了制度的对象,即重大决策、重要人事任免、重大项目安排和大额度资金运作;后半部分提出了制度需要遵循的基本原则,即坚持集体决策原则。城投企业更好、更快地完善"三重一大"制度建设,能规范其企业决策行为,防范企业决策风险。

从整体上看,城投公司普遍存在现代企业制度不完善、市场化经营能力偏弱、债务负担较重、行政化干预较多等问题。随着投融资体制改革深化,城投公司被剥离政府融资职能,逐步由单纯依赖土地财政向房地产、金融、市政公用等存在一定市场壁垒的产业方向发展,对企业的运营和管理能力的要求不断提高,推行混合所有制改革可以有效促进相关机制的建立,具体可概括为三方面:一是提升经营性主业,盘活存量资产。城投公司在发展过程中积累了大量的存量资产,但资产的经营效率和效益普遍低下。通过引入具备开发经验、人才优势的外部资本可以有效推动城投公司实体化经营。二是减少行政干预，推动体制机制改革。城投公司由于自身主营业务的原因，与其他国有企业相比，往往与政府部门的联系更为紧密，这在一定程度上加剧了城投公司经营效率低下、社会负担过重等问题。通过对外部合作者的引入，可以增加外部监督，减少行政化干预，提升城投公司市场反应能力。三是优化资本结构，减轻企业债务压力。城投公司主营业务的投资规模一般比较大，以往获取资金也较为容易，因此大部分城投公司积累了较大规模的企业债务。然而，近年来监管政策逐渐收紧，城投公司的传统融资方式遭遇重大挑战，资金链承担较大压力。混改过程中战略资本的引入可以有效扩充城投公司资本金规模，提升企业资本运营空间。

迈向现代企业制度。公司制作为现代企业制度的主要实现形式，国有企业改革必然延伸到法人治理结构建设这个核心层面，而健全公司法人治理结构，核心就是推进董事会建设。完善国有企业董事会建设是新形势下深化国有企业改革的一项重要任务，也是完善国有企业法人治理结构的关键一环，对国有企业深化改革的推进起到直接作用，有利于国有企业建立市场化体制机制。应加强董事会建设，实现各级子企业董事会应建尽建、配齐配强，加强外部董事选聘和管理，深化落实董事会职权；充分发挥定战略、做决策、防风险作用，全面落实董事会依法行使重大决策、规划投资、选人用人、薪酬分配等权力。

厘清党委会、董事会和经理层的权力界限，明晰各治理主体的职权。城投公司党委会更多的是对"三重一大"的事项进行前置研究，重大事项的决策应更多地依靠董事会进行，而经理层负责的是普通事项的决策以及各项决策的落实。对于国有资产监督管理机构而言，应通过选派国有产权的代表进入董事会来实现对企业的管理，对公司经营中特定重大事项做出决定。在具体操作上，需要充分发挥公司章程在公司治理中的基础作用，完善公司章程、制定各决策主体的议事规则，对不尽明确的事项，通过定义或划定范围以明晰各治理主体的职权范围。

增加外部董事，建立外部董事选聘及评价制度。提高城投公司董事会的外部董事比例，形成外部董事占多数的董事会结构，有利于保证董事会决策的专业性和科学性，同时避免企业内部人士控制的现象。此外，在外部董事的选择上，保证一定数量的高校、科研单位或民营企业的经营管理人才，保证董事会的多元化要求。需要建立外部董事的选聘及评价制度，明确外部董事的选聘、评价、解聘和激励要求或措施，避免董事会结构流于形式。

董事会下设专门委员会，根据改革要求，在董事会设立提名委员会、薪酬与考核委员会、审计委员会等专门委员会，为董事会决策提供咨询，强化和规范董事会决策功能,提高董事会决策的科学性。如果有职能部门承担某项专门委员会职责,则可以不设此类委员会。此外,需要相应的制度来明确专门委员会的职责,确定委员会召开频率、召开时间、决议内容、构成人员和会议成果落实等方面内容。以建立市场化机制为重点,形成一整套科学化、制度化的企业管理机制,创新企业治理体系,提高治理能力,提升治理效能。

进一步完善董事会向经理层授权的管理制度,保障经理层依法行权履职,充分发挥经理层经营管理作用,有效激发经理层活力。经理层建设作为城投企业治理机制完善的重要一环,是未来城投企业转型和实体化运作的重要保障。而在城投企业实际运作过程中,经理层的建设面临着诸多的挑战和难题。实行差异化授权放权管理,严格落实公司授权放权清单,加强行权能力建设。明晰经理层稳定权责的前提是正确处理"两会一层"(党委会、董事会和经理层)三者之间的关系。一般而言,国有企业党委会(党组)把方向、管大局、保落实;董事会定战略、做决策、防风险;经理层谋经营、抓落实、强管理。各治理主体不缺位、不越位、不相互替代、不各自为政。《公司法》规定了经理层的八大职权,分别是:主持公司的生产经营管理工作,组织实施董事会决议;组织实施公司年度经营计划和投资方案;拟订公司内部管理机构设置方案;拟订公司的基本管理制度;制定公司的具体规章;提请聘任或者解聘公司副经理、财务负责人;决定聘任或者解聘除应由董事会决定聘任或者解聘以外的负责管理人员;董事会授予的其他职权。此外,公司章程也可以对经理层的职权做进一步的规定或细化。

(三)推动管理提升,构建执行体系

组建投资发展部,加强投资业务全流程集中管理,提高科学决策效率,强化大项目策划运作能力,提高投资效果,提升投资效益。不断推进产融结合的广度、深度,助力公司业务发展。丰富融资手段,建立多元化、创新型的项目融资渠道,用活做强金融平台,创建可持续发展的融资结构,促进投资业务健康发展。加大对发展潜力大、成长性强的股权的投资力度,有效放大国有资本功能。

以项目全周期为主线,以项目进度和成本控制为目标,以合同为依据,以资金为约束,构建工程项目管理系统。以工程项目全生命周期管理系统为主,集成全面预算管理系统、资金管理系统、合同管理系统、招标管理系统,形成完整的工程项目管理科技平台,规范项目管理。确保项目建设总体指标受控,对承接项目加强投资、质量、进度、安全等全要素管控。树立项目建设经营理念,在明确项目建设资金来源和融资成本的基础上,做好资金平衡方案,严控项目成本和资金支出。在项目招标设计、设计变更、现场签证、跟踪审计、财务决算等各个环节要严格按预算控制投资前期费用,管好用好项目建设资金,最大限度发挥资金效益。

与有关部门对接沟通,合理安排项目建设资金来源,规范月度资金支付计划的编制,提高资金使用效率,定期开展公司资金使用管理自查,降低资金支付风险。加强资金集中管控和资金计划的精细化管理,做好现金流日常管理和监控,合理储备安全保障资金,避免出现经营活动现金流不足和各类金融产品到期还款兑付资金不足的风险,实现公司现金流的健康、平稳、有序运行。同时,进一步强化运营管理,强化成本考核与现金流考核,开源节流,以增加每年经营性现金净流入;合理压缩预留的日常储备资金,从而增加可用于投资的自有内生资金。

建立完整的内控内审制度体系。加大风险排查力度,建立一套覆盖全面、运行规范、约束有力的内控内审制度体系。组建内审队伍,加大对经营管理主要领域和关键环节的检查力度,做到日常检查与专项排查相结合、内部自查与外部监督相结合、全面检查和重点抽查相结合,提高风险排查工作的科学性和规范化水平。内控制度的建立与完善对提升企业经营效率效果、实现企业战略目标具有重大作用,它涉及各部门职责、各业务条线,关乎企业发展全局。在内控建设中,"一把手"要有所为、有作为,对本单位内控管理负总责。首先,"一把手"要意识到内控的目的是查找风险、剖析原因、清除隐患,这对企业开源节流、提升资金效益、化解重大风险具有重要意义。其次,在内控建设过程中,"一把手"要做好部署安排,聚焦核心业务,坚持统筹推进,确保内控有效管用。最后,在内控建设实践过程中,"一把手"要带头遵守,最大限度减少干扰业务流程管控的人为因素,使内控真正成为防止出错的"规"和"矩"。

借力专业团队,用好第三方机构的力量。企业内控建设业务覆盖面广、流程线条长、工作难度大、人员素质要求高,企业仅凭自身力量很难开展,可借助第三方机构的力量实施。在选择第三方机构时,关注点更多地要放在对方的能力与过往业绩上,而不是价格方面。在开展工作时,要加强需求沟通,牢固树立"控制措施不是越多越好"的理念,要根据企业的不同规模、不同性质,深入一线、量身定制,充分了解各个子公司的个性需求及业务特点,确保第三方机构可以设计出一套适合每个子公司自身的体系,而且要适用、管用、能用。

做好内控建设需处理好几个平衡。一是要处理好规范和效率的平衡。规范的终极目的是提升效率、释放活力,在内控体系建设过程中,要平衡好这两者的关系。二是要处理好现阶段与未来发展的平衡。在内部控制及风险管理体系的设计中,要有一定的前瞻性、超前性,形成的成果要现阶段能用,未来一段时间也能适用。三是要结合实际、拓宽眼界。在内部控制及风险管理体系建设过程中,既要立足于各个子公司的实际,又要大胆借鉴国内乃至世界一流企业的经验、案例。四是要做好集团与子公司的衔接。子公司内部控制及风险管理体系建设是建立在集团已经形成的管控及内控体系基础之上的,在子公司体系建设过程中,首先考虑集团对子公司的一些刚性管控要求,在此基础上充分考虑子公司实际情况。

强化风险管理组织体系建设,建立重点业务领域风险预警机制,强化事前事中控制,深化协同预警、联合处置、系统建设工作,保证重大风险可控可承受。严防违规经营风险,强化合规管理,提高员工合规经营意识,培养企业合规文化。全力防范化解重大项目执行风险,加强投资、融资、合同评审等重点领域和关键环节的风险控制,提升企业基础管理水平。全力防范化解财务金融风险,严防应收账款风险,确保不发生系统性风险。

第三章

城投公司资产注入方法及技巧

第一节 城投公司资产概述

一、城投公司资产概况

资产是由企业控制的预期将会给企业带来经济利益的一种资源。由于长期从事政府赋予的公益性项目投资运营，城投公司拥有较多的公益性资产和资源性资产，部分城投公司还拥有少量的经营性资产，例如宾馆、酒店、商业地产等。在通常情况下，在投融资平台公司的资产构成中，公益性资产和政府注入性资产（如划拨土地）占比较大，经营性资产占比偏小。除货币资金等少数资产类别外，不同领域的城投公司的主要资产类别也差异较大。比如，传统城投公司主要从事的市政基础设施开发建设和土地整理等业务，其主要资产便是土地和基础设施；公用事业城投公司主要从事公租房、廉租房、共有产权房、保障性租赁住房的建设、投资与运营，其主要资产类别便是保障性住房等。此外，部分城投公司还拥有特许经营权、金融牌照和城市空间资源等方面的无形资产。具体见表3-1。

表3-1　　　　　　　　不同城投公司的主要资产类别

序号	城投类型	业务范围	主要资产类别
1	传统城投	市政基础设施开发建设、土地开发整理类项目	土地、基础设施等
2	公用事业城投	供水、供气、供电、供热、垃圾清除、污水处理、园林绿化、停车场等项目	土地，用于供水、供气等公用事业的相关设备、特许经营权等

续表

序号	城投类型	业务范围	主要资产类别
3	保障性住房城投	公租房、廉租房、公共产权房、保障性租赁住房的建设、投资与运营	保障性住房等
4	交通投资城投	交通基础设施(机场、地铁、公交等)、智慧城市、智慧交通等	交通基础设施、公共交通工具等
5	国资运营城投	国有资本运营、国有资产管理、产业投资等	股权、特许经营权、金融牌照等
6	园区开发城投	产业园区、产业服务平台、战略性产业集群研发、孵化器等	土地、厂房、房地产、城市空间资源等
7	文化旅游城投	自然、人文景观、文化遗产、旅游设施建设和运营	旅游景区等

资料来源：作者整理。

城投公司的资金来源可分为外部融资及政府划拨。在外部融资模式下，城投公司获取融资后，将资金用于土地开发、基建等公益性业务，其中待结算部分形成开发成本及开发产品，已结算待政府回款部分形成应收类款项。部分城投公司将资金拆借给政府部门，或在当地政府的协调下将资金拆借给区域内其他城投公司，由此形成其他应收款等资产。这两项资产无法产生现金流，为公益性资产，政府财政实质上为该类资产占用资金的最终付款方。与此相反，部分城投公司将资金用于贸易、房地产等经营性业务，由此形成经营性资产，该类资产占用资金最终由经营性业务运营收益覆盖。

二、城投公司资产分类

按照是否有市场化现金流，城投平台业务分为公益性业务、准公益性业务和经营性业务三大类。绝大多数城投公司都涉及公益性业务，如城市基础设施建设、土地整理，业务回款直接来源是地方政府；大多数城投公司也兼具准公益性业务，如棚改、保障房、供水电热气、垃圾处理、污水处理等，有一定现金流，但仅有微薄利润或亏损，需要政府补贴以弥补缺口；部分城投公司还涉及经营性市场化业务，如贸易、产品销售、房地产、融资租赁、担保小额贷款等。根据不同的业务分类，可以把城投公司的资产分为以下几类：

1. 土地资产

土地资产是城投平台最有价值的可变现资产，城投公司的公益性业务主要围绕土地资产来开展，在土地资产整合过程中需关注土地性质、取得方式等。

从土地性质来看，需要注意根据财预〔2017〕50号、发改办财金〔2018〕194号文件规定，储备土地已经不能再整合进平台公司，目前性质为出让，用途为商住、商业、工业的土地均可以整合进来。从取得方式来看,对于不以营利为目的的公租房、保障房等公益性用地,可以通过政府划拨方式无偿获得土地使用权,但前提是必须经过有关部门依法批准并严格将土地用于指定用途;对于经营用地或工业用地等建设性用地,城投平台必须参与"招拍挂",及时、足额缴纳土地出让金,获得土地使用权。

此外,城市更新也是获得土地资产的机会:2021年全国绝大多数省市层面均提出城市更新,多家城投公司设立了城市更新子公司。从全国各地城市更新政策来看,城市更新绝大多数是市场化、经营性项目,不涉及新增隐性债务问题,这也是城投公司转型化债的有效合法途径。

2. 经营性资产

(1)高速及城市轨道交通

此类资产得益于其稳定的现金流来源,通常可以成为城投公司获取长期融资的优质底层资产。具体来说,高速公路业务主要包括高速公路的建设及建成后运营等,城市轨交业务主要包括地铁、城市轨道交通的建设及运营等。投融资模式方面,由于该类业务所需资金量较大,故通常会采用多元化的融资模式,如引入社会资本或采取一体化经营管理模式等。

北京市基础设施投资有限公司在北京地铁4号线建设中,将整个项目按照政府投资与社会投资7∶3的基础比例划分为非经营性部分和可经营性部分,其中占投资总额70%的洞体、轨道等非经营性部分由政府出资建设;占投资总额30%的车辆、自动售检票设备等可经营性部分采取BOT模式,为国内第一个以政府与社会资本合营模式运作的轨道交通项目。

(2)其他公用资产

其他公用资产主要涉及城市公共服务相关领域,如城市供水、供热、供气、污水处理、垃圾处理等,以及其他类型的特许经营权,如水域经营权、停车位(路边停车、停车场)、加油站、充电桩、驾校、经营性墓地等。

城投公司在区域内经营公用事业具有天然优势,反过来有助于为城投公司提供稳定的现金流。供水、供电、供热等公用事业具有显著的规模效应和较高的准入门槛,而且一般伴随特许经营权的下发,城投平台可以通过整合政府、区域资源获得专营权,将区域内零落的公用事业企业进行整合,获取稳定的现金流。例如亳州城建发展控股集团有限公司(以下简称"亳州城建")近年来就拓展了公共事业板块的业务,整合了城区停车场、地下管廊、天然气、强电弱电管线、供水等城市公共事业资源,以特许经营为主要模式进行运作。大连德泰控股有限公司(以下简称"大连德泰")在大连金普新区内拥有供热、供气、供水、污水处理等主要公用事业的特许经营权。

3. 地产物业类资产

地产物业类资产主要包括住宅（商品房、保障房）、商业、产业园区等。通常来说，城投的地产物业类业务应当与土地业务相结合来看，开发住宅的城投类似于区域性小型房地产商，自行开发建设或者与大型地产商成立合资公司进行开发，城投提供土地资源；从事商业地产开发的城投在城市核心地段建设写字楼、商场等物业，进行出售或出租以获取租金收入。例如，亳州城建的房地产项目开发模式就分为自营房地产开发和合作房地产开发，且依托房地产开发业务拓展了开发后的产业链下游服务，包括物业服务及商管运营等。

除此以外，与产业园区相关的标准化厂房等资产多见于开发区城投平台，一般通过建设标准化厂房并自营以获取厂房租金收入和其他服务收入，此外，部分也涉及对园区内企业提供水热电气甚至金融服务。需要关注的是，出于招商引资方面的需要，地方政府往往要求城投公司所运作的产业园区对入驻企业提供优惠，如减免租金、提供担保、小额贷款等金融服务，这就致使城投公司经营产业园区初期取得的运营收入往往较低，运营利润微薄甚至亏损。

4. 金融资产

金融资产主要分为上市公司股权及产业投资基金两类。

（1）上市公司股权

据对公开信息统计，自2018年以来城投公司入主上市公司案例在逐年增多，这与整体政策的引导也相吻合。从纳入统计的案例来看，涉及的城投公司行政层级以地级市和国家级园区主体居多，且涉及的平台往往资产规模较大，偿债能力也较强。此外，近年城投公司跨省收购入主上市公司现象更加频发，2020年和2021年城投公司入主的上市公司分别为21家和9家，其中跨省收购入主的为15家和6家，占比均超过半数。

从城投公司入主上市公司的目的来看，主要分为两大类：(1)以产业投资为主要并购目的：城投公司基于营利性考虑，当其与上市公司存在业务关联时，会入主以寻求业务协同；若其与上市公司无业务关联，入主主要是进行产业投资，优化自身业务结构，实现多元化发展，如西安曲江文化产业投资(集团)有限公司入主人人乐公司。(2)以借壳上市为主要并购目的：城投公司需要上市公司作为一个股权融资的平台，通过资产置换实现借壳上市，达到拓宽融资方式、降低融资成本的目的，如邳州经济开发区经发建设有限公司高溢价入主中新科技公司。

对于城投公司而言，入主上市公司能够实现多元化经营，增加经营性现金流入，并且拓宽公开市场融资渠道，但也存在一定风险，一方面城投公司缺乏市场化经验，可能无法与上市公司很好地进行整合;另一方面,并购资金如果主要来自举借债务,将会增大城投公司的债务压力。此外,收购资产付出的交易对价如果超过资产净值,将不可避免地产生较高商誉,大额商誉的存在会降低真实的负债率,使得企业的真实债务负担被低估,且商誉如果占比越大,其减值计提对企业利润的冲击也就越大,也需关注城投公司面临的商誉减值风险。

(2)产业投资基金

平台公司还会通过与地方政府、银行、企业共同成立地方产业投资基金,孵化区域内优质公司,参与产业发展创新,发挥政府投融资平台的作用。产业投资基金可采用公司型、契约型和有限合伙型三种模式,平台公司以有限合伙人(LP)身份参与合伙制基金较多。与直接股权投资相比,产业基金投资可借助运营方的丰富经验,降低集中投资风险。但产业投资基金信息不对称程度较高,对于平台作为有限合伙人的产业投资基金,除了解基金管理公司的投资风格和投向之外,还需要关注分红政策、主要参与方的出资情况与专业能力、基金收益模式和合约规定的基金退出机制等。具体见表3-2。

表3-2　　　　　　　　　　城投从事产业基金业务案例

公　司	简称	产业基金投向
昆山国创投资集团有限公司	昆山国创	5G、科技创新、新能源
金华融盛投资发展集团有限公司	金华融盛	高端装备制造、新能源汽车、大健康产业、大消费产业、科技
长治市财通投资控股集团有限公司	长治财通	财沐基金:10亿元,投向新兴产业、新能源、新材料;氢能基金:1.01亿元,投向氢气的制取、提纯、运输和存储,氢燃料电池、氢能汽车等氢能资源利用;文旅基金:2亿元,投向文化旅游、传统产业升级改造、创新创业、军民融合
株洲高科集团有限公司	株洲高科	株洲市轨道交通、通用航空、新能源汽车三大主导产业以及新能源、新材料、电子信息、节能环保、生物医药五大特色新兴产业
大连德泰控股有限公司	大连德泰	高端装备制造、清洁能源、创新产业等

资料来源:作者整理。

例如,大连德泰、昆山国创、金华融盛、株洲高科等公司目前均设立了产业基金。其中,大连德泰通过已设立的基金管理公司,发起并主动管理3只PPP基金,总规模达52.8亿元,主要通过组建"投资+建设+运营"联合体参与PPP项目;此外,作为金普新区国有资本出资主体,参与设立了大连市股权投资引导基金、大连装备创新投资基金等产业引导基金,推动区域实体经济转型升级。

表 3—3　　　　　　　　2018 年以来城投入主上市公司的案例

时　间	城投公司	层级	上市公司	是否跨省
2018 年 4 月	四川发展(控股)有限责任公司	省级	新筑股份	是
2018 年 6 月	郑州航空港兴港投资集团有限公司	地级市	大富科技	是
2018 年 9 月	邯郸市建设投资集团有限公司	地级市	汇金股份	否
2018 年 10 月	深圳市投资控股有限公司	地级市	怡亚通	否
2018 年 11 月	安徽省投资集团控股有限公司	省级	长信科技	否
2018 年 11 月	佛山市公用事业控股有限公司	地级市	智慧松德	否
2018 年 11 月	成都兴城投资集团有限公司	省级市	中化岩土	是
2018 年 11 月	成都兴城投资集团有限公司	省级市	红日药业	是
2019 年 1 月	潍坊市城市建设发展投资有限公司	地级市	美晨生态	否
2019 年 1 月	四川省投资集团有限责任公司	省级市	碧水源	是
2019 年 2 月	开封金控投资集团有限公司	地级市	GQY 视讯	是
2019 年 2 月	河南省豫资保障房管理运营有限公司	地级市	棕榈股份	是
2019 年 6 月	赣州发展投资控股集团有限责任公司	地级市	金信诺	是
2019 年 6 月	成都体育产业投资集团有限公司	地级市	莱茵体育	是
2019 年 7 月	科学城(广州)投资集团有限公司	国家级园区	威创股份	是
2019 年 7 月	广州高新区投资集团有限公司	国家级园区	康芝药业	是
2019 年 7 月	盐城东方投资开发集团有限公司	国家级园区	立霸股份	是
2019 年 7 月	四川发展环境投资集团有限公司[四川发展(控股)有限责任公司子公司]	省级	清新环境	是
2019 年 8 月	长沙水业集团有限公司	地级市	惠博普	是
2019 年 9 月	徐州市新盛投资控股集团有限公司	地级市	维维股份	否
2019 年 10 月	宁波交通投资控股有限公司	地级市	宁波建工	否
2019 年 10 月	杭州市下城区国有投资控股集团有限公司	区县级	润达医疗	否
2019 年 10 月	湖州新型城市投资发展集团有限公司	区县级	东尼电子	否
2019 年 10 月	郑州航空港区兴慧电子科技有限公司(郑州航空港兴港投资集团有限公司子公司)	国家级园区	合众思壮	是
2019 年 11 月	西安曲江文化产业投资(集团)有限公司	国家级园区	ST 人乐	是
2019 年 12 月	中山市交通发展集团有限公司	地级市	全通教育	是
2019 年 12 月	龙岩市汇金发展集团有限公司	地级市	爱迪尔	是
2020 年 4 月	宁波舜通集团有限公司	区县级	镇海股份	否
2020 年 5 月	海南省发展控股有限公司	省级	海南发展	否
2020 年 6 月	景德镇陶文旅控股集团有限公司	地级市	音飞储存	是
2020 年 6 月	济南高新控股集团有限公司	国家级园区	玉龙股份	是
2020 年 6 月	南京安居建设集团有限责任公司	地级市	大千生态	是
2020 年 7 月	安徽省国有资本运营控股集团有限公司	省级	江淮汽车	否

续表

时间	城投公司	层级	上市公司	是否跨省
2020年7月	青岛开发区投资建设集团有限公司	国家级园区	石大胜华	否
2020年8月	宁波市镇海投资有限公司	区县级	德宏股份	否
2020年8月	珠海大横琴集团有限公司	国家级园区	世联行	否
2020年9月	高密华荣实业发展有限公司	区县级	孚日股份	否
2020年9月	西藏开发投资集团有限公司	省级	万集科技	是
2020年9月	常州投资集团有限公司	地级市	裕兴股份	是
2020年10月	梧州市东泰国有资产经营有限公司	地级市	华瑞股份	是
2020年11月	青岛西海岸新区海洋控股集团有限公司	国家级园区	万马股份	是
2020年11月	铜陵大江投资控股有限公司	国家级园区	铜峰电子	是
2020年12月	潍坊滨城投资开发有限公司	区县级	高斯贝尔	是
2020年12月	潍坊市城市建设发展投资集团有限公司	地级市	ST亚星	是
2020年12月	宁夏国有资本运营集团有限责任公司	省级	*ST宝实	是
2020年12月	株洲高科集团有限公司	国家级园区	科恒股份	是
2020年12月	常州投资集团有限公司	地级市	嘉澳环保	是
2020年12月	西安投资控股有限公司	地级市	华邦健康	是
2021年2月	苏州沙家浜旅游发展有限公司	区县级	中利集团	是
2021年2月	昌吉州国有资产投资经营集团有限公司	地级市	*ST麦趣	否
2021年3月	北京亦庄投资控股有限公司	国家级园区	麦克奥迪	是
2021年5月	济南高新控股集团	国家级园区	玉龙股份	是
2021年8月	淄博市财金控股集团	地级市	东杰智能	是
2021年10月	济宁城投控股集团	地级市	恒润股份	是

资料来源：作者整理。

三、城投公司资产特点

1. 资产质量较差

自1986年我国第一家地方政府投融资平台公司——上海久事公司注册成立以来，经过几十年的发展，城投公司资产规模不断壮大，资产规模已经十分可观。根据万得数据，作者筛选出近年有财务记录的城投公司样本2 335家，截至2020年末，城投公司资产总规模为977 717.07亿元，同比增长15.36%，反映出城投公司资产规模不仅庞大，而且增长速度较快。城投公司资产规模虽然庞大，但资产质量较差。从资产构成来看，由于大多数城投公司是由政府通过财政拨款或注入土地、股权等资产成立，甚至包括注入公立学校、公立医院、公共文化设施、公园、公共广场、机关事业单位办公楼、市政道路、非收费桥梁、非经营性水利设施、非收费管网设施等公益性资产，因而城投公司天生便存在有效资产不足的弊病。同时，由于城投公司从事的业务主要是公益性或准公益性项目的建设投资运营,这些资产受建设周期长、政府回购慢、回报率低等因素影响,在短期内难以变现,因而城投公司账面上"趴着"大量的存货、应收账款等变现能力差的资产。

从资产流动性来看,地方城投公司有较高比例的资产,为进行融资不得不承担较大金额的对外担保责任,且处于受限状态。这些资产不仅难以变现,而且占比较高,使得城投公司无法通过追加资产质押、抵押担保而获得续贷或展期,因而再融资能力较差。此外,不同区域城投公司之间的资产变现能力存在差别,欠发达地区由于经济活跃度低,基础设施等资产流动性要弱于发达地区。

从资产收益性来看,由于多数地方城投公司的资金投向以公益性项目或准公益性项目为主,这些项目本身能够产生的经营收益十分有限,同时多数城投公司为扩大融资额度而被动注入了大规模的公益性资产,所以也大大拉低了资产的收益率。从筛选出的城投公司样本来看,2020年末,城投公司资产收益率仅为0.72%,资产周转率仅为9.29%,资产质量表现较差。

2. 经营性资产规模较小

城投公司由于长期从事公益性或准公益性业务,所以经营性资产规模较小。虽然近年来在地方政府投融资体制转型背景下,城投公司转型加快,部分城投公司积极拓宽经营性领域,向贸易、产品销售、房地产、融资租赁、担保小额贷款等方面拓展业务,这部分业务在不断壮大,对城投公司形成了有益的补充;但由于城投公司从事这些业务的时间较短,缺乏一定的积累和沉淀,城投公司向市场化业务转型成绩并不突出,城投业务目前仍然还是以公益性业务为主。

以近年来转型成效较为突出的亳州建设投资集团有限公司为例,该公司作为亳州市政府组建的城市基础设施建设主要实施主体,主要负责城市基础设施建设资金的筹集、城市基础设施建设的投资和国有资产的运营等。公司控股股东为亳州市国资委,控股比例为100%。2021年,土地开发、房屋销售、代建及施工业务是公司主要收入来源,同时,租赁业务、担保业务、典当业务、小额贷款业务、咨询管理和创新创投业务等发展迅速。2021年,公司土地开发收入达到17.32亿元,较上年增长58.43%;代建项目收入及施工项目收入合计54.43亿元,较上年下降9.79%;土地整理和房地产销售分别下降24.83%和67.46%;公司类金融板块包括担保、典当、委托贷款及融资租赁等,合计实现收入5.36亿元,同比增长37.79%。尽管如此,2021年公司类金融板块等经营性业务占比仍较低,仅为6.59%。

3. 国有资产属性突出

城投公司由政府出资设立,由地方政府绝对控股,城投资产属于典型的国有资产。

2015年,中共中央、国务院印发《关于深化国有企业改革的指导意见》,对推动国有企业发展混合所有制经济改革虽多有论述,但国企发展混合所有制进展仍较缓慢。从筛选出的城投公司样本来看,2020年,2 335家城投公司股东主要为地方政府及相关部门,如财政部、发改委、国资委,另外有部分参股股东为国开发展基金、中国农发重点建设基金等政府股权基金,仅有个别城投公司如天津泰达投资控股有限公司有私人资本参股。此外,2020年末,城投公司少数股东权益净资产占比仅为9.84%。

第二节 城投公司资产注入方式

一、城投公司注资动因

分税制改革后,中央和地方的财权、事权不匹配,导致地方政府的投融资存在较大资金缺口,为弥补这一部分资金缺口,城投公司应运而生。由于城投公司成立的主要目的即通过举债融资为地方经济和社会发展筹集资金,为扩大其融资能力,地方政府曾通过注入货币资金、房地产、国有企业股权、土地(包括储备地、划拨地及出让地),以及学校、医院、公园等公益性资产的方式,对城投公司进行资产性支持。通过上述注资,一方面,可以快速降低资产负债率,避开部分银行贷款对于城投公司债务负担不得高于70%的红线要求;另一方面,注入的资产可以用于城投公司的抵押贷款,进一步提升城投公司的融资能力。

但实际情况是,在城镇化建设及"GDP竞赛"的背景下,地方政府需要借助城投公司获取大量资金,然而财力有限导致其可支配的货币资金、房地产和股权等高价值资产难以满足分配需求;与此同时,地方政府手中掌握大量的储备土地及公益性资产,更倾向于向城投公司注入此类资产。因此,大部分城投公司是地方政府以少量财政拨款配比相对较大规模土地资产的方式成立的,后续再获得政府注入的储备地和公益性资产,持续扩大资产规模。

但是,储备地或公益性资产本身并不具备相应的价值,地方政府通过该种方式增加城投公司的资产规模、降低债务负担后再让其进行融资的行为,本质上是地方政府的超额举债。该行为主要带来两个问题:一是公益性资产的产权本质上不属于城投公司,如政府办公场所、公园、道路等,城投公司无权用此抵押借款;二是此类资产不能带来现金流收入,城投公司虚增资产规模,导致资产与债务不匹配,增加偿债风险。

二、城投公司注资要求

为规范地方政府融资行为,自2010年起监管机构出台多项政策法规,禁止地方政府向城投公司注入储备地和公益性资产的行为,限制地方政府通过该方式无序举债,具体政策如表 3—4 所示。

表 3—4　　2010 年以来限制政府注资平台公司的相关文件

时间	文件名	主要政策内容
2010 年 6 月	《国务院关于加强地方政府融资平台公司管理有关问题的通知》(国发〔2010〕19 号)	规定"今后地方政府确需设立融资平台公司的,必须严格依照有关法律法规办理,足额注入资本金,学校、医院、公园等公益性资产不得作为资本注入融资平台公司"。
2010 年 7 月	《关于贯彻国务院关于加强地方政府融资平台公司管理有关问题的通知相关事项的通知》(财预〔2010〕412 号)	进一步明确,19 号文中的"今后"是指 2010 年 7 月 1 日以后(含 7 月 1 日);"公益性资产",是指为社会公共利益服务,且依据有关法律法规规定不能或不宜变现的资产,如学校、医院、公园、广场、党政机关及经费补助事业单位办公楼等,以及市政道路、水利设施、非收费管网设施等不能带来经营性收入的基础设施等。
2010 年 11 月	《国家发展改革委办公厅关于进一步规范地方政府投融资平台公司发行债券行为有关问题的通知》(发改办财金〔2010〕2881 号)	规定"申请发行企业债券的投融资平台公司,必须依法严格确保公司资产的真实有效,必须具备真实足额的资本金注入,不得将公立学校、公立医院、公园、事业单位资产等公益性资产作为资本注入投融资平台公司。对于已将上述资产注入投融资平台公司的,在计算发债规模时,必须从净资产规模中予以扣除"。
2012 年 12 月	《国家发展改革委办公厅关于进一步强化企业债券风险防范管理有关问题的通知》(发改办财金〔2012〕3451 号)	对于城投公司注入的资产做出明确要求,包括:(1)注入资产必须为经营性资产。政府办公场所、公园、学校等纯公益性资产不得注入城投公司。(2)注入资产必须经具有证券从业资格的资产评估机构评估,由有关主管部门办理相关权属转移登记及变更工商登记。(3)作为企业注册资本注入的土地资产除经评估外,必须取得土地使用权证,属于划拨、变更土地使用权人的,应证明原土地使用证已经注销。
2012 年 12 月	《关于制止地方政府违法违规融资行为的通知》(财预〔2012〕463 号)	重申"不得将政府办公楼、学校、医院、公园等公益性资产作为资本注入融资平台,地方政府将土地注入融资必须经过法定的出让或划拨程序,不得将储备土地作为资产注入融资平台"。
2017 年 5 月	《关于进一步规范地方政府举债融资行为的通知》(财预〔2017〕50 号)	再次强调"地方政府不得将公益性资产、储备土地注入融资平台公司",并要求"不得承诺将储备土地预期出让收入作为融资平台公司偿债资金来源"。
2018 年 2 月	《国家发展改革委办公厅 财政部办公厅关于进一步增强企业债券服务实体经济能力严格防范地方债务风险的通知》(发改办财金〔2018〕194 号)	要求"申报企业拥有的资产应当质量优良、权属清晰,严禁将公立学校、公立医院、公共文化设施、公园、公共广场、机关事业单位办公楼、市政道路、非收费桥梁、非经营性水利设施、非收费管网设施等公益性资产及储备土地使用权计入申报企业资产"。

续表

时间	文件名	主要政策内容
2018年6月	《关于规范金融企业对地方政府和国有企业投融资行为有关问题的通知》（财金〔2018〕23号）	要求国有金融企业向融资平台提供贷款时，应按照"穿透原则"对资本金进行审查，若发现存在以公益性资产、储备土地等方式违规出资或出资不实的问题，国有金融企业不得向其提供融资。

资料来源：作者整理。

三、传统注资方式

根据注入资产的不同性质，常见的地方政府对融资平台注入的资产可以分为货币资金、股权资产、土地资产、房产、公益性资产、特许经营权及收费权六大类。不同类型资产对融资平台的融资和资产经营活动可能产生不同影响，进而对融资平台的资本结构产生不同影响。

1. 货币资金

许多融资平台在经营过程中会得到大量的财政拨款，与前述财政补贴不同的是，这些财政拨款不是以财政补贴的形式进入融资平台的利润表增加净利润，而是以财政无偿拨款注入的形式直接进入融资平台的资产负债表核算，增加融资平台的所有者权益，根据政府注资的来源和性质计入实收资本或资本公积科目。这些财政资金能够用于融资平台的债务偿还和项目建设资金支出，是地方政府对融资平台支持的重要体现。地方政府对融资平台的注资部分是地方政府通过融资平台投入的基础设施建设项目资本金，金融机构会视项目资本金到位情况向融资平台提供债务资金。只有在资本金和债务资金都及时充足到位的情况下，项目建设资金才能得到保障，项目建设也才能顺利推进。因此，财政注资往往表明地方政府将让融资平台承担更大规模的项目建设任务，未来融资平台的融资规模也可能进一步扩大。

货币注资是地方政府向融资平台无偿拨入的货币资金款项，根据地方财政管理的规定和安排，有些注资会作为地方财政的投资行为增加融资平台的注册资本和实收资本，有些注资会作为地方政府的无偿拨款或赠予行为增加融资平台的资本公积。无论是增加实收资本还是资本公积，都能直接增加融资平台的所有者权益。由于财政注资为货币资金形态，这些财政注资便能直接有两种类型的用途：一是被融资平台直接用于偿还债务本息，在此情况下，融资平台的权益增加而债务相应减少；二是被融资平台直接用于项目建设资金投入，并相应作为项目资本金撬动金融机构提供更多的债务资金，在此情况下，融资平台资本结构的变化要视项目资本金与债务融资资金的占比情况而定，多数情况下项目资本金在项目总投资中占少数，因此相对权益的增加可能会使债务资金有进一步增加的趋势。因此财政注资对融资平台资本结构总的影响要视上述两种情况的综合而定,实际最终影响方向可能不确定。

而从金融机构的角度来说,首先,政府注资是地方政府对融资平台支持的表现,政府注资力度越大,金融机构会认为融资平台在地方政府国资体系中具有越重要的地位,进而有可能向融资平台提供更多债务资金。其次,若政府注资用于偿还金融机构债务,则金融机构对融资平台提供的债务资金规模会相对下降。再次,若政府注资用于新增项目投资资本金,则金融机构可能相应配给债务资金。

2. 股权资产

国有企业股权注入一方面是地方政府从整合下属国有资产的角度出发而开展的,另一方面也是从融资平台包装出发,整合一些具有经营性收入的企业以增加收入和利润。从控股权的角度出发,注入的股权占比达到控股地位会扩大原融资平台的合并范围,若只达到参股地位则增加原融资平台的长期股权投资或可供出售金融资产,并相应获得可能产生的投资收益。

对国有股权来说,由于注入的国有股权的持股占比、注入公司的资产构成和资产质量、债务规模、股权流动性等复杂多样,其对融资平台资本结构的影响情况也较为复杂。如具有控股权的公司将股权注入融资平台,则被注入的公司将被纳入融资平台合并报表,最终对融资平台资本结构的影响要视被注入公司自身的资本结构情况而定。此外,如被注入公司为市场化经营公司,其营利能力也可能通过未分配利润影响融资平台资本结构;如被注入公司股权具有一定流动性,则金融机构可接受其作为质押资产,则其对资本结构的影响可能与土地、房产类似;如被注入公司为上市公司,则其质押融资功能能够得到更大的发挥,且多数情况下上市公司账面价值会以市场价格(即公允价值)入账,从而其市场价格波动也会影响融资平台的权益。从金融机构角度来看,国有股权注入对融资平台的影响及其对金融机构自身信用决策的影响要视被注入股权自身规模、营利能力、资本结构、流动性等各方面综合判断。

3. 土地资产

城投企业获得土地使用权的方式有两种:一是对于经营用地或工业用地等建设性用地,城投企业必须参与"招拍挂",及时、足额缴纳土地出让金,获得土地使用权。二是对于不以营利为目的的公租房、保障房等公益性用地,城投企业以政府划拨方式无偿获得土地使用权,但前提是必须经过有关部门依法批准并严格将土地用于指定用途。

(1)以出让方式获得土地使用权

《土地储备管理办法》明确土地储备的含义,即市、县人民政府国土资源管理部门为实现调控土地市场、促进土地资源合理利用目标,依法取得土地,进行前期开发、储存以备供应土地的行为。土地储备是土地收购、土地储存和土地出让的全过程,其目的在于调控城市建设用地的需求,建立"一个渠道进水,一个池子蓄水,一个水龙头放水"的土地统一供应机制,实现政府对一级土地市场的绝对控制,杜绝多头供地局面的出现。

①土地收购

土地收购是指各地土地储备机构按照城市政府授权或者经人大通过的土地储备计划,依照或遵照有关章程,通过征用、收回、置换或整理等方式,实现土地使用权由集体或其他土地使用者向政府转移。根据《土地储备管理办法》,下列土地可以纳入土地储备范围:依法收回的国有土地;收购的土地;行使优先购买权取得的土地;已办理农用地专用、土地征收批准手续的土地;其他依法取得的土地。

②土地储存

土地储存是指土地储备机构根据城市总体规划、土地利用总体规划和经济发展的客观需要,对收购和收回的土地进行初步开发,将"生地"变为"熟地"后,将其纳入土地储备库,以备供地之需的行为。根据《关于加强土地储备与融资管理的通知》,进行道路、供水、供电、供气、排水、通信、照明、绿化、土地平整等基础设施建设的,应通过公开招标方式选择工程设计、施工和监理等单位,不得通过下设机构进行工程建设。各地土地储备机构大多委托城投企业进行"三通一平""五通一平""七通一平"等土地一级开发。

③土地出让

土地出让是指对纳入土地储备系统的土地,由土地储备机构根据客观需要和土地供应计划,向市场供应土地的行为。目前,土地使用权的出让主要包括两种方式:一种是以不公开方式进行的协议出让;另一种是以公开方式进行的招标、拍卖或挂牌交易。《土地法》及自然资源部相关的部门规章规定,对于经营性用地必须通过招标、拍卖或挂牌等方式向社会公开出让国有土地。同时,严格限制协议用地范围,确实不用采用"招拍挂"方式的才采用协议方式。故目前我国向土地市场出让土地的主要方式为:招标、拍卖、挂牌。其中,招标出让、拍卖出让、挂牌出让的概念分别为:

招标出让是指市、县政府土地行政主管部门(以下简称"出让人")发布招标公告,邀请特定或者不特定的公民、法人和其他组织参与国有土地使用权投标,根据投标结果确定土地使用者。

拍卖出让是指出让人发布拍卖公告,由竞买人在指定时间、地点进行公开竞价,根据出价结果确定土地使用者。

挂牌出让是指出让人发布挂牌公告,按公告规定的期限将拟出让宗地的交易条件在指定的土地交易场所(或线上)挂牌公布,接受竞买人的报价申请并更新挂牌价格,根据挂牌期限截止时的出价结果确定土地使用者。

从流程上看,出让人发布"招拍挂"公告,意向单位购买招投标文件,经过"招拍挂"的流程后,签订出让协议,公布出让结果,具体见图3—1、图3—2土地"招拍挂"流程。

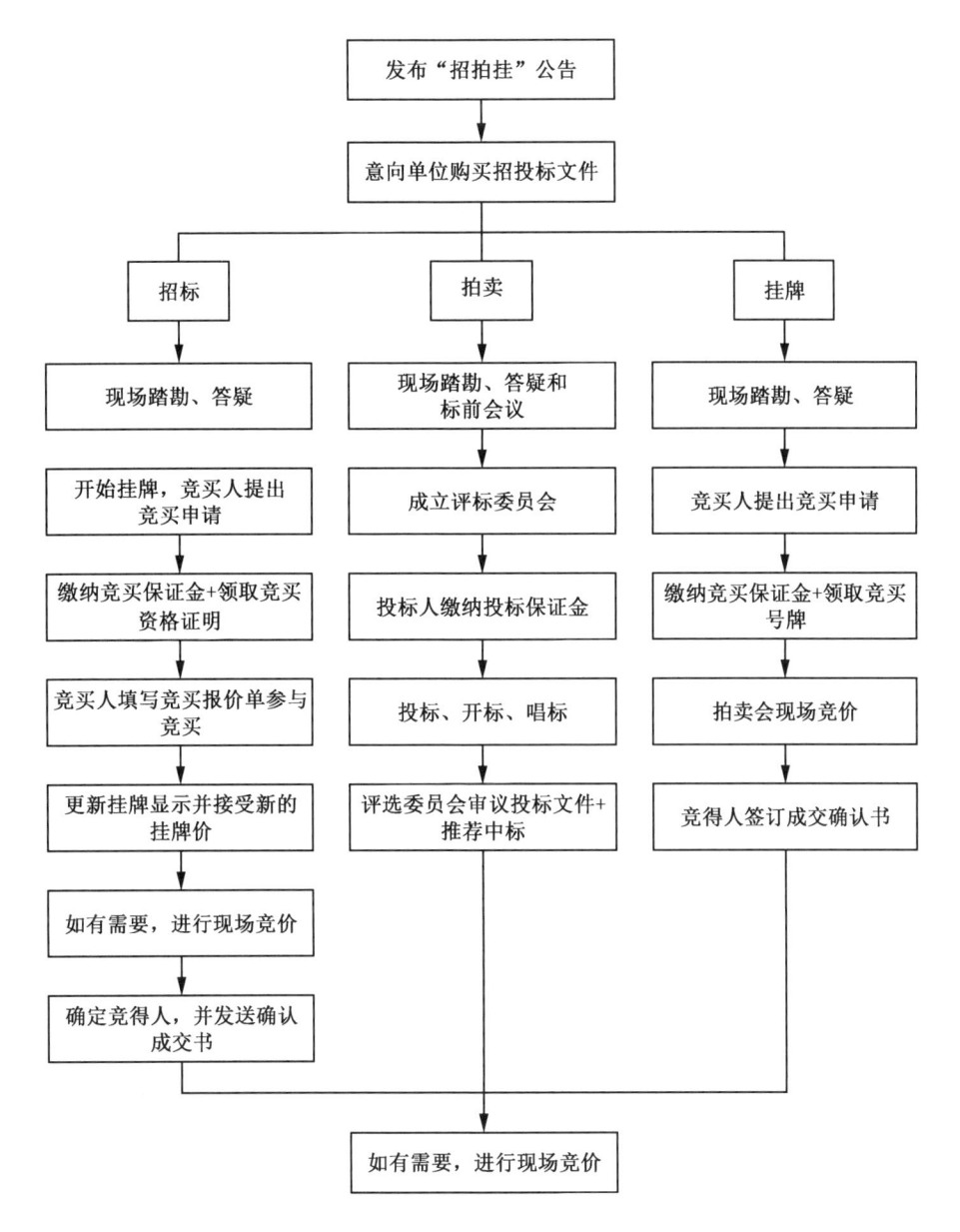

图3—1 土地"招拍挂"流程图

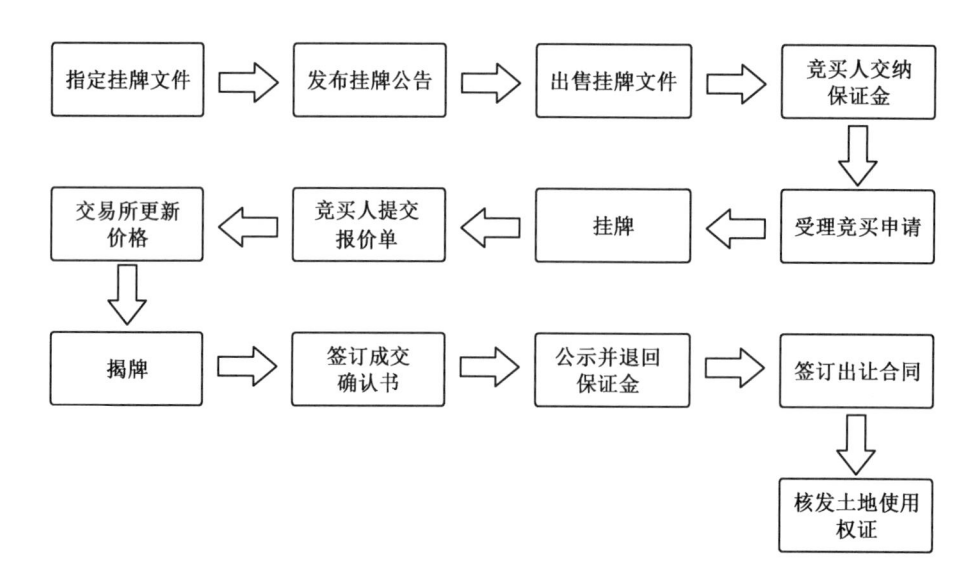

指定挂牌文件 ⇒ 发布挂牌公告 ⇒ 出售挂牌文件 ⇒ 竞买人交纳保证金

交易所更新价格 ⇐ 竞买人提交报价单 ⇐ 挂牌 ⇐ 受理竞买申请

揭牌 ⇒ 签订成交确认书 ⇒ 公示并退回保证金 ⇒ 签订出让合同 ⇒ 核发土地使用权证

图 3-2　土地"招拍挂"的流程

从相关规定看，三者在竞买人、评判标准、公开程度、竞争程度等方面有所不同，具体见表 3-5。

表 3-5　　　　　　　　　　"招拍挂"三者的区别

	招　标	拍　卖	挂　牌
竞买人	必须具备三家或三家以上具有资格的竞买方		没有数量限制
评判标准	"价高者得"和"综合满意度最佳"两种评定标准	"价高者得"	
公开程度	发标方收到各家标书后，必须保密，在约定的统一时间开标、宣读主要内容。在招标中，标书一经投出，不得修改，因此申请方提出价格和其他条件的机会只有一次	竞争各方的出价均被实时或"准实时"地公之于众，且同一竞争者可以多次出价，形成多轮竞价	
竞争程度	温和竞争，既没有各竞买方之间的"短兵相接"，也没有多轮竞争	最具竞争性，竞争的程度随着现场情况而变化较大，竞买方之间具有一定互动性，属于激烈竞争	不定竞争，既可能因竞买者众多而出现多轮竞价甚至转为现场竞价，也可能因只有一家报价而无一"对手"

资料来源：作者整理。

(2)以划拨方式获得土地使用权

①范围

划拨土地使用权的范围：根据《土地管理法》第五十四条规定，建设单位使用国有土地，应当以出让等有偿使用方式取得；但是，下列建设用地，经县级以上人民政府依

法批准,可以以划拨方式取得:

(A)国家机关用地和军事用地;

(B)城市基础设施用地和公益事业用地;

(C)国家重点扶持的能源、交通、水利等基础设施用地;

(D)法律、行政法规规定的其他用地。

以划拨方式取得土地使用权的使用者通常是国家机关、军队、人民团体以及由国家财政部门拨付事业经费的单位等。将国有土地使用权无偿划拨上述单位使用,其目的是实现社会公益事业的需要,具有社会公益性。

②特征

划拨土地使用权无偿取得或只需付较少费用:依《土地管理法》及《城市房地产管理法》的有关规定,划拨土地主要以无偿方式取得,有偿划拨也只需支付少量的土地补偿费和安置补助费,这些费用远比土地使用权出让金少。

划拨土地使用权无使用期限的限制:《城市房地产管理法》第二十三条规定,以划拨方式取得土地使用权的,除法律、行政法规另有规定外,没有使用期限的限制。

划拨土地使用权的转让、出租、抵押依法受到限制:《城镇国有土地使用权出让和转让暂行条例》第四十四条规定:"划拨土地使用权,除本条例第四十五条规定的情况外,不得转让、出租、抵押。"第四十五条规定:"符合下列条件的,经市、县人民政府土地管理部门和房产管理部门的批准,其划拨土地使用权和地上建筑物、其他附着物所有权可以转让、出租、抵押:

(一)土地使用者为公司、企业、其他经济组织和个人;

(二)领有国有土地使用证;

(三)具有地上建筑物、其他附着物的产权证明;

(四)依照本条例第二章的规定签订土地使用权出让合同,向当地市、县人民政府补交土地使用权出让金或者以转让、出租、抵押所获收益抵交土地使用权出让金。"

③城投公司的划拨用地

历史注入的土地方面,在前期地方政府向城投公司以划拨的名义注入大量的土地,划拨用地原则上不能用于抵押贷款。若城投公司要将该土地用于建设或转让,必须按照规定缴纳足额的土地出让金,将土地使用权类型由"划拨"更改为"出让"。

新增的划拨土地方面,按照《土地管理法》《划拨用地名录》《关于制止地方政府违法违规融资行为的通知》等文件要求,以划拨方式注入土地的,必须经过有关部门依法批准并严格用于指定用途,划拨土地主要用于道路、水利等基础设施和公租房、保障房等公益性事业。

城投公司账面上存在的划拨用地需要注意以下两个方面：一是若抵押需要经过严格的审批流程，而且存在抵押借款无法偿付时，划拨用地的变现因土地性质或流程复杂会导致折价的情况，因此在评估划拨用地时要考虑划拨用地的实际可变现价值，看划拨用地入账价值是否存在高估；二是若涉及划拨用地转让，则需变更土地使用权类型并缴纳土地出让金后方可进行，需关注城投公司的现金流情况，判断土地出让金的缴纳是否会影响企业的资金周转等。

4. 房产

对房产来说，地方政府向融资平台注入房产可能出于增加融资平台可抵押资产规模和资产实力的目的，也可能是由于地方政府进行地方国有资产整合的要求。这些房产多数为地方政府历年累积的办公楼、沿街门面等物业资产，位于城区中心位置，能够用于出租从而产生租金收入。因此，注入的房产一方面能够通过抵押融资影响资本结构，在这一点上与土地所发挥的融资功能类似；另一方面能够通过物业租金收入增加融资平台净利润，进而增加未分配利润来影响资本结构。从金融机构角度来看，房产注入对融资平台的影响与土地注入类似，也有可能提升融资平台的资产实力并获得更多金融机构借款。

5. 公益性资产

目前，文件对"公益性"的定义包含以下几种：2010年7月，《关于贯彻国务院关于加强地方政府融资平台公司管理有关问题的通知相关事项的通知》（财预〔2010〕412号）和《关于印发〈地方政府融资平台公司公益性项目债务核算暂行办法〉的通知》（财会〔2010〕22号）中规定"公益性项目"是指为社会公共利益服务、不以营利为目的，且不能或不宜通过市场化方式运作的政府投资项目，如市政道路、公共交通等基础设施项目，以及公共卫生、基础科研、义务教育、保障性安居工程等基本建设项目。《国务院办公厅关于做好全国政府性债务审计工作的通知》（国办发明电〔2013〕20号）中提及"新的举债主体用于公益性项目的债务仅包括用于交通运输（铁路、公路、机场、港口等）、市政建设（地铁、城市道路、公共交通、广场、文体场馆、绿化、污水及垃圾处理等）、保障性住房、土地收储整理等的债务，不包括企业法人和自然人投资完全按市场化方式运营项目形成的债务"，强调公益性项目不能按照市场化方式运营的属性。

除此以外，还陆续有文件提及"公益性资产"概念，发改办财金〔2010〕2881号文中认定"公益性资产"是指主要为社会公共利益服务，且依据国家有关法律法规不得或不宜变现的资产。大部分文件中提及的"公益性资产"包括公立学校、公立医院、公园、事业单位资产等。

整体来看，公益性项目具体涵盖哪些行业目前尚无统一规范，在实际应用中要视情况而定。目前的文件资料都提到属于公益性项目的有：市政道路、公共交通、保障性住房。这些可能是相对稳妥的公益性项目。

自财预〔2012〕463 号文开始，地方政府对融资平台的资产注入就是监管政策重点关注的对象，相关的主要监管要求是不得将储备土地和公益性资产注入融资平台。监管规定出台后，融资平台资产构成中储备土地和公益性资产的比重逐渐下降。

6. 特许经营权及收费权

特许经营权适用范围包括能源、交通运输、水利、环境保护、市政工程等基础设施和公用事业领域的特许经营活动。其中，能源主要包括充电桩、垃圾焚烧发电、生物质能、其他；交通运输主要包括高速公路、一级公路、二级公路、交通枢纽、收费桥梁、轨道交通、航道航运、机场、港口码头、市域内公路客运线路运营权、其他；水利主要包括水库（含灌溉、自来水水源）、城乡引水工程、水利枢纽、其他；环境保护主要包括水环境综合治理、生态环保、碳排放、其他；市政工程主要包括城市供水（含自来水厂及管网）、城市供气（含管网）、城市供热（含管网）、污水处理（含污水处理厂及管网）、垃圾处理、停车场经营权、城市停车位收费权（含市政道路两侧停车位、公园或市政广场周边停车位）、环卫一体化、综合管廊、广告经营权、旅游资源经营权、客运出租汽车运营权、城市公共汽车客运线路运营权以及道路、公园、绿化涉及的特许经营权和收费权。

特许经营方式主要有四种：一是政府授权特许经营者在一定期限内投资新建或改扩建、运营基础设施和公用事业，期限届满移交政府；二是政府授权特许经营者在一定期限内投资新建或改扩建、拥有并运营基础设施和公用事业，期限届满移交政府；三是特许经营者投资新建或改扩建基础设施和公用事业并移交政府后，由政府授予其在一定期限内运营；四是国家规定的其他方式。

四、注资新模式

1. 注入砂石资产

近年河道采砂权拍卖出现恶性竞争导致出让成交价虚高，为收回成本、获得高额利润，采砂企业往往会超时、超范围、超量地开采。另外，非法采砂严重破坏江河湖泊的生态环境。

为了加强河道采砂管理，保护河道生态环境，2017 年 1 月，江西省率先发布《江西省河道采砂管理条例》，明确规定县级以上人民政府可以决定河道砂石资源实行统一经营管理。继江西之后，收回河道开采权、成立国有平台统一开采销售的砂石国有化管理模式已为众多省市接受并进一步推广，如海南、四川、湖北、甘肃、浙江等地均制定了统一管理规定或设立相关管理部门进行统一管理。

砂石作为建筑、道路、桥梁、水利水电等领域的基础材料,在基础设施建设中发挥了重要作用。然而,由于环保限制,河道砂石开采量减少,供求失衡导致砂石价格不断上涨,自 2018 年以来部分地区砂石价格涨幅接近 100%。河道采砂权收归国有,加之砂石价格大涨,使得砂石开采权成为地方政府手中新增的重要有价资源。

目前,湖南、四川、浙江等多地皆存在地方政府将砂石资源注入城投公司的情况。砂石开采权属于未来的收益权,因此政府将其注入城投公司在资产端计入"无形资产",在权益端计入"资本公积",后续由城投公司的下属砂石开采类子公司进行运营管理。通过此种注资,可以快速提升城投公司的资产规模和营业收入,改善现金流,降低债务负担。

表 3—6　　　　　　　　　　不同企业资源注入情况

企业名称	资源注入情况
湖南××公司	2018 年 8 月政府将水域河道砂石开采经营权授予公司,开采期限自 2019 年 1 月 1 日至 2029 年 12 月 31 日,评估价值为 32.01 亿元
遂宁市××公司	2018 年政府划拨采砂权 34.18 亿元
绍兴市××公司	2018 年政府注入砂石资源 8.69 亿元
遂宁市××公司	2019 年政府注入砂石开采权 65.17 亿元

资料来源:作者整理。

2. 返还土地出让金

返还土地出让金即由融资平台与地方政府或其下属部门签订土地委托开发合同,约定由融资平台对区域内土地开展土地征迁、平整、配套设施建设等工作,开发完成后由融资平台移交当地土储部门实现上市出让,土地出让金扣除应缴税费后全部或部分返还融资平台以覆盖建设成本并给予融资平台一定收益,融资平台以返还的土地出让金作为收入。城投公司在土地一级市场上通过"招拍挂"方式购入土地资产并支付土地出让金,土地购置后大多计入"存货"或"无形资产"科目。城投公司在一级市场上购地产生现金流出的同时,政府会通过专项款的形式将部分土地出让金返还至公司,计入"专项应付款"或"资本公积"。政府通过此种方式变相向公司注入土地资产,做大平台规模。土地资产实际上变成城投公司的"融资用地",用于抵押借款。

城投公司在土地一级市场上购得的土地分为生地和熟地两种类型:

(1)城投公司在土地一级市场上"招拍挂"的土地为生地(见图 3—3)

由于相关的法律法规只规定了经营性用地需要通过"招拍挂"的方式获得,而没有规定"招拍挂"中经营性土地的状态(生地或熟地),未明确禁止生地参与"招拍挂",故部分地方的城投公司有了利用政策的余地,在土地一级市场上购买的土地实际上为生

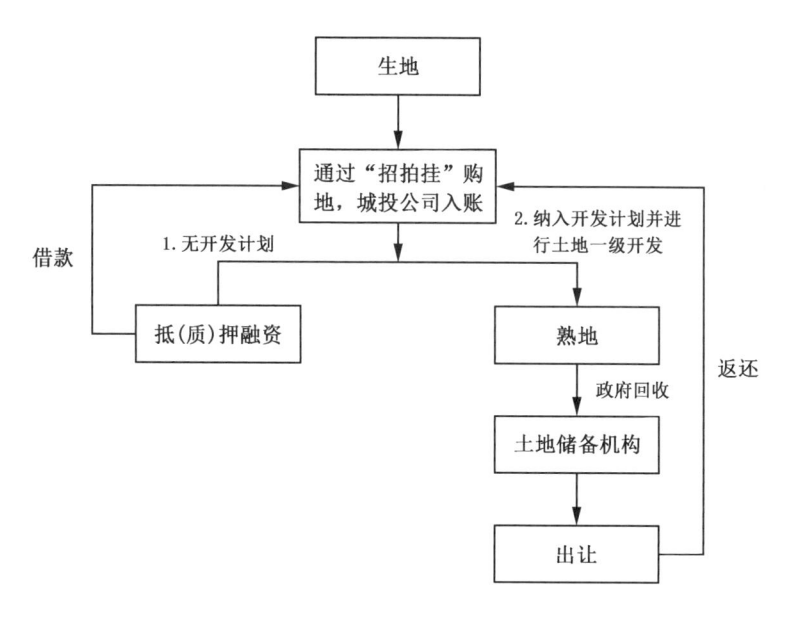

图 3—3　城投公司在土地市场上"招拍挂"的土地为生地

地,并在购地后需对土地进行开发整理再出让,实质上承担了部分土地储备的职能。此外,城投公司在土地一级市场上通过"招拍挂"购入生地,可以获得相关的土地权证,甚至后续能够以该土地进行融资。

(2)城投公司在土地一级市场上"招拍挂"的土地为熟地(见图3—4)

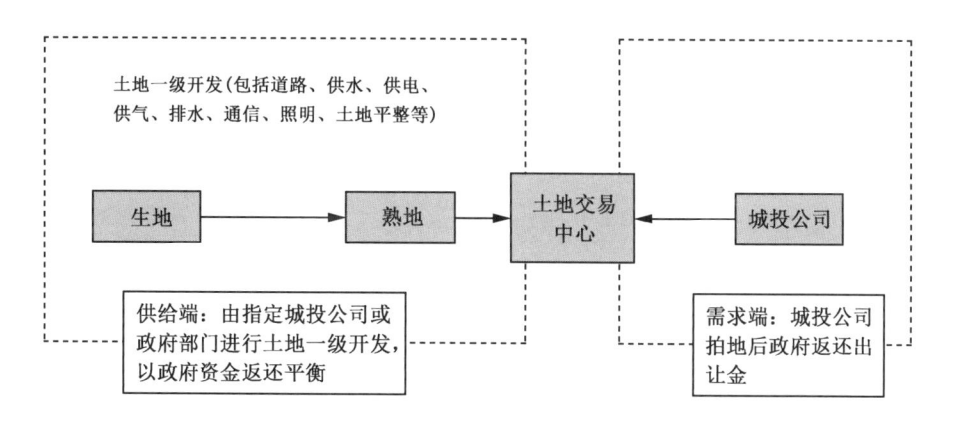

图 3—4　城投公司在土地市场上"招拍挂"的土地为熟地

当城投公司在土地一级市场上购买的土地为熟地时,其在前期已由购地城投公司或其他具有土地一级开发资质的城投公司完成拆迁安置和土地一级开发,可直接用于经营建设。其实,若城投公司以房地产开发等经营活动为目的购地,这种方式可以说是其在土地一级市场上最为标准的购地模式。但在研究中发现,很多地方政府在城投公司购地后会将土地出让金返还,且购得的土地仅为城投公司的融资用地,这种模式的问题在于政府没有对应的财力支撑以补偿土地前期的投资成本。

综合考虑,若城投公司购得的土地为熟地,土地开发整理前期需要大量投资,政府再将土地出让金返还至购地城投公司,难以平衡前期成本。故从政府资金平衡的角度推断,城投公司在土地一级市场上"招拍挂"购得的土地多为生地。

3. 公益性项目不结转成本

城投公司按照政府要求从事区域性基础设施建设、保障房和土地开发等公益性项目的投融资建设,前期政府注入一定比例的资本金,后续大部分建设资金为城投公司融资获得。在项目建设的过程中,城投公司一般将成本计入"存货"科目(部分城投公司也会将建设成本计入"在建工程"科目,但比例相对较小),地方政府会按照项目进度分年度或者于项目竣工后统一结算,在确认收入的同时将"存货"中的成本进行结转。项目建设周期短则几个月,长则若干年。

然而在实际操作中,地方政府对于公益性项目的回款普遍存在滞后现象,甚至部分项目成本一直沉淀而无回款计划。但是与此同时,地方政府可能向城投公司注资,在权益端计入"资本公积"或"实收资本"科目,其中或有部分资金实际应为公益性项目的回款。地方政府存在将本应作为公益性项目回款的资金,以注资的方式注入城投公司的情况,形成的结果就是资产端和权益端规模同时增加,但实际上仍有大量的公益性项目成本沉淀在账上。

通过此类方法注入资产可以快速扩大城投公司的资产和权益规模,从资产负债表上降低其债务负担;同时,城投公司能够以土地进行抵押贷款,满足地方政府的融资需求。但是,从城投公司、地方政府和金融机构的角度出发,该种模式也存在一些需要关注的事项。

第一,对城投公司来说,资产和负债规模同时扩张,政府配置的土地资产能够覆盖部分债务,但需关注资金缺口、利息成本及土地资产变现时间等问题。

城投公司以土地资产抵押借款,投资基础设施建设等公益性业务,公益性业务的资金平衡依赖于政府回购或土地出让收益。如果为政府回购模式,则一般回购周期长且投资和回款期限存在错配;如果以土地出让收益平衡,则其资金平衡期与当地房地产市场景气度有很大关系。随着投资规模不断扩大,城投公司需要新的土地资产以获得融资,导致其账面资产规模和债务规模迅速增长,如此"滚雪球"使得企业实际债务水平攀升。

政府以"招拍挂"后返还土地出让金的形式向城投公司注入土地资产,公司账面上的土地资产会对政府相关债务起到一定的保障作用,但是需要注意:一是政府在将土地出让金返还城投公司时，需扣除相关税费，城投公司实际收到的返还资金要小于缴纳的土地出让金；此外，若城投公司购地后仅将土地用于抵押融资，则其将持续承担购地的资金缺口、利息成本以及抵押融资的利息费用，由此将增加城投公司的实际债务偿付负担。二是受市场景气度、地块位置等因素影响，城投公司账面土地资产的公允价值存在贬值风险。三是账面土地资产多已抵押受限，债务偿还仍然需要靠政府回款或"借新债补旧债"等实际资金流入，考虑到土地流动性一般，变现需要一定处置时间，需关注企业短期资金周转问题。四是城投公司购得的土地均价较高，若为生地，则需关注入账价值高估和难以处置等问题。

第二，对于地方政府来说，将返还的购地收入计入政府性基金会虚增政府财力，资金在政府空转，没有对应的财力支撑以补偿土地前期的投资成本。

在土地储备制度逐步规范、政府向平台公司注资要求日益严格的背景下，地方政府以此方式变相向城投公司注资，用以满足基建和保障房等公益性业务方面的投融资需求，会带来公益性业务债务的激增和政府支出责任的加重。据了解，部分地方政府存在城投公司购置土地收入计入政府财力的做法，其中土地相关税费计入一般公共预算收入，土地出让金计入政府性基金收入，但考虑到政府常将土地出让金返还至企业，该方式会使地方政府综合财力产生水分。在这种模式下，虽然会达到同时增加城投公司账面资产及政府性基金收入的目的，但实际并未形成政府的有效财力。

若城投公司购置的土地为熟地，地方政府实际收入或无法覆盖前期成本。从土地的前期成本覆盖来看，地块的成本中包括拆迁费、安置费、基础设施建设等费用，前期投资成本以土地出让后政府返还的资金来平衡。城投公司在土地一级市场上通过"招拍挂"购得土地，政府再将土地出让金扣除相关税费后返还至城投公司，土地出让金并没有成为政府的真实财力，政府没有对应的财力支撑以补偿土地前期的投资成本。

第三，对于金融机构来说，土地变现周期较长，生地入账价值或存在高估的风险。

城投公司土地资产的抵押贷款率一般为50%—70%，正常情况下，土地资产的价值可以覆盖城投公司的贷款金额，金融机构的风险不大。但是，当城投公司无力偿付债务，金融机构需要对其土地资产进行清算的时候，需考虑土地资产变现时间的问题，尤其是地方土地的出让节奏由当地政府控制，因此金融机构的资金回收周期可能较长。若需要处置的土地为城投公司购置的生地，考虑到一级开发等问题，其处置时间可能会更长，加上入账价值本身可能存在高估的情况，将会给金融机构带来一定的风险。

4. 交叉持股增加少数股东权益

交叉持股是指公司与其他公司之间通过相互投资，持有对方一定比例的股份，相互成为对方股东,进而形成的一种相互支持、相互抑制的公司联合形式,该股权持有方式在一定程度上能够起到稳定公司股权结构、防止恶意并购、提高协同效应、降低成本等作用。

我国法律法规对于交叉持股的限制较少,对于非上市公司之间存在的交叉持股情况,只要不存在如涉嫌虚假出资或抽逃出资等法律瑕疵,都认定为合法的投资关系。

但是,交叉持股确实存在一些问题,譬如会导致资本虚增(即同一笔资金在两个公司之间来回流动,每流动一次就会导致两个公司的资本增加,但实际上两个公司的有效资本并没有增加)、股权结构不清晰、诱发内幕交易和关联交易、易作为操纵股价的工具等。

五、增厚权益行为风险

为限制城投资产"注水"和过度"包装"情况的发生,注入储备地及公益性资产的行为已被充分限制,除了传统的注资方式,城投公司还存在一些新型的增厚权益的模式,甚至存在一些打政策"擦边球"的行为。权益增厚对于城投公司来说固然是好事,可以增强资产实力、降低债务负担,但是在分析该行为时仍然需透过现象看本质,注意注入资产的质量和注资模式风险。

按照资产的变现能力及优质性,将历史上地方政府对城投公司的注入资产类型进行排序。第一类为货币资金,地方政府直接注入的"真金白银"最为优质;第二类为房地产、有价证券和出让地,价值较高且变现能力较强;第三类为划拨地,应用于地方政府指定用途,具有一定的价值,但一般不可变现;第四类为公益性资产,自2010年开始政策法规已明令禁止新增此类资产注入行为,但部分城投公司仍存在该类资产,公益性资产的所有权并不属于城投公司,且不具备变现能力。

具体对上文所述的注入砂石资产、城投公司在土地一级市场上购地且政府返还土地出让金、公益性项目不结转成本、交叉持股四种新型注资方式进行风险分析如下:

第一,注入砂石资产。作为建筑、道路、桥梁、水利水电等领域重要的基础材料,近年来砂石价格大涨,对城投公司来说是优质的经营性资产。通过向城投公司注入砂石资产,地方政府一方面可以增加其经营性业务,助力城投公司的转型发展;另一方面也可以快速提升城投公司的资产规模和营业收入、改善现金流、降低债务负担,后续使其更好地承担融资职能。该方式对于城投公司来说实际上是一种较为优质的注资方式。但仍需注意,一是资产入账价值的合理性,砂石资源的入账价值是由专业的资产评估机构按照资源储备量、开采年限、市场价格等诸多因素综合决定的,分析师可将类似企业进行横向比较,综合判断资产价值是否存在高估的情况;二是入账后或存在抵押贷款的情况,地方政府可能借由注入砂石资源、降低城投公司的债务负担,让其承担更重的融资工作,需关注有息债务变化情况;三是资产价值变化或导致资产减值风险,在当前市场景气度颇高的背景下,砂石资源开采权的价值较高,但是未来砂石资源的市场价格或许会存在波动,当价格回落时,其入账价值是否会调整和调整幅度如何,以及其价值能否覆盖债务,都需要保持关注。

第二,在土地一级市场上购地且政府返还土地出让金。地方政府在"招拍挂"后返还土地出让金,实际上是在监管政策日趋严格的背景下,变相向城投公司注入土地资产。公司账面上的土地资产对公益性项目形成的债务起到一定的保障作用,但是需要注意:一是通过该循环土地资产的净融资额度缩减,主要原因在于政府将土地出让金返还至城投公司时,需扣除相关税费,城投公司实际收到的返还资金要小于缴纳的土地出让金(一般扣除相关税费后,土地出让金返还比例约为75%—80%),城投公司前期购地资金多为负债所得,其后土地抵押融资获得的资金需部分填补前期的资金缺口,实际可用于投融资建设的资金规模缩水。例如,城投公司借款10亿元用于购买土地,政府返还80%的土地出让金,土地资产入账城投公司,其后城投公司将土地抵押借款获得70%的资金,则其所获得的7亿元借款中的2亿元需偿还前期借款,实际可用于投融资建设的资金仅5亿元。二是此类融资用地多为生地,按照土地入账价值来看,或存在入账价值高估和难以处置的问题,若后续城投公司进行土地开发整理,则需要承担相关投资支出。三是对于地方政府来说,将返还的购地收入计入政府性基金会虚增政府财力,资金在政府空转,没有对应的财力支撑用以补偿土地前期的投资成本。

第三,公益性项目不结转成本。地方政府或存在将本应作为公益性项目回款的资金,以注资的方式注入城投公司的情况,形成的结果就是资产端和权益端规模同时增长,但实际上仍有大量的公益性项目成本沉淀在账上。公益性项目的变现方式主要是依赖政府回购,并不能用于抵押,除政府回购外不具备变现能力。该注资模式的分析难点在于,大量的城投公司账面上均存在回款滞后的公益性项目,难以界定尚未回款项目与政府注入货币资金的绝对对应关系。目前,城投公司承建的基建项目多为竣工结算后3—5年内回款,若发现某些项目超出5年仍未回款,而此时存在政府注资的行为,为谨慎起见,可以假定注资资金原本应为公益性项目的回购款,在资产端扣除该项目成本、在权益端剔除对应的注资,以此分析城投公司的总资产及债务负担情况。

第四,交叉持股。通过交叉持股的方式,城投公司资产端和权益端的规模同时增大,但是可能出现资本虚增的情况,即同一笔资金在两个公司之间来回流动,每流动一次就会导致两个公司的资本增加,实际上两个公司的有效资本并没有增加。例如,A、B两家公司各有资本额3 000万元,现在A、B两家公司分别出资1 000万元向对方公司投资,此时两家公司的账面上就有1 000万元的新增资本,但实际上两家公司的资本并无任何实质性增加,所增资本纯系公司原有资本在两家公司的账目上来回转移所致。由于交叉持股的交易情况基本不会披露,故该操作方式隐蔽性较强,较难判断城投公司是否存在类似的情况,在分析时可以适度关注资产端的可供出售金融资产或长期股权投资与权益端的少数股东权益同时大幅增长的情况,并且通过附注明细进一步挖掘信息进行判断。

综上,针对上述四种新型权益增厚模式,可以认为注入砂石资产为最优的方式,其次是变相向城投公司注入土地资产的返还土地出让金模式,接下来为公益性项目不结转成本,最后是交叉持股,其可能并无实际有效资产形成。因此,当出现城投公司权益增厚行为时,不能单纯认为其可以增加资产规模、降低负债率,对城投公司是绝对利好;更需要透过现象看本质,通过对注入资产的质量及注资模式的分析来识别其中存在的风险要素,全面把控信用风险。

第三节 城投公司资产整合分析

"十三五"时期,财预〔2017〕50号、财金〔2018〕23号、《政府投资条例》等政策密集出台,政府投融资体系面临"再平衡"格局,如《国务院关于推进国有资本投资、运营公司改革试点的实施意见》(国发〔2018〕23号)指出"可采用改组和新设两种方式设立国有资本投资、运营公司,根据具体定位和发展需要,通过无偿划转或市场化方式重组整合相关国有资本";《国务院关于印发〈改革国有资本授权经营体制方案〉的通知》(国发〔2019〕9号)提出"通过清理退出一批、重组整合一批、创新发展一批,实现国有资本形态转换"。自2021年以来,为控制隐性债务增长,清理规范地方融资平台公司重新成为政府的重要事项,随着国发〔2021〕5号、银保监发〔2021〕15号等文件的出台,尤其是国发〔2021〕5号文要求"对失去清偿能力的要依法实施破产重整或清算",平台公司整合转型提上日程,具体见表3-7。

表3-7 不同省市资产整合方面的相关文件

省 市	时 间	文 件	主要内容
甘肃	2021年9月	《关于推进市县政府融资平台公司整合升级加快市场化转型发展的指导意见》	通过划分类型、整合资源、注入资产、清理撤销、归并整合、"以市带县"等方式,将现有融资平台公司转型为权属清晰、多元经营、自负盈亏的市场化综合性国有资产运营(集团)公司

续表

省市	时间	文件	主要内容
浙江	2021年6月	《浙江省国资国企改革发展"十四五"规划》	加快平台重组整合,调整优化股权结构,扩大经营性现金流,支持规模较大、能力较强的地方投融资平台公司整合金融牌照,逐步向综合性金融控股集团发展。支持有条件的市县投融资平台加快上市
陕西	2020年10月	《关于加快市县融资平台公司整合升级推动市场化投融资的意见》	采取资源整合、资产注入、清理撤销、整合归并等方式将现有平台公司转型为市场化综合性国有资本运营集团公司。剥离其已形成的政府性债务。除西安市、西咸新区外,原则上市级平台不超过4家,国家级开发区平台不超过3家,省级开发区和县(区)级平台不超过2家
山东	2020年2月	《山东省财政厅等4部门关于推进政府融资平台公司市场化转型发展的意见》	对主要承担公益性项目融资功能、依靠财政性资金偿还债务的空壳类融资平台公司,依法清理注销,对兼有政府融资和公益性项目建设运营职能的复合类融资平台公司,通过兼并重组等方式整合同类业务,推动其转型为公益性事业领域市场化运作的公益类国有企业;对具有相关专业资质、市场竞争性较强、规模较大、管理规范的市场类融资平台公司,支持其转型为商业类国有企业
江西	2020年1月	政府工作报告	落实地方政府隐性债务问责办法,加快地方融资平台转型,每个设区市融资平台不超过3家,县(市、区)融资平台不超过2家
云南	2018年11月	《云南省深化国有企业改革三年行动方案(2018—2020年)》	推动州市、县(市、区)企业整合,促进国有资产向州市投资、运营公司集中;原则上国有资产规模2 000亿元以上的州市,保留不超过8户企业,国有资产规模介于300亿元到2 000亿元之间的州市,保留不超过5户企业,国有资产规模在300亿元以下的州市保留不超过3户企业;县(市、区)不再保留企业,确有必要可保留1户企业
湖南	2018年2月	《中共湖南省委湖南省人民政府关于严控政府性债务增长切实防范债务风险的若干意见》	剥离融资平台公司政府融资职能,根据有无实质性经营活动和市场竞争能力采取注销一批、整合一批、转型一批的方式进行处置,市级控制在3个以内,县级不得超过2个,乡镇一律不得设立融资平台公司,并实行名录管理
重庆	2017年6月	《重庆市人民政府办公厅关于加强融资平台公司管理有关工作的通知》	明确承接政府委托实施基础设施、公用事业、土地开发等公益性项目建设的单位,锁定单位名单,实行目录管理。纳入目录名单的公益性项目建设单位应是具有独立法人资格、实行独立核算的国有单位,每个区县(自治县)确定的公益性项目建设单位最多不超过3家

资料来源:作者整理。

为促进地方政府投融资体制改革、防范债务风险、强化融资管理,各级政府也将整合重组作为平台公司转型发展的重要手段,并在地方性政策中着重体现。各区域文件重点主要是根据不同级别的行政区划对区域平台的数量做出规定,从而推动区域内平台整合;对具有不同业务属性的平台提出转型要求;提出剥离平台政府融资职能,切断政府与平台的新增债务联系等。

地方政府融资平台资产整合方式主要有以行政手段为主的合并重组和以市场化手段为主的出资并购。两者的区别在于,前者更多的是针对当地城投企业或国有企业,后者既可以是当地国企或民企,也可以是跨区域的企业;前者主要采用无偿方式,资产既可以是划入,也可以是划出,后者的出资方式主要是收购对手方,需要支付交易对价,交易对价由市场价格或是双方谈判的价格所决定;前者不存在交易失败的风险,后者则可能遇到最终难以成交的局面;前者更多的是为了整合国有资产,后者有出于响应纾困民营企业政策号召的考虑,也有开展产业投资、实现转型的战略意图。具体见表3—8。

表3—8　　　　　　中央层面关于城投企业整合及转型的主要政策指引文件

时间	文件	主要内容
2021年7月	《银行保险机构进一步做好地方政府隐性债务风险防范化解工作的指导意见》(银保监发〔2021〕15号)	银行保险机构向地方政府相关客户提供融资前应查询财政融资平台公司债务及中长期支出事项监测平台的服务,对于不涉及地方政府隐性债务的客户按照市场化原则,依法合规审慎授信,防止新增地方政府隐性债务
2021年3月	《国务院关于进一步深化预算管理制度改革的意见》(国发〔2021〕5号)	清理规范地方融资平台公司,剥离其政府融资职能,对失去清偿能力的要依法实施破产重整或清算
2019年6月	《关于防范化解融资平台公司到期存量地方政府隐性债务风险的意见》(国办函〔2019〕40号)	强调防范化解存量隐性债务到期风险,坚决遏制隐性债务增量,稳妥化解隐性债务存量
2019年5月	《国务院关于推进国家级经济技术开发区创新提升打造改革开放新高地的意见》(国发〔2019〕11号)	支持地方人民政府对有条件的国家级经开区开发建设主体进行资产重组、股权结构调整优化;积极支持符合条件的国家级经开区开发建设主体申请首次公开发行股票并上市
2019年4月	《国务院关于印发〈改革国有资本授权经营体制方案〉的通知》(国发〔2019〕9号)	通过清理退出一批、重组整合一批、创新发展一批,实现国有资本形态转换
2018年7月	《国务院关于推进国有资本投资、运营公司改革试点的实施意见》(国发〔2018〕23号)	加快推进国有资本投资、运营公司改革试点工作,根据国有资本投资、运营公司的具体定位和发展需要,通过无偿划转或市场化方式重组整合相关国有资本

续表

时间	文件	主要内容
2018年3月	《关于规范金融企业对地方政府和国有企业投融资行为有关问题的通知》(财金〔2018〕23号)	不得要求地方政府违法违规提供担保或承担偿债责任。不得提供债务性资金作为地方建设项目、政府投资基金或政府和社会资本合作(PPP)项目资本金
2017年12月	《财政部关于坚决制止地方政府违法违规举债遏制隐性债务增量情况的报告》	分类推进融资平台公司市场化转型,妥善处理融资平台公司债务和资产,剥离融资平台公司的政府融资职能
2017年5月	《关于进一步规范地方政府举债融资行为的通知》(财预〔2017〕50号)	进一步推动融资平台公司尽快转型为市场化运营的国有企业;地方政府不得将公益性资产、储备土地注入融资平台公司,不得承诺将储备土地预期出让收入作为融资平台公司偿债资金来源

资料来源:作者整理。

一、重组整合

重组整合是指并购重组和资源整合。国有企业并购重组是以获取关键技术、核心资源、知名品牌、市场渠道等为重点开展的,发挥各企业的专业化优势和比较优势,以提高产业集中度,推动质量品牌提升,推进管理、业务、技术、市场、文化和人力资源等方面的协同与融合,集中资源形成合力,减少无序竞争和同质化经营,有效化解相关行业产能过剩。国有企业资源整合分为专业化整合和企业内部资源整合。专业化整合是国有企业在国家产业政策和行业发展规划指导下,通过资产重组、股权合作、资产置换、无偿划转、战略联盟、联合开发等方式,将资源向优势企业和主业企业集中,以减少无序竞争,提升资源配置效率。国有企业内部资源整合是依托资本市场,通过培育注资、业务重组、吸收合并等方式,利用普通股、优先股、定向发行可转换债券等工具,推进专业化整合,增强持续发展能力。压缩企业管理层级,通过清理整合实现投资决策权的相对集中,推进管控模式与组织架构调整、流程再造,构建功能定位明确、责权关系清晰、层级设置合理的管控体系。地方政府投融资平台整合主要有三种方式:一是组成大型综合性投融资平台,这种方式既可以将规模较小、业务分散的投融资平台整合为一个平台公司,又可以另外新成立一个平台公司以整合地方各平台资源;二是根据平台不同的业务类型和功能定位进行整合,将相同或相近业务的平台资源整合,减少业务覆盖重叠度,增强平台定位的准确性,明晰平台业务分工,提高地方投融资平台公司的运营效率;三是推广"以强带弱""以市带县"的整合方式,通过将资质较差的平台吸收合并至地方上资质较好的平台,既可以改善资质较差平台的融资能力,又可以充实资质较好平台的资产规模。鼓励市级平台整合县级平台资源,扩大地方投融资平台资产规模,增进地区平台整体的融资能力。

以行政手段为主的合并重组的主要形式包括地方政府对城投企业资产进行划转、城投企业之间资产互换和城投企业合并成立新平台等。目前,地方政府对城投企业资产进行划转可以是将城投企业整体划转到另一家城投企业旗下,或者是将城投企业部分资产划出或划入其他城投企业。

在资产层面,合并重组通过对资产的划入、划出、置换以及合并出新企业,均会对资产的规模和质量产生直接影响。

1. 政府对城投资产进行划转

(1)股权由政府部门划转到另一家平台

股权由政府部门划转到另一家平台可以初步分为两种情况:第一种是区县级平台股权划转到市级平台,近年来各区域市以及区县均对区域内融资平台以及国有资产进行梳理排查并分类整合,这将融合区域平台资产,从而有助于信用资质上移、降低整体融资成本,并减少无效投资,从而防范债务无序增长,有助于防范化解地方政府债务风险。在此基础上,部分区域市级平台开始吸收合并区县级平台(经济财政实力较强区域的区县自身就比较富足,平台可以自己发债,所以这类划转整合多发生在经济实力偏弱的城市,整合后的市级平台会合并掉一些体量较小的区县级平台),一方面是区县级平台有融资需求但自身融资渠道及能力有限,另一方面市级平台也有做大资产规模的诉求,尽管区县内可能没有太多优质资产,但从区域整体考虑,逐步推进合并区县级主体是一种趋势,市级平台给予其一定担保额度并对其投融资进行整体把控,对于区域发展而言不失为一件好事。

第二种是围绕区域内平台整合中伴随而生的股权划转,这其中或是以已经在资本市场发过债的主体为核心,将其他平台股权划转进来从而打造区域大平台,或是新成立一家平台后将区域内原有的城投平台划入(未来或逐步以新成立的集团公司发债为主,但原有发债主体或仍会保持发债滚续)。在此过程中,既要着重关注整合后核心主体整体信用资质的提升(比如马鞍山慈湖高新和南部产业股权划入江东控股),也需关注股权被划转入的发债主体在此过程中得到资源倾斜或者定位有所调整从而受益带来的投资机会,尤其是本身就处于机构风险偏好边界的主体(比如株洲市湘江投资集团划入株洲城发、湖南天易集团划入株洲高科),当然还要注意其中地位逐步弱化的平台。

(2)股权在城投平台之间划转

股权在城投平台之间划转可以进一步分成两种情况:第一种是平台股权在同一集团体系内划转,即股权被划转的平台由孙公司变为子公司,其股权原本挂在集团公司

(直属政府及其相关部门的平台公司)的子公司上,由于自身战略定位发展、行政管理上有所调整提升,股权直接转至集团公司的一级子公司,这对于整个集团公司而言,信用资质并不会产生很明显的变化,但对于划转后的子公司而言,可以进一步关注其后续定位的变化,尤其是获得区域内优质片区资源或政策倾斜的子公司(即定位为核心发债子公司)。当然也有股权划转的平台由子公司变为另一家核心发债子公司的孙公司,按照同样的逻辑,这种情况下也需要关注其对于各子公司定位的影响(往往核心子公司资质会进一步提升)。

第二种是由于地方政府对于平台的战略发展定位有所调整和侧重,故而将部分负责开发区域内一个小片区或者一个细分领域的小平台在整合规划后形成的几大平台体系内部划转,而这其中便会涉及优质资产的转移,从而带来信用资质的此消彼长(比如株洲高科汽车园由株洲高科划入湖南天易,长兴县永兴建设开发有限公司由长兴交投划入长兴城投),但通常而言,地方政府也会在划转的过程中考虑到各个平台的均衡,即给予被划出资产的平台另外一些资产或资金支持。

(3)股权从城投平台划转到政府部门

在这种情况下,整体大背景是加强区域内国有经营性资产统筹管理、规范城投平台投融资行为、构建国资统一监管格局,将早期股权挂在某一个平台之下,但并未开展实质性管理(早期或是出于便利融资等因素考虑),调整为将股权直接挂到政府相关部门之下直接管理;或者是地方政府对于平台的战略定位规划有所调整,随着核心子公司的发展以及集团公司业务范围越来越大,从而进行的调整和布局,这其中需要关注和防范核心子公司的划出所带来的边际变化。

2. 资产置换

城投企业的资产置换通常采取两家或多家企业之间资产互换的形式。资产置换对企业产生的影响一方面需考虑置换完成后企业总资产、净资产等财务指标的变化情况,同时也需考虑置入资产的质量以及与企业原有业务的协同效应。从资产置换对企业净资产规模的影响来看,若划出资产为企业核心业务,划入资产质量较差,则会对企业营业收入产生负面影响;若划入核心业务,划出低质量资产,则会对企业营业收入产生积极作用,一般不会对公司偿债能力产生不利影响,甚至会优化业务结构,进而提升核心业务竞争力。

例如,城投控股、阳晨B股作为上海城投下的两大上市公司进行合并,城投控股与阳晨B股的全部净资产、经营业务、科研人员以及劳动力进行整合,同时城投控股在环境业务方面接手阳晨B股企业权利与义务事项,最后分拆出上海环境作为一个独立的子公司申请在上海交易所主板上市。

二、资产市场化并购

并购是城投公司实现快速发展的常见资本运作方式之一,通过实施不同的并购战略,可以增强市场影响力,克服新市场进入壁垒和增加多元化经营,从而达到企业业务规模扩张和利润提升的目的。从城投公司当前的发展环境来看,其普遍缺乏有效可持续的经营性资产,因此可通过市场化并购在短期内快速增强企业竞争力。

在并购的筹划过程中,并购方式的选择无疑是并购企业首先要考虑的问题。在企业实际并购活动中,并购企业应根据自身情况,对并购后的财务状况、生产能力及协同效应进行期望分析,并据此合理选择并购方式。企业的并购方式在整个并购重组方案的实施过程中是非常重要的。由于并购活动的复杂性,并购企业在选择并购方式时一定要经过审慎的判断和严密的论证,紧紧围绕核心利益诉求,有取有舍,对自身和对方企业的业绩进行合理评判,选择有利于公司的并购方式。

1. 上市公司并购

城投公司入主上市公司的目的主要分两大类:第一类是城投公司基于营利性考虑,当其与上市公司存在业务关联时,其入主以寻求业务协同;若其与上市公司无业务关联,入主主要是为进行产业投资,优化自身业务结构,实现多元化发展。第二类则是城投公司需要上市公司作为一个股权融资的平台,起到扩大融资却不增加资产负债率的作用。

城投公司完成并购后应当统筹规划,制定完善符合公司发展目标的经营策略,增强企业活力,以达到并购目的,实现并购企业发展战略和产业规划,实现国有资产控股企业的保值增值。

(1)以产业投资为主要并购目的

若城投公司与被入主上市公司间业务关联度较低,城投公司进行并购主要是基于其对上市公司未来前景的看好而入主,企图通过业务拓展实现共同发展。

> 以安徽投控入主长信科技为例,2018年11月,安徽投控利用其以制造业投资为主营业务的子公司——安徽铁路基金,实现对上市公司长信科技的入股(11.81%)。本次收购方安徽投控主营业务为物资销售、棚改安置房销售,被收购方上市公司长信科技主要从事平板显示真空薄膜材料的研发、销售,两者主营业务关联度较低。安徽投控主要基于对长信科技及其所在行业的看好实行本次收购,以期发挥安徽铁路基金的产业优势和资源整合能力,将长信科技打造成安徽铁路基金在先进制造行业的资本运作平台,从而提升投资回报。

若城投公司与被入主上市公司间业务关联度较高,城投公司进行并购主要是基于其对上市公司未来前景的看好而入主,企图通过业务协同实现共同发展。

以潍坊城建入主美晨生态为例,2018年9月,潍坊城建集团以6.201元/股的价格收购上市公司美晨生态10%的股份(截至2019年7月,潍坊城建对美晨生态持股比例达到21.46%)。收购方潍坊城建主要从事土地出让及城建业务,而美晨生态主营业务为园林施工及橡胶制品。潍坊城建本次收购主要目的是看好美晨生态未来发展,基于产业投资及业务协同需求,而非出于转型目的。此次潍坊城建实现入股后,将进一步突出美晨生态双主业经营优势,推动公司成为国内领先的"苗木—设计—施工—运营"一体化全产业链综合开发商,提高上市公司竞争力,推动二者的业务协同。

(2)以借壳上市为主要并购目的

借壳上市是为取得上市公司控制权和进行资产注入,进而改变上市公司主营业务的操作形式。借壳上市有几个特点:首先,借壳上市系由股东推动,而上市公司是被收购的对象;其次,借壳上市的操作目的是获取上市资格,并不太关注原有上市公司业务,若关注也仅仅是局限在净壳剥离难度方面;再次,借壳属于关联交易,大股东与小股东的利益取向不同,即大股东本能地存在对注入资产高估而挤占中小股东权益的商业利益驱动。

在以借壳上市为主要并购目的的情况下,城投公司与壳公司之间通常业务关联性不大,壳公司普遍成长性较弱,城投公司入主意图主要是通过资产置换实现借壳上市,拓宽融资方式、降低融资成本。城投公司借壳上市后,有利于公司经营规模的扩大、融资难度下降,为转型奠定基础。

以邳州经开高溢价入主中新科技为例,邳州经开是园区建设城投,中新科技是国内智能电子产品原始设计与研发制造商,目前处在退市边缘,而控股股东意图撤退。2019年7月底,邳州经开发布公告称,将以1倍左右的溢价入主,主要原因为目前园区城投正处在转型及投资高峰期,拓宽A股融资渠道是当务之急。邳州经开本次并购以盘活存量资产、拓宽融资渠道为主要目的,转型意图不明显。邳州经开若完成借壳上市,将是经开区IPO政策发布后,园区城投借壳上市的第一股。

2. 产业并购

市场化的产业并购也被称为向第三方并购,即通过并购实现公司的成长和股价的上升。与借壳上市不同,市场化并购主要特点有以下几方面:首先,产业并购是以上市公司作为主体来开展的,推动并购的主体不是股东,这一点与借壳上市很不一样,上市公司是作为并购的主体而非并购对象;其次,产业并购是向独立的第三方进行市场化并购,从法律角度而言是非关联交易,即交易条件完全是通过市场化博弈谈出来的,这是产业并购最明显的特点;再次,产业并购具备一定的产业逻辑,比如横向扩张以增加规模和市场占有率,或者上下游拓展延伸产业链,以增强抗风险能力,或者基于研发、客户等进行相关多元化拓展,甚至也出现了非相关利益产业并购以实现业务转型。

城投公司通过产业并购可以更好地利用资本市场,借助外部投资机构的优势,以加快对外投资并购步伐,实现公司产业链向上下游延伸,促进公司战略布局。

以重庆水务集团为例,重庆水务在成功上市后,资产不断壮大,营业总收入呈现上升趋势,净利润增长速度达到67%,供水和排水业务发展逐渐趋向平衡。经过研究,上市后的重庆水务取得良好的经营业绩离不开以产业并购为主的资本运作,具体表现在:多次以股权方式横向并购市内外污水处理厂、供排水厂、水务公司等,提升供排水市场占有率;纵向并购供排水管网类资产,加强厂网一体化建设,布局水务全产业链业务,创新水务发展模式。

三、案例分析

案例:豫资保障房控股棕榈股份

1. 收购背景

豫资保障房牵手棕榈股份,是缘于双方高度一致的企业发展经营理念,有望携手拓展乡村振兴产业。二者的并购是在政府提倡乡村振兴发展的背景下提出的。2017年,党的十九大报告中提出乡村振兴伟大战略,2018年发布《乡村振兴战略规划(2018—2022年)》,乡村振兴政策相继出台。河南省为从外部引入先进经验,振兴本省乡村经济,河南省财政厅控股的豫资保障房在政府支持下,与深耕生态城镇建设多年并成功完成浔龙河项目的棕榈股份并购。此项并购的目的主要有以下两点:一是在未来数年,通过豫资控股、棕榈股份以及浔龙河通力合作,将"浔龙河模式"引入河南省域,因地制宜地把浔龙河自身优势与河南乡村地方特性进行融合,打造河南乡村振兴的新典范;二是发展乡村旅游产业,推动河南省旅游产业高质量发展。

2. 实施路径

豫资保障房和棕榈股份并购采取先股权转让、后表决权委托的方式。城投公司控股并购上市公司的方式一般可以分为股权协议受让、"股权+表决权"受让和间接股权收购。目前,股权协议受让是城投公司的主流并购方式,但"股权+表决权"受让相较于股权收购更灵活。在此次并购案例中,方案第一步:豫资保障房在2019年3月22日和棕榈股份股东吴桂昌、林从孝、吴汉昌、吴建昌及浙江一桐辉瑞股权投资有限公司、国通信托有限责任公司签订了股份转让协议,收购上市公司13.10%的股份。方案第二步:2019年3月27日,豫资保障房和股东吴桂昌、林从孝签署表决权委托协议,吴桂昌将其8.32%、林从孝将其2.46%的股份对应的表决权全部不可撤销地委托给豫资保障房行使。本次委托完成后,豫资保障房成为棕榈股份的控股股东。

3. 经验分析

城投公司与民营上市企业并购,两者的企业文化和经营模式面临融合。豫资保障房和棕榈股份采用优势互补式的融合模式,融合状况良好。在并购完成后,棕榈股份营收较前一年有所增长。

优势互补式的融合模式主要有以下几个要点:第一,在企业管理上,管理团队是新董事长和财务总监融入"老班底",管理制度参照上市公司原有制度执行。因为原有管理团队对于公司更加熟悉,管理制度贴合上市公司的设计,所以豫资控股入主后实行实体和资本明确分工,初步只掌控财务。第二,关于未来业务发展地区,棕榈控股注册地将转至河南,大力发展河南项目,以期利用好豫资保障房在业务发展、技术开发与应用、信息交流、资金等方面的优势地位和资源,为上市公司提供支持。两者相互取长补短、强强联手,目前双方的并购融合较为成功。

四、城投公司资产整合重组方向的探讨

从以下两个维度对整合重组的方向进行简要探讨:其一是从平台内部资质出发考虑资产整合方向,即如何盘活存量资产、获取增量资产;其二是从区域现状及平台地位出发考虑整合方向。

1. 从平台内部资质出发考虑资产整合方向

(1)内部存量资产盘活

对于内部存量资产,如流动资产,可采取应收款项融资、供应链融资等方式;非流动资产主要以出售固定资产、运营特许经营权为主要方向。前者重点在于变现,以土地房屋等资产为主,后者重点在于经营模式的创新,如TOT模式、PPP模式及公募REITs。

如贵州省黔东南苗族侗族自治州凯里市城镇供排水PPP项目,其运作方式为政府将供排水系统的股权转让给社会投资人,合资成立项目公司,赋予特许经营权,收益来自使用者付费和政府购买。在化债方面,合资公司承接与凯里市城镇供水业务相关的债权债务,总计约1.46亿元;存量资产原值为3.14亿元,社会资本方约有1.2亿元股权转让费、承担1.46亿元债务,基本实现存量资产的保值。

此外,随着公募REITs的兴起,其也可成为城投企业盘活存量资产的一种有力工

具。我国公募REITs与国外的REITs不同,底层资产主要是基础设施,原始权益人(即发起人)通过公募REITs完成资产的真实出售并获得资金,投资者通过REITs间接持有底层资产的股权。目前,公募REITs试点行业主要包括交通、能源、生态环保、仓储物流、园区、保障性租赁住房等领域,城投公司业务与公募REITs试点行业契合度较高,因而可以借助公募REITs这一工具盘活存量资产、降低城投资产负债率。

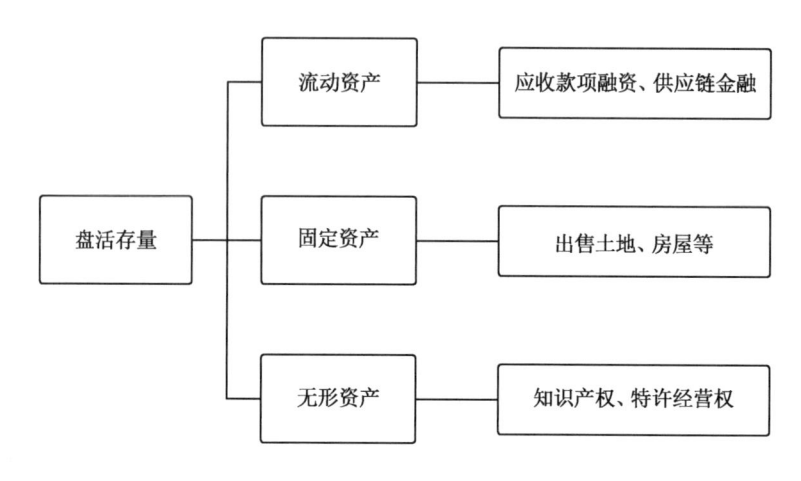

图3-5 存量资产盘活方式

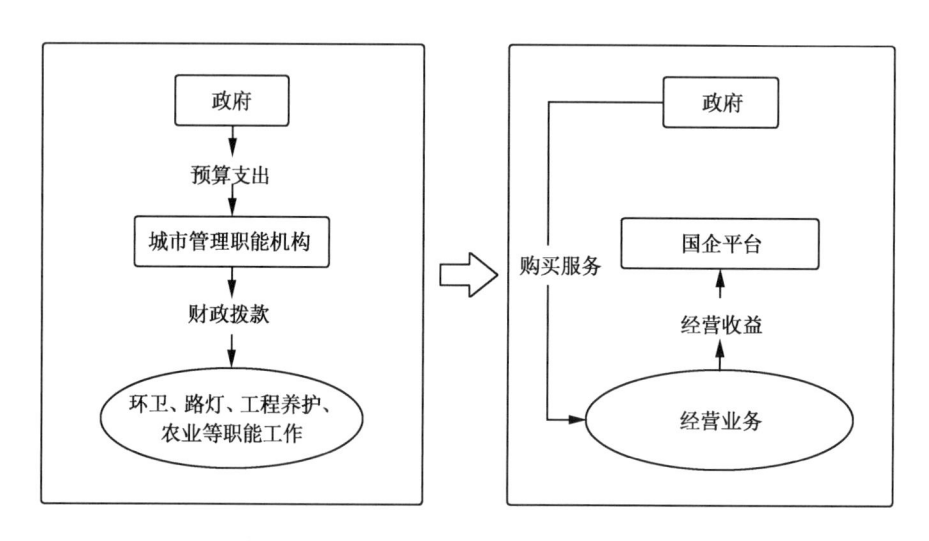

图3-6 政府经营性资产的改造注入

(2)外部增量资产的获取

首先,可采用政府经营性资产的改造注入,即将原来隶属于地方政府的城市管理职能机构所属经营性资产,通过改造后并入城投公司,以市场化主体的身份来参与市场竞争,如杭州萧山区环卫资产改造性注入萧山城投集团:原萧山区生活垃圾清运工作由区城管局、区环卫处和杭州萧山城市固废清洁直运有限公司(萧山城投集团下属子公司)三者共同承担,考虑到萧山城投集团具备较为完善的垃圾一体化处理能力,萧山区政府将区城管局、区环卫处的相关环卫资产无偿划转至杭州萧山城市固废清运有限公司。

其次,可采用外部市场化并购,即增加多元化经营,从而达到平台业务规模扩张和利润提升的目的,如潍坊城投收购上市公司美晨生态:2018年9月,潍坊城投收购美晨生态10%股份,2018年11月再次收购美晨生态11.46%股份,两次收购后潍坊城投持股比例达21.46%,成为美晨生态的控股股东。2019年7月,公司完成了对美晨生态董事会的改组并派驻相关董事,取得了美晨生态的实际控制权,将其纳入合并范围。收购美晨生态后,潍坊城投新增园林绿化和汽车零配件业务(非轮胎橡胶制品),营业收入快速增长,经营性业务增加,但同时也需要关注城投入主上市公司的相关风险。

2. 从区域现状及平台地位出发考虑整合方向

结合目前的城投资产整合现状及案例,以下列举从区域现状及平台地位出发考虑整合方向的几种情形以供参考:

(1)区域核心平台的整合:整合同类资源要素融资平台,合并重组同级融资平台,具体可参考前文中的亳州市等平台整合案例。

(2)国有资产管理类融资平台整合:可采取"1+N"或"2+N"模式,结合国资国企改革,国有资产管理类平台公司可借机转型为国有投资运营公司,也可按业务类型分类整合,打造若干分业经营的平台集团,具体可参考前文中济南市的平台整合案例。

(3)开发区、园区类投融资平台整合:①建立产业园区,成为园区管理公司,通过为园区内企业的服务获得经营性现金流收益;或者与知名地产商合作开发和自主开发相结合,依靠厂房、研发办公楼、商业物业、配套人才公寓等租金收入获取现金流。②股权投资,通过减免租金等方式吸引高新技术等创新创业公司入驻园区,利用园区的优势对这类企业进行股权投资,以后这些企业如果可以IPO上市,城投公司可以实现股权退出,获得收益。

(4)产业结构调整区域融资平台整合升级:山西、河南、辽宁等产业结构调整矛盾较为集中的地区,破产关停、债务重组压力较大的省级平台,可结合当地的新兴产业进行产业投资或市场化兼并重组。

3. 整合关注点探讨

(1)对吸收型整合:伴随着资产的划转,多数情况下往往带来城投资产及收入规模的提升,但资产、收入规模并不与城投自身信用水平形成必然联系。此时,对于被整合吸收的主体的选择非常重要,对拥有稳定现金流和盈利业务、负债规模合理的优质平台进行吸纳是提升信用水平的重要推动因素,而存在较大应收类款项、资产变现能力差的平台的划入,可能会对原有企业信用水平造成负面影响。

(2)对新设型整合:因新设平台主要在原有一个或多个平台基础上搭建而成,整合后短期规模效应凸显,但业务整合和资金归集管理等层面整合压力较大。业务整合层面,对于那些新设整合为综合性国有资本运营主体的城投,其业务运营行业跨度、并表公司数量和管理条线均大幅增加,母公司对子公司主营业务整合与控制能力面临较大挑战。融资与资金层面,对于"1+N"模式,部分新设城投拟通过整合后提升主体资质来降低融资阻力、缓解偿债压力,但若母公司未实现对整个集团资金的统一管理,子公司的资金周转及偿债压力困境反而会传导至母公司。因此,对于"子强母弱"且母公司债务压力较大的企业,除合并层面的经营及财务指标外,更需关注母公司自身的财务情况。

(3)对按业务类型分类重组型整合:重组后城投平台通常面临原有资产构成、业务分工、治理管控的变动,这些变动对信用资质的影响同前述吸收型、新设型整合类似。但重组型城投整合后更应关注外部支持的协调再分配问题。同业归并后,各城投虽然专业化水平提高,但兼并重组后的不同平台与政府关系密切程度、当地财力分配获取能力、可获得政府支持力度不可避免地会出现差异,也进一步影响了重组后平台信用资质和融资能力。

此外,无论哪种模式的城投整合,若流于表层则意义甚微。在并表后的实质整合阶段,投资者需关注母子公司、兄弟公司之间在业务、人员、资金方面的协同效应,如同质业务合并后是否降低了内部消耗,达到了提升收入、降低经营及融资成本的效果。未来能有效借助整合提升自身实力,获取更多政府支持的平台将加速发展,而整合不力、风险管控缺失的企业或面临一定的经营及债务风险,平台信用资质将趋于分化。

第四章

城投公司业务模式类型及方法

第一节 土地整理业务分析

一、土地整理相关概念

1. 土地整理的定义

土地整理是指由政府或其授权委托的企业,对城市国有土地、乡村集体土地进行统一的征地、拆迁、安置、补偿,并进行适当的基础设施建设和市政配套设施建设,使该区域范围内的土地达到"三通一平""五通一平"或"七通一平"的建设条件(熟地),再对熟地进行有偿出让或转让的过程。其中,"一平"为土地自然地貌平整,"九通"为通市政道路、雨水、污水、自来水、天然气、电力、电信、热力及有线电视管线。

土地整理也称"土地整治、土地调整或土地重划",是实施土地利用规划的重要手段。土地整理的概念包含在土地整治内,土地整治是土地开发、土地整理、土地复垦、土地修复的统称。

2. 土地整理的内容

土地整理项目一般包含土地平整,道路、水利和排灌设施建设等工程内容,具体包括:(1)农用地的整理。例如在农村里通过土地平整、地块合并、农田平整、明渠改暗渠、坡地改梯田,使参差不齐的土地经整理后变得井然有序。(2)农村建设用地的整理。例如美丽乡村改造,工矿企业破坏土地的复垦和恢复,废弃农业建设用地的重新利用等。(3)城镇建设用地的整理。包括旧城改造、城镇产业用地置换,以及闲置、低效用地的开发与再开发。(4)大型建设项目用地整理。建设道路、机井、沟渠、山坡防护林等农田和农业配套工程。

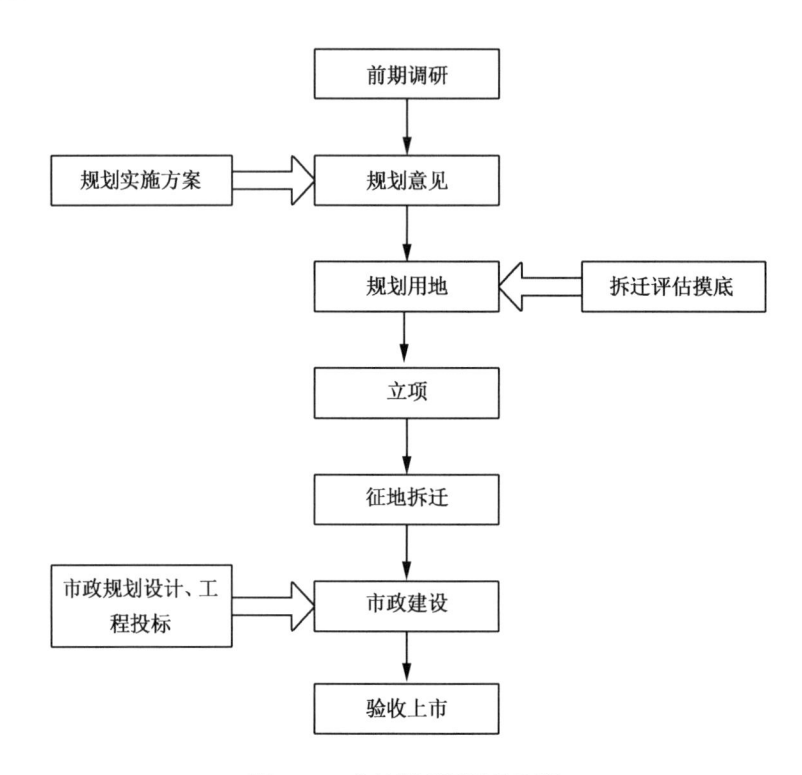

3. 土地整理项目的流程

土地整理项目的流程是指从项目前期调研立项,直到土地上市交易的全过程,简单表示为图4—1。

图4—1 土地整理项目的流程

二、土地整理发展历程

土地融资政策演进主要分为三个阶段:一是土地储备制度的确立(1996—2007年),允许土地储备机构向银行等金融机构借款,部分城投企业实际承担土地储备职能,城投企业以土地融资的大门逐步开启;二是规范土地融资的行为(2010—2013年),厘清城投企业和土地储备机构的关系,同时规范地方政府向城投企业注入资产的方式;三是政策升级(2014年至今),重申地方政府不得将公益性资产、储备土地注入城投企业,明令禁止城投企业从事土地储备工作,并开"正门"允许地方政府发行土地储备专项债券。

1. 第一阶段(1996—2007年):制度初立——土地储备制度确立,开启地方土地融资的大门

1996年，在土地市场存在多头供地、总量失衡、方式不规范等背景下，上海率先在全国建立土地储备制度，开展城市土地储备的探索和实践，上海市土地发展中心作为我国第一家土地储备机构应运而生。

2001年4月，国务院发布《关于加强国有土地资产管理的通知》（国发〔2001〕15号，以下简称"《通知》"），首次提出为增强政府对土地市场的调控能力，有条件的地方政府要对建设用地试行收购储备制度，并禁止以协议方式出让经营性用地，将城市的经营性用地纳入市场轨道。同年6月，原国土资源部为贯彻落实国务院《通知》，下发了《关于整顿和规范土地市场秩序的通知》（国土资发〔2001〕174号），也提出城市政府要对存量土地试行储备收购的要求。

2007年2月，财政部、原国土资源部发布的《土地储备资金财务管理暂行办法》（财综〔2007〕17号）提出，土地储备机构可以按照国家有关规定举借银行贷款及其他金融机构贷款。

2007年11月，原国土资源部、财政部、中国人民银行联合发布的《土地储备管理办法》（国土资发〔2007〕277号，以下简称"《办法》"）是我国第一部规范土地储备工作的全国性法规，其正式发布实施标志着我国土地储备制度初步确立。《办法》一是明确土地储备的含义，即市、县人民政府国土资源管理部门为实现调控土地市场、促进土地资源合理利用的目标，依法取得土地，进行前期开发、储存以备供应土地的行为；二是明确储备工作的实施主体，必须由土地储备机构承担；三是土地储备机构向银行等金融机构申请的贷款应为担保贷款，其中抵押贷款必须具有合法的土地使用证。

2. 第二阶段（2010—2013年）：多管齐下——建立土地储备机构名录，加强对政府资产注入和土地融资的管理

2010年6月，国务院发布《关于加强地方政府融资平台公司管理有关问题的通知》（国发〔2010〕19号，以下简称"19号文"），规定"今后地方政府确需设立融资平台公司的，必须严格依照有关法律法规办理，足额注入资本金，学校、医院、公园等公益性资产不得作为资本注入融资平台公司"。

2012年11月，原国土资源部、财政部、中国人民银行、原银监会联合发布《关于加强土地储备与融资管理的通知》（国土资发〔2012〕162号），加强对土地储备机构及其业务和资金的管理：一是加强土地储备机构管理，将土地储备工作统一归口至国土资源主管部门，并建立土地储备机构名录；二是加强土地储备前期开发管理；三是规范土地储备融资行为，指出列入名录的土地储备机构可以向银行业金融机构贷款，贷款期限最长不超过五年。

前期相关政策出台后，城投企业仍存在资产"注水"和过度"包装"等情况，针对这

一问题,2012年12月,财政部、发改委、中国人民银行、原银监会四部门联合发布了《关于制止地方政府违法违规融资行为的通知》(财预〔2012〕463号),重申"不得将政府办公楼、学校、医院、公园等公益性资产作为资本注入融资平台,地方政府将土地注入融资平台公司必须经过法定的出让或划拨程序,不得将储备土地作为资产注入融资平台公司"。

2013年4月,原银监会发布《关于加强2013年地方政府融资平台贷款风险监管的指导意见》(银监发〔2013〕10号),要求各银行业金融机构遵循"总量控制、分类管理、区别对待、逐步化解"的原则,严格控制平台贷款投向,与土地融资相关的贷款投向为"符合《关于加强土地储备与融资管理的通知》(国土资发〔2012〕162号)要求,已列入国土资源部名录的土地储备机构",就此进一步加强了对土地融资行为的监管和风险控制。

3. 第三阶段(2014年至今):政策升级——疏堵结合,不断规范地方政府土地融资行为

2014年9月,《国务院关于加强地方政府性债务管理的意见》(国发〔2014〕43号,以下简称"43号文")确立了地方政府性债务管理方面"修明渠、堵暗道"的基本原则,明确了地方政府未来举债只能采取发行政府债券的方式。

2016年2月,财政部、原国土资源部、中国人民银行和原银监会四部门联合发布的《关于规范土地储备和资金管理等相关问题的通知》(财综〔2016〕4号)提出:(1)每个县级以上(含县级)法定行政区划原则上只能设置一个土地储备机构,统一隶属于所在行政区划国土资源主管部门管理;(2)土地储备工作只能由纳入名录管理的土地储备机构承担,各类城投公司等其他机构一律不得再从事新增土地储备工作,土地储备机构不得在土地储备职能之外,承担与土地储备职能无关的事务,包括城市基础设施建设、城镇保障性安居工程建设等事务;(3)自2016年1月1日起,各地不得再向银行业金融机构举借土地储备贷款。

2017年5月,财政部、发改委、司法部、中国人民银行、原银监会、证监会六部委发布《关于进一步规范地方政府举债融资行为的通知》(财预〔2017〕50号),再次强调"地方政府不得将公益性资产、储备土地注入融资平台公司",并要求"不得承诺将储备土地预期出让收入作为融资平台公司偿债资金来源"。

2017年5月,财政部、原国土资源部出台了《地方政府土地储备专项债券管理办法(试行)》,旨在完善地方政府专项债券管理,规范土地储备融资行为。2017年6月,财政部发布《关于坚决制止地方以政府购买服务名义违法违规融资的通知》(财预〔2017〕87号),严禁将"储备土地前期开发"作为政府购买服务项目,限制地方政府以

政府购买服务的名义违法违规融资,进一步规范土地储备前期开发的资金来源。

2018年2月,发改委和财政部联合发布《关于进一步增强企业债券服务实体经济能力严格防范地方债务风险的通知》(发改办财金〔2018〕194号),提出申报企业债券的企业"拥有的资产应当质量优良、权属清晰,严禁将公立学校、公立医院等公益性资产及储备土地使用权计入申报企业资产",基本延续了43号文、50号文的精神,约束了与地方政府相关的城投债融资。

2019年5月,财政部、自然资源部印发了《土地储备项目预算管理办法(试行)》(财预〔2019〕89号)(以下简称《办法》),目的在于规范土地储备项目预算管理,健全土地储备专项债券项目控制机制,联通土地储备项目财政资金和专项债预算管理,实现对土地储备领域全生命周期预算管理。《办法》将土地储备项目全流程纳入预算管理,有助于统筹收支、控制发债规模,避免增加地方政府隐性债务。

2020年9月,中共中央办公厅、国务院办公厅印发《关于调整完善土地出让收入使用范围优先支持乡村振兴的意见》,提出"严禁以已有明确用途的土地出让收入作为偿债资金来源发行地方政府专项债券",确保土地出让收入使用的合理性,合理增加地方政府债务规模,避免地方政府债务风险。

表4—1　　　　　　　　　　　　土地整理相关主要政策

年份	文号	文件名称
2001	国发〔2001〕15号	《关于加强国有土地资产管理的通知》
2007	国土资发〔2007〕277号	《土地储备管理办法》
2010	国发〔2010〕19号	《关于加强地方政府融资平台公司管理有关问题的通知》
2012	国土资发〔2012〕162号	《关于加强土地储备与融资管理的通知》
2012	财预〔2012〕463号	《关于制止地方政府违法违规融资行为的通知》
2014	国发〔2014〕43号	《关于加强地方政府性债务管理的意见》
2016	财综〔2016〕4号	《关于规范土地储备和资金管理等相关问题的通知》
2017	财预〔2017〕50号	《关于进一步规范地方政府举债融资行为的通知》
2017	财预〔2017〕62号	《地方政府土地储备专项债券管理办法(试行)》
2017	财预〔2017〕87号	《关于坚决制止地方以政府购买服务名义违法违规融资的通知》
2017	国土资规〔2017〕17号	《土地储备管理办法》
2018	财预〔2018〕28号	《试点发行地方政府棚户区改造专项债券管理办法》
2018	财综〔2018〕8号	《土地储备资金财务管理办法》

资料来源:作者整理。

三、土地市场情况

1. 全国土地市场概况

2017—2020年全国土地成交额保持高增速,成为拉动政府财力增长的重要动力;2021年全国土地成交金额、土地成交单价出现下滑,但规模上仍基本维持上年水平。

2017—2020年,全国分别实现土地成交金额5.23万亿元、6.10万亿元、7.10万亿元和8.32万亿元,土地成交金额连续三年保持16%以上的增速,成为拉动财力增长的重要动力;土地成交单价由2017年的0.09万元/平方米逐年增至0.13万元/平方米。2021年,房企资金压力加大,拿地意愿及拿地能力双双下降,土地市场有所降温,当年全国土地成交金额虽一改过往三年逐年增长的态势,同比下降3%至8.05万亿元,但规模上仍基本维持上年水平;土地成交单价同比下滑8%至0.12万元/平方米,"稳地价"政策效果逐渐显现。2022年一季度受上年一季度高基数(2021年一季度土地市场较为活跃,成交金额显著高于往年)及疫情多点散发等因素影响,全国土地成交宗数、成交金额、成交面积全线同比大幅下滑,一季度实现土地成交额1.00万亿元,相比上年一季度下滑46%。

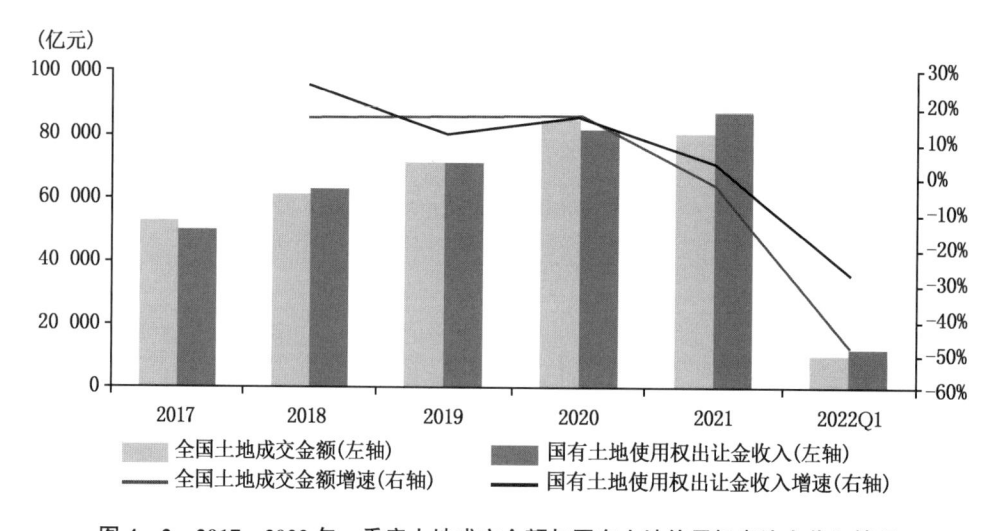

图4—2 2017—2022年一季度土地成交金额与国有土地使用权出让金收入情况

从土地成交金额与国有土地使用权出让金收入对比来看,绝对规模上2017—2022年一季度土地成交金额合计35.80万亿元,国有土地使用权出让金收入合计36.48万亿元,两者差异仅0.68万亿元。变化趋势上近年来两者基本一致,且土地成交金额具有一定的先行指示作用,整体上看,土地成交数据的完整性、准确性较高。各年度土地成交金额与国有土地使用权出让金收入存在一定差异,推测原因主要有以下两点:首先,收付实现制的特点使然。根据2010年3月原国土资源部《关于加强房地产用地供应和监管有关问题的通知》,土地出让成交后,必须在10个工作日内签订出让合同,合同签订后1个月内必须缴纳出让价款50%的首付款,余款要按合同约定及时缴纳,最迟付款时间不得超过1年。各个地方因城施策,一般要求在1个月至1年内缴齐出让金。因此,考虑到国有土地使用权出让金收付实现制的特点,从合同签订至出让金全额入库存在1个月至1年的时滞。其次,受各地政府调控,土地成交金额入库后存在若干增减项,会先后调减国有土地收益基金、农业土地开发资金、教育资金、农田水利建设资金、新增建设用地土地有偿使用费等,调增补缴的土地价款、划拨土地收入等后,方可计入当年国有土地使用权出让金收入。因此,受各地调控的增减项影响,合同成交额和国有土地使用权出让金收入存在差异。

2. 各地土地成交情况

2017—2020年,除北京市、天津市外,各区域土地成交额普遍呈现高速增长,有10个省份4年复合增长率超20%;2021年江苏省、山东省等9个省份土地成交金额呈正增长,其余省份土地成交金额呈不同程度下降。近年来,土地成交资金加速向华东、华南地区倾斜(尤其是以长三角、珠三角地区为主),聚集效应更加显著。

成交金额方面,2017—2020年,除北京市、天津市土地成交金额波动下降外,其余各地土地成交金额普遍呈现高速增长,陕西省、湖南省、吉林省、贵州省、新疆维吾尔自治区、云南省、甘肃省、辽宁省、青海省、内蒙古自治区4年土地成交金额复合增长率超过20%。2021年江苏省、山东省、上海市、湖南省、安徽省、北京市、陕西省、天津市、青海省土地成交金额呈正增长,其中江苏省、北京市、上海市增速超32%,而全国22个省份土地成交金额呈现下降,其中,湖北省、河南省、辽宁省、广东省、福建省、浙江省、甘肃省、重庆市降幅一般,云南省、黑龙江省、宁夏回族自治区土地成交金额降幅居全国前三位。省会城市方面,安徽合肥、山东济南、青海西宁2021年土地成交金额增幅明显,省会城市通常对全省表现有较强的带动作用,对省内国有土地使用权出让金收入能形成良好的支撑;但有20个省会城市2021年土地成交金额呈现下滑,其中吉林长春、云南昆明、江西南昌、山西太原、宁夏银川降幅较大。2022年一季度北京市土地成交金额同比增长10%,贵州省同比增长18%,其余省份土地成交金额同比下滑。

成交单价方面,近年来,上海市、北京市地价显著高于其他省份。2021年,上海市、北京市土地成交单价分别为1.54万元/平方米和1.02万元/平方米,分别为第三位江苏省的4.40倍和2.93倍。2021年,上海市、江苏省土地成交单价涨幅均超过60%,云南省、宁夏回族自治区、甘肃省、海南省、四川省单价降幅较大。上述区域土地成交单价降幅较大主要是因为2021年住宅用地、商服用地(成交单价较高)成交面积

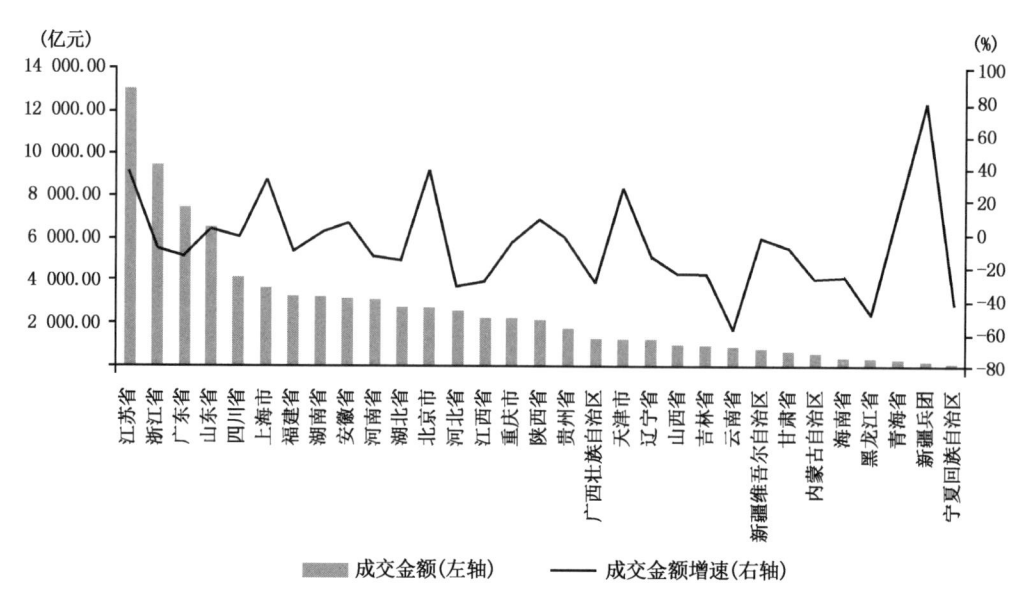

图 4—3　2021 年各地土地成交金额及增速

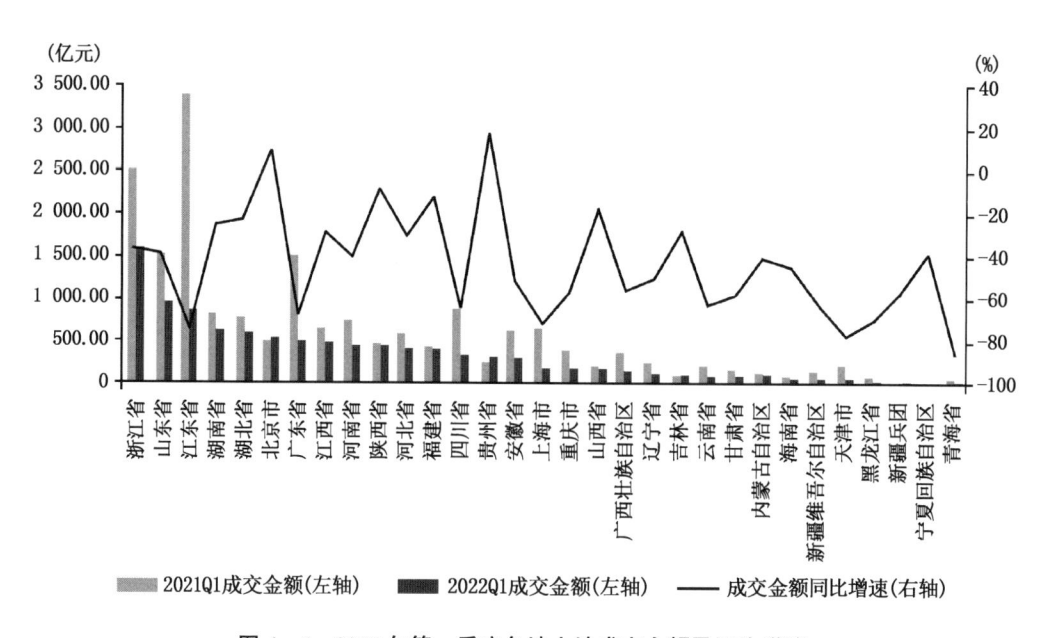

图 4—4　2022 年第一季度各地土地成交金额及同比增速

和成交金额占比显著减少,工矿仓储用地、公共管理与公共服务用地、交通运输用地、水域及水利设施用地成交面积和成交金额占比增加。

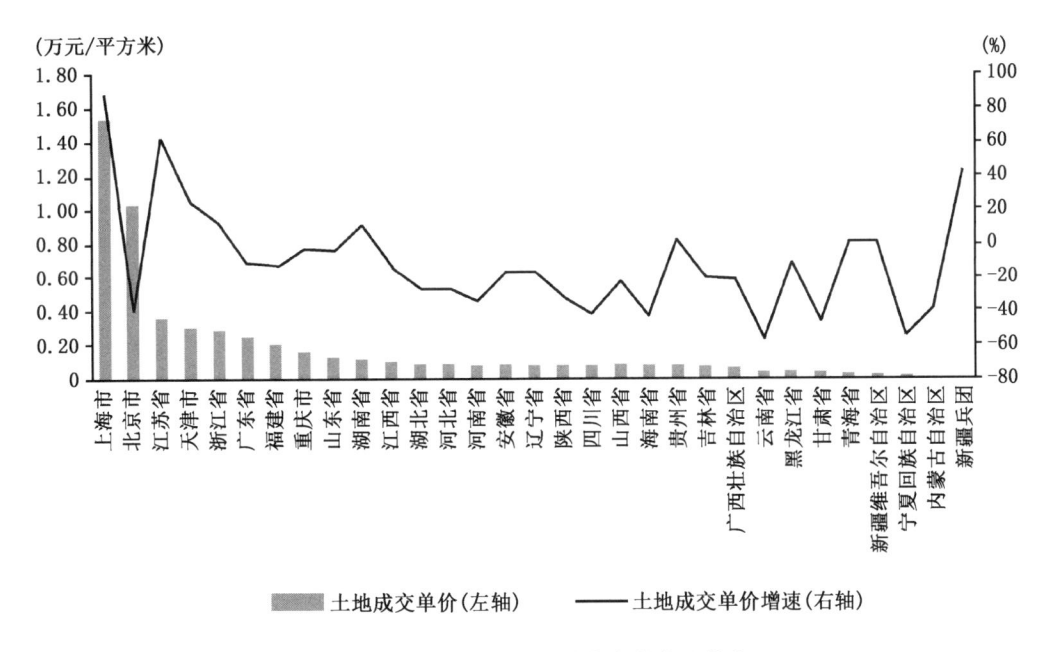

图 4—5　2021 年各地土地成交单价及增速

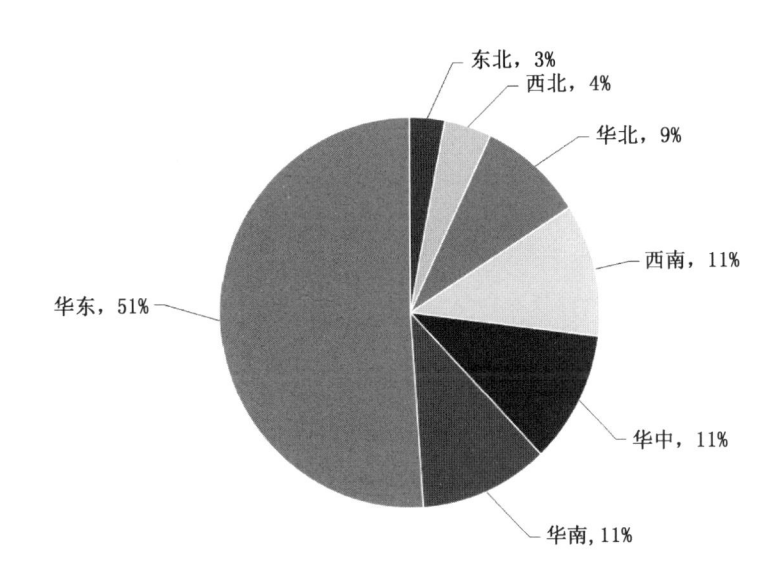

图 4—6　2017—2021 年各地区土地成交金额占比

四、地方政府融资平台获得土地使用权的规范方式

在发展之初,城投企业和地方土地储备机构的职能划分不明确,城投企业实际承担了土地储备的职能,并以储备土地抵押等方式向银行等金融机构融资,土地储备机

构将融资资金以各种名义转移至城投企业。

自2010年以来,监管机构集中出台多项政策法规,厘清城投企业和土地储备机构的关系,禁止城投企业从事土地储备工作,不断规范城投企业获取土地的方式。目前,城投企业获得国有土地使用权的两种规范方式为:一是对于经营性的商业、住宅、工业和综合用地等建设用地,城投企业必须通过市场化方式有偿取得,并及时、足额缴纳土地出让金。二是对于不以营利为目的或非营利性的公租房、保障房和城市基础设施用地等,以及国家重点扶持的能源、交通、水利等基础设施用地,城投企业可以通过政府划拨方式无偿获得土地使用权,但前提是必须经过有关部门依法批准并严格将土地用于指定用途。

1. 以市场化方式有偿获得土地使用权

土地出让是土地供应的一种方式,是指对纳入土地储备系统的土地,由土地储备机构根据客观需要和土地供应计划,向市场供应土地的行为。

目前,土地使用权的出让主要包括两种方式:一种是以不公开方式进行的协议出让;另一种是以公开方式进行的招标、拍卖或挂牌交易。其中,公开出让方式主要包括招标出让、拍卖出让和挂牌出让(简称"招拍挂")。《土地法》及自然资源部相关的部门规章规定,对于经营性用地必须通过招标、拍卖或挂牌等方式向社会公开出让国有土地。同时,严格限制协议用地范围,确实不能采用"招拍挂"方式的才采用协议方式。

以市场化方式取得土地使用权多见于城投企业的经营性项目。此种方式下,城投企业作为市场主体参与国有土地使用权的流转,即城投企业依据市、县人民政府土地行政主管部门发布的公告,参加国有土地使用权投标、竞买或协议出让,缴纳土地出让金后获得土地使用权,计入"存货"或"无形资产"科目。城投企业获取土地使用权后,依据规划开展后续经营性开发,土地出让金计入相关项目总投资。

2. 以划拨方式获得土地使用权

土地使用权以出让等有偿使用方式取得,但是下列建设用地,经县级以上人民政府依法批准,可以以划拨方式取得:(1)国家机关用地和军事用地;(2)城市基础设施用地和公益事业用地;(3)国家重点扶持的能源、交通、水利等基础设施用地;(4)法律、行政法规规定的其他用地。

依据《土地管理法》及《城市房地产管理法》的有关规定,划拨土地主要以无偿方式取得,有偿划拨也只需支付少量的土地补偿费和安置补助费,这些费用远比土地使用权出让金少。《城市房地产管理法》第二十三条规定,以划拨方式取得土地使用权的,除法律、行政法规另有规定外,没有使用期限的限制。同时,《城镇国有土地使用权出让和转让暂行条例》第四十四条规定:"划拨土地使用权,除本条例第四十五条规定的情况外,不得转让、出租、抵押。"以划拨方式取得土地使用权的使用者通常是国家机关、军队、人民团体以及由国家财政部门拨付事业经费的单位等。将国有土地使用权无偿划拨上述单位使用,其目的是满足社会公益事业的需要,具有社会公益性。城投企业作为由地方政府出资成立并承担城市基础设施建设投融资职能的地方国有企业,在发展过程中也通过划拨方式获取了较大规模的土地使用权。目前,城投企业的存量划拨土地使用权主要包括政府历史上注入的划拨土地和因业务发展新增的划拨用地。

历史上注入的划拨土地方面,在前期地方政府向城投企业以划拨的名义注入大量的土地,划拨土地原则上不能用于抵押贷款,若城投企业要将该土地用于建设或转让,必须按照规定补缴足额的土地出让金,将土地使用权类型由"划拨"更改为"出让"。

新增划拨土地方面,按照《土地管理法》《划拨用地名录》《关于制止地方政府违法违规融资行为的通知》等文件要求,以划拨方式获得土地的,必须经过有关部门依法批准并严格用于指定用途,划拨土地主要用于道路、水利等基础设施和公租房、保障房等公益性事业。会计处理方面,城投企业获得政府注入的划拨性质的土地时,通常借方记"存货"或者"投资性房地产"科目,贷方记"资本公积"科目。需要注意的是,城投企业账面上存在的划拨土地,若抵押需要经过严格的审批流程,且划拨用地变现可能会出现因土地性质或流程复杂导致折价的情况,因此在评估划拨用地资产质量时,要考虑划拨用地的实际可变现价值,关注划拨用地入账价值是否存在高估;若涉及划拨用地使用权转让,则需变更土地使用权类型并补缴土地出让金后方可进行,同时,需关注城投企业的现金流情况,判断土地出让金的缴纳是否会影响企业的资金周转等。

五、土地整理业务

1. 土地整理业务的模式

土地整理业务的模式主要有土储机构整理、国资公司整理两种。

(1)土储机构整理模式

土地储备中心负责土地的收储和整理职能。生地、征迁后的土地由土储中心统一收储,整理完成后,可将该批土地向土地管理中心办理储备土地权证。在储备土地出让后,交回原储备土地权证,由受让方办理土地使用权,权利人为受让方。

该模式完全由政府部门控制土地的整理和出让收益,土地的成本、收入均由地方财政口径支出、收回。

(2) 国资公司整理模式

由于土地整理涉及的成本费用较大,地方财力比较弱的区县财政局会一时难以支付大笔资金,在此情况下或将土地整理业务拨给地方国资平台公司来运作。

政府与地方国资平台公司签订委托整理合同,赋予公司对某区域的土地一级开发资质,负责土地的收购、储备、前期开发等业务。政府出具相关的批文将生地出让或划拨给国资平台公司,该公司通过多渠道的融资途径(如发行企业债、公司债、银行贷款、信托贷款)筹集到资金,用于土地平整和征迁工作。待整理完后,有两种处理方式:一种为与房地产商等企业签订国有建设用地使用权出让合同,获得土地整理收入,其中的20%或更高比例支付给财政部门作为管理费用;另一种为平台公司与政府签订回购协议,由政府利用财政资金购买平台公司整理完的土地,政府回购土地后,出让给房地产商等企业获得财政收入。

平台公司按照市场化运作模式,充分发挥公司融资的特性,收入分别进入国资平台公司和财政部门。

2. 土地整理业务的一般流程

根据土地整理业务的两种模式,即土储机构整理模式和国资平台公司整理模式,可分为以下两个流程:

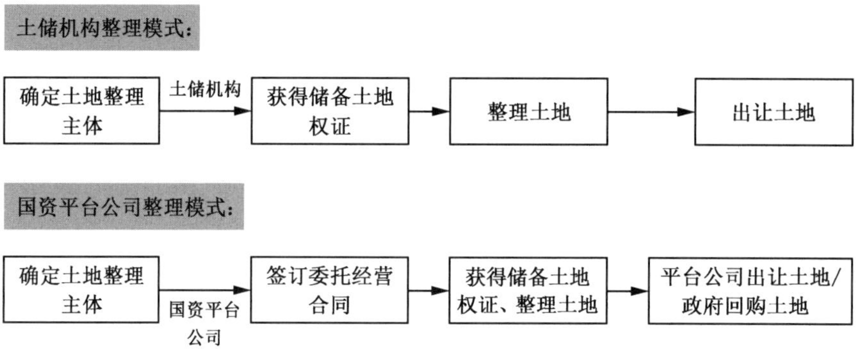

土储机构整理模式:
确定土地整理主体 →(土储机构)→ 获得储备土地权证 → 整理土地 → 出让土地

国资平台公司整理模式:
确定土地整理主体 →(国资平台公司)→ 签订委托经营合同 → 获得储备土地权证、整理土地 → 平台公司出让土地/政府回购土地

图4-7 土地整理业务的流程

土地整理的一般流程是:基础调查和资料收集→系统分析→编制土地整理规划→论证规划方案→筹集整理资金→实施整理规划方案。

此过程在城市更新中对应的流程是:基础数据调查→基础数据公示、核查→片区策划方案及实施方案初稿编制→三评、控规调整方案审议→项目挂网竞拍(合作企业)→实施方案及批复生效实施。具体见表4-2。

表 4—2 土地整理的流程

流　程	解　释	对应工作
基础调查和资料收集	对整理区域内的自然和社会经济条件、国民经济和社会发展规划与计划、规划土地利用目标、土地利用现状、中低产田的制约因素、生态环境特征,以及土地产权状况等进行调查,并收集相关资料。	意愿摸查、基础数据调查
系统分析	对收集的各类信息进行汇总分类,去伪存真、去粗取精,分析土地利用存在的问题,提出土地整理任务,进行资金需求预测,设计技术途径等。	基础数据核查、片区策划方案编制及实施方案初稿编制
编制土地整理规划	根据土地利用总体规划和系统分析结果,确定土地整理应实现的目标,安排土地整理内容,拟订整理技术方案、产权调整和权益分配方案,提出方案实施措施。	对拆补方案等进行探讨
论证规划方案	广泛征求有关部门的领导、专家和群众的意见,对编制方案的依据、目标、任务进行评价,对整理内容、整理途径、产权调整和权益分配方式进行研究,对方案实施的经济效益、生态效益、社会效益进行论证,以保证规划方案具有较强的科学性和可操作性。	项目实施方案报审,拆迁补偿、建设、资金计划等方案编制
筹集整理资金	根据土地整理资金需求预测,通过多种途径筹集所需资金。	合作企业招标、融资区出让融资等
实施整理规划方案	县、乡(镇)人民政府根据论证通过的土地整理规划方案,对整理区域进行综合整治。	实施方案及批复生效实施(场地平整、开发建设等)

3. 土地整理业务的运作方式

(1)政府采购

政府采购的方式,就是城投公司既可单独也可联合其他社会资本作为承接主体,与政府签订采购合同,提供土地整理服务,待土地开发整理工作完成后获得固定报酬。同时,城投公司通过与社会资本组建混合所有制公司,在运作效率、融资和成本控制等方面可获得支持。

(2)二级联动开发

城投公司可通过土地整理参与建设市政基础设施;或通过帮助政府代建一级开发,获得无偿或低价开发部分土地的权利;还可通过几家项目公司全额拿下土地,在进行土地整理的同时,加大优质土地资源的储备,逐步涉足土地二级开发,分享项目二级开发高额利润,实施土地一二级联动。但土地市场受供求情况和土地储备政策以及政府规划等因素的影响,未来的土地开发整理业务具有一定的不确定性。

4. 土地整理业务的财务处理

土地征收涉及的费用有国土收费(开垦费、征地管理费、地测费、新增建设有偿费)、征地成本(土地补偿费、人员安置费)等。拆迁安置涉及的费用主要有房屋毁损赔偿费、青苗费、场地平整费等。针对国资平台公司整理模式,会计处理如下(对于土储机构整理模式,资金的进出均是由财政部门管理,不做讨论):

一是公司取得土地资产:

(1)政府划拨土地给平台公司

　　借:存货——土地

　　　　贷:实收资本

　　　　　　资本公积——资本溢价

(2)政府出让土地给平台公司

　　借:存货——受让土地

　　　　贷:银行存款/应付账款

二是公司整理土地:

征收成本、拆迁安置成本等计入土地整理成本。

　　借:存货——土地——征收费/拆迁安置费

　　　　贷:银行存款/应付账款

三是公司转让土地资产:

(1)政府回购土地确认收入

　　借:银行存款/应收账款——财政

　　　　贷:主营业务收入——出售土地

　　借:主营业务成本

　　　　贷:出资土地

(2)出让给房地产商等企业确认收入

　　借:银行存款/应收账款——土地整理

　　　　贷:主营业务收入——出售土地

　　借:主营业务成本

　　　　贷:存货——受让土地

实践中,有国资平台公司的会计处理方式为:借记"应收账款——土地整理",贷记"主营业务收入——出售土地";同时,借记"主营业务成本"。但是,该处理方式明显有问题,因为结转存货才能进入主营业务成本。于是,进行土地整理业务收入的穿行测试,成本与收入的现金流出、流入未过企业账面,不能确认收入,通过与管理层沟通,发现该业务是虚构的。

六、土地整理业务存在的问题

1. 土地整理制度不健全

随着土地资源开发利用节奏加快,土地整理相关制度还不够完善。从土地整理模式之一的土地资源补偿模式来讲,对于政府而言,可减轻财政负担,保证项目发展方向,享受土地增值收益;对于开发商而言,可获得优质土地实现联动开发,从中获取更多的收益。在现行的土地管理制度下,并没有明确指出可以采取该模式,政府将土地直接补偿给土地整理一级开发商,绕开了"招拍挂"竞争,很可能违反土地管理的合规性,造成对土地资源具体操作无法落实。但利润分成模式可以充分调动开发商的积极性,使其深度参与土地经营,挖掘土地的潜在价值。该模式约定政府将土地出让金扣除土地开发成本后的收益与土地一级开发商分成。在实践中,有时会出现土地开发成本高于政府收到的土地出让金的情况,此时政府一般会承诺开发商一定的保本收益,这种行为明显与土地出让金收支两条线的管理制度相违背。

2. 土地整理资金短缺

土地整理需要大量的资金作为支撑,土地储备机构在进行土地整理时经常抵押土地向银行等金融机构贷款。国发〔2014〕43号文坚决制止违法违规出让土地及融资行为,还提出"有一定收益的公益性事业发展确需政府举借债务的,由地方政府通过发行专项债券融资,以对应的政府性基金或专项收入偿还",这奠定了土地储备专项债券发行的基础。之后的《关于规范土地储备和资金管理等相关问题的通知》(财综〔2016〕4号)指出,"自2016年1月1日起,各地不得向银行业金融机构举借土地储备贷款,新增土地储备所需的资金严格按照规定纳入政府性基金预算之中,土地储备资金来源是土地出让收入、国有土地收益基金、其他财政批准资金以及发行地方政府债券",切断银行贷款这条融资渠道对土地储备机构的职能及融资方式都产生了极大的影响。财综〔2018〕8号文再次明确了土地储备资金的筹集渠道,强调土地储备资金由土地储备机构使用支配,指出土地储备资金使用范围包括:征收、收购、优先购买或收回土地费用,前期土地开发费用,存量贷款本金及利息支出,以及财政部批准的其他与土地储备相关的费用,且强化了土地储备资金的管理,实行"专款专用"。土地储备资金管理进一步得到规范,但同时,除了财政部提供的土地储备相关资金,发行地方政府债券成了唯一的筹集土地储备资金的渠道。

3. 土地整理重数量、轻质量

我国人口众多、人均耕地少,在土地整理初期,为保障粮食安全,增加耕地面积就成为首要目的。而新增耕地的质量却没有引起足够的重视,导致部分地区在开展土地整理工作时,盲目上项目,求大、求多,以致新增耕地肥力较差,土壤养分含量下降,熟化程度低,保水保肥能力减弱。有的甚至为了增加投资规模,把以前整理过或是改造过的耕地作为新的整理对象,由此造成的重复建设,既浪费资源,也破坏了土壤和植被。

七、土地整理业务的未来发展趋势

一是通过土地整理来支撑产业基础设施的建设,培育地方产业发展,未来土地整理的开展要注重前瞻性、要着眼长远,注意保护生态环境,努力实现土地数量、质量与生态环境三者的协调统一发展。改变以往土地整理单纯地追求耕地数量的做法,将土地整理向多目标的综合治理转变。

二是通过低效用地再开发,实现土地效益的升值,持续支撑财政收入。要因地制宜地对土地整理中采用的工程、生物等措施,对田、水、路、林、村开展综合整治,增加有效耕地面积,提高土地质量和利用效率,改善生产、生活条件和生态环境等活动进行统筹规划,并且与城乡建设规划、新农村建设规划相衔接,避免土地整理区"建了占,占了建",防止重复建设,减少资金财力浪费的现象发生。

三是通过土地的整理与盘活,改善城市生态文明与居住环境,实现区域价值的整体提升,促进工商业、消费业的营收能力,壮大地方财政税源与收入途径。

四是加快土地整理立法,使土地整理有法可依。由于土地整理是一项影响面很广的社会经济活动,牵涉到的利益较多,急需建立一套严格的法律法规体系来规范这一行为,规范和约束参与这项活动的不同利益群体的行为。今后的土地整理,要充分吸收国外先进经验,立足现实、着眼未来,尽快制定适合我国国情的土地整理相关法律法规,使土地整理工作有法可依,将土地整理工作逐步推上法制化、规范化的轨道。

因此,未来地方财政的路径将从单纯的土地—财政收入转向土地—产业—财政收入,结合未来的税收制度改革与财产税开征,逐渐构建一个更可持续发展的财政体系,并将地方产业作为地方金融发展的基石。

第二节 委托代建业务分析

一、委托代建相关概念

1. 委托代建的定义

委托代建是指政府作为业主单位,依法通过招投标的方式,选择社会专业化的项目管理单位，负责项目的投资管理和建设施工工作，项目建成后交付给使用单位，政府支付给代建单位一定管理费用的制度。

委托代建一般用于政府直接投资项目、非经营性项目，城投公司不是项目业主，只是受政府委托办理项目手续、进行工程招投标和工程管理的单位。城投公司自身不需要有施工队伍和施工资质，需由城投公司经过招投标公开选择具有资质和能力的施工方。

委托代建资金来自政府的建设资金，一般为财政预算资金，含政府发债筹集的资金。委托代建制下的政府投资项目，本应先落实预算资金再开工建设，但历史上，由于地方政府多采用延期付款、城投融资、企业垫资等方式实施项目，故委托代建有时也异化成了融资模式，近年来，先后异化成BT，包装成政府购买服务、PPP、F+EPC用于融资。

2. 委托代建的要素

具体来看，一个完整的委托代建项目主要包括以下几个关键要素：

(1)委托人：地方政府(多为当地财政局、交通运输局等)。

(2)代建人：城投公司。

(3)组织实施模式：多为建设—转让(BT)。

(4)项目投资资金(前期投入)来源：多由代建人负责筹措，委托人负责提供必要支持。

(5)委托代建资金(后期支付)来源：土地出让收入、上级补助、委托人预算安排的各项资金。

(6)委托人的义务：一是获得实施工程所必要的管理、法律等方面的同意、批准、授权、投资鼓励等；二是为代建人在项目建设过程中的融资提供必要的手续；三是协助代建人实施项目工程，对工程的设计、建设、运营和维护进行检查、监督；四是项目竣工验收合格之后，指定有资质的审计机构对代建人提交的决算文件进行审计，并保证以合法合规的方式完成委托代建资金的支付；五是同意代建人以其合法享有的对委托人的应收账款进行质押融资，并配合代建人和贷款银行办理质押登记手续。

(7)代建人的义务：一是协助委托人做好项目总体方案设计和项目总体预算，按照委托人确认的规划设计实施；二是根据有关法律规定，对项目的设计、施工、监理等进行公开招标并与中标方签订合同，监督合同的履行；三是严格按照项目批复中关于项目建设规模、建设内容、建设标准、总投资额、完工日期等要求实施建设；四是负责项目的筹融资及偿还，保证项目资金需求和按时还本付息；五是项目建设期内接受委托人的监督、指导，并以书面形式向委托人提供项目建设情况与资金安排情况的说明；六是建立完整的项目建设档案，在项目完成后将工程档案、财务档案及相关资料移交给委托人;七是项目竣工验收合格后,向委托人提交决算文件,并在规定的时间内向委托人办理项目移交手续;八是在项目的使用年限内,对建设工程质量负责,并同意委托人留存一定数额或一定比例的质量保证金。

3. 城投公司在委托代建业务中的角色

结合以上委托代建项目的七大要素和实践中的诸多案例可知,多数情况下城投公司在项目中所承担的角色主要包括以下三个:

一是作为项目的融资方,负责投资建设过程中所需资金的筹措及拨付,并确保每笔债务资金的按时到期偿还或及时展期续作。

二是作为项目的管理者,设计、施工、监理等各环节都由其进行招标、合同签订、过程管理并对结果负责,同时要建立完整的工程档案、财务档案,以备委托人核验,总之要对项目的质量、安全、进度、费用、合同、信息等进行全面管控。

三是作为项目的建设主体,通过与委托方签订特许权协议或通过由其设立的项目公司取得实施回购之前的项目所有权,依法享有建设单位的权利并履行建设单位的义务,比如以自身名义而非委托方名义进行项目建设手续的申报,在取得项目不动产的物权后按约将其移交给委托方等。

通常来看,城投公司至少会承担项目融资方和管理者的双重角色,这种情况下的工程结算价款为"投资总额+项目管理费";有些情况下,城投公司在和政府签署委托代建协议时,还会额外签订特许权协议,直接或通过项目公司间接取得实施回购之前的项目所有权,城投公司从而承担了项目融资方、管理者和建设主体的三重角色,这种情况下的工程结算价款也为"投资总额+项目管理费"。此外,城投公司还可能仅作为项目的管理者,不负责投资所需资金的筹措,故而也不直接负责建设期间的资金拨付,而是待收到地方政府对其拨付的相关款项后再转付给第三方公司(包括设计、施工、监理等),这种"代建制"模式下的工程结算价款为"项目管理费"。多数情况下,项目管理费以"投资总额×加成比例"来确定金额并进行结算,实践中也有少数直接在协议中约定以固定金额进行结算的情况。

由以上可分析出,委托代建业务实际上可能是比较标准的 BT 模式("融资方+管理者+建设主体"),也可能是非典型意义上的 BT 模式("融资方+管理者"),还可能是项目代建制("管理者")。

二、委托代建发展历程

1. 起源

从立法背景来看,代建制起源于《国务院关于投资体制改革的决定》(国发〔2004〕

20号),"对非经营性政府投资项目加快推行'代建制',即通过招标等方式,选择专业化的项目管理单位负责建设实施,严格控制项目投资、质量和工期,竣工验收后移交给使用单位"。

政府投资项目代建制的提出背景是,在此之前政府投资项目主要为施工总承包、工程总承包模式,政府部门大多缺乏工程专业化管理的经验,"三超"现象严重,为有效控制投资、确保工程质量、转变政府职能,故推行代建制。

2. 本质

以北京市2004年出台的《北京市政府投资建设项目代建制管理办法(试行)》为例,政府投资代建项目的代建单位应通过招标确定,代建单位的主要职责包括:编制项目可行性研究报告及初步设计文件;组织开展勘察、设计、施工、监理、主要设备材料采购招标工作;相关合规性文件报批;报送项目用款报告、工程进度和资金使用情况;组织验收、竣工决算、资产移交等。项目建设资金由建设实施代建单位负责管理。从资金拨付上看,"市发改委根据国家和市政府有关规定,批准项目正式年度投资计划,并根据项目具体进展情况,实施按进度拨款"。

可以看出,代建制下的政府投资项目仍然秉持着政府出钱、企业来建,在当期财力可支配的条件下进行建设的初心。代建制的顶层设计思路是一种委托管理服务,在多数地方政府的公共服务采购目录中可见,工程服务类一般都列举了"公共工程规划、可行性研究报告草拟辅助性工作、安全监管辅助性工作、概(预)算结(决)算审核工作、工程评价以及其他政府委托的公共工程管理服务"。因此,可以将代建理解为公共工程服务的一种,是符合政府购买服务内涵的。

3. 异化

从基建项目的资金来源来看,"长折旧摊销+大资金消耗"本应匹配多年的折现资金作为资金来源,但政府作为基建项目的大包大揽者,在没有稳定的资金来源的情况下,通过委托代建等方式做融资、透支未来财力就成为一种难以避免的做法。

初始的委托代建模式(即政府出钱、企业来建)在财力可支配的条件下不会产生大量债务。后来政府开始要求企业垫资,垫资的时间也越来越长,逐渐变成了"代建+垫资"模式。再之后政府又希望企业具备融资功能,就变成了融资代建模式,即典型的BT模式("建设—移交"模式)

综上可知,通常我们所熟知的"委托代建"是一种较为笼统的说法,实际上可能是BT模式(代建方同时承担融资方、管理者、建设者职责,有时只承担前两项职责),还可能是项目代建制(代建方仅承担管理者职责),主要区别在于代建企业是否承担融资职责,即项目建设资金是按进度支付,还是通过逐年回购的方式延期支付。

4. 泛滥

伴随着从2008年起政府投资大举兴起，大规模的基建投融资拉开历史序幕，BT模式在2010年进入高峰期，在"3+2"的回购期下，2013年进入回购高峰期，对政府财政产生了巨大的压力，有的地方就通过拉长BT回购期限的方式变成BOT（即"建设－经营－转让"模式）。新的业务模式在不断摸索中，PPP、地方债均有额度和程序上的限制，地方融资平台又遭清理，几方挤压之下，从2015年下半年开始，拉长版的"BT包装"在政府购买服务下频频登场，并大行其道，初步估算全国已形成数万亿元的规模。

从2017年起，随着政府购买服务负面清单的出台，又有部分BT被包装成PPP再度登场。2019年，随着工程总承包模式的推广，部分BT化身为F＋EPC模式，这一模式中的F，清楚地说明了其融资性质。

5. 封堵

委托代建模式演变成了不合法、不合规的带资承包，导致政府隐性债务事实上的无序扩张。自2012年以来，国家针对种种利用BT模式（无论后续又包装成何种模式）进行违规融资、增加地方政府隐性债务的项目进行了严格管控。

2012年12月24日，财政部、发改委、中国人民银行、原银监会联合发布《关于制止地方政府违法违规融资行为的通知》（财预〔2012〕463号），其中明确规定：除法律和国务院另有规定外，地方各级政府及所属机关事业单位、社会团体等不得以委托单位建设并承担逐年回购（BT）责任等方式举借政府性债务。对符合法律或国务院规定可以举借政府性债务的公共租赁住房、公路等项目，确需采取代建制建设并由财政性资金逐年回购（BT）的，必须依据项目建设规划、偿债能力等，合理确定建设规模，落实分年资金偿还计划。463号文的这一规定对BT模式在政府投资项目中的运用进行了坚决限制和全面约束。

2015年6月25日，财政部发布《关于进一步做好政府和社会资本合作项目示范工作的通知》，明确规定上报备选示范项目的PPP项目，"政府和社会资本的合作期限原则上不低于10年"，而且还强调拒绝受理采用BT方式的项目及通过保底承诺、回购安排等方式进行变相融资的项目。

2017年4月26日，六部委发布《关于进一步规范地方政府举债融资行为的通知》，地方政府举债一律采取在国务院批准的限额内发行地方政府债券的方式，除此以外，地方政府及其所属部门不得以任何方式举借债务。地方政府及其所属部门不得以文件、会议纪要、领导批示等任何形式，要求或决定企业为政府举债或变相举债。

2017年5月28日，财政部发布《关于坚决制止地方以政府购买服务名义违法违规融资的通知》,通过负面清单的方式对政府购买服务做出规范。

2018年8月,《中共中央国务院关于防范化解地方政府隐性债务风险的意见》中提到,以BT方式举债或以委托代建方式等名义变相举债属于严格禁止的方式。

2019年5月,国务院下发《政府投资条例》,"政府投资项目所需资金应当按照国家有关规定确保落实到位,政府投资项目不得由施工单位垫资建设"。

三、委托代建模式

1. 委托代建模式简介

一般情况下,委托代建模式中的代建单位与使用单位是两个不同的主体,对于代建单位而言,其主要的职责是严控项目投资、质量和工期。该模式往往适用于公益性政府投资项目。

从概念和特点上看,委托代建模式类似于BT模式,都属于政府投资项目;都需要经过招投标程序;社会资本方都要对项目履行组织、管理等职责。但其实两者在多个方面都存在区别。

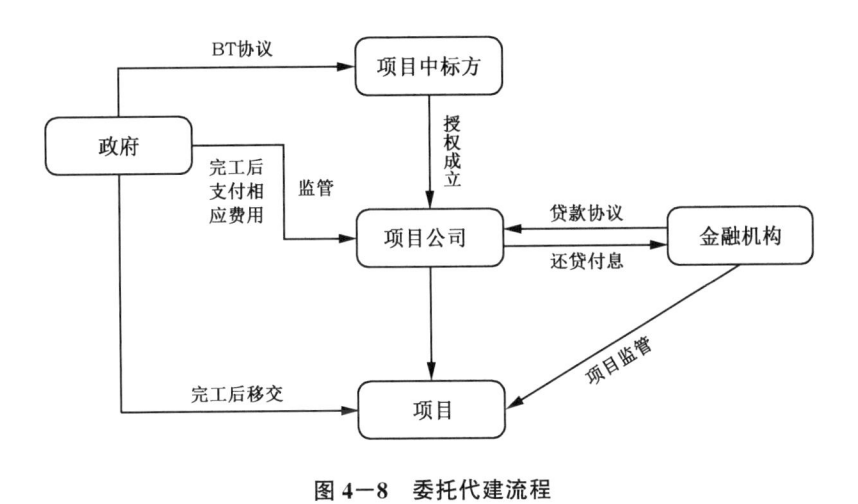

图4—8 委托代建流程

2. BT模式简介

BT(Build-Transfer;建设—移交)是政府利用非政府资金来进行非经营性基础设施建设项目的一种融资模式。

BT主要是政府通过招标的方式选定项目施工方,并与施工方签订BT协议。施工方根据相应的项目要求,成立项目公司,并向金融机构贷款融资,政府和金融机构都对项目有一定的监督管理的职责。在项目验收且达到相应的标准后,项目公司将项目移交给政府,政府按照BT协议对项目公司支付工程价款。

BT模式的优势在于政府可以通过社会资本方和建设方优先建设市政项目,以达到其发展当地经济的目的,由于支付在工程竣工验收之后,还可以延长付费的时点,缓解当地政府的财政压力。

3. 委托代建模式与BT模式的区别

(1)BT模式下,建设的风险是由社会方承担;而在委托代建模式下,风险是通过委托代建合同进行约定。

(2)BT模式下,项目的盈利主要来源于工程完工移交时的固定回报资金和资金占用利息;而在委托代建模式下,项目的盈利主要来源于代建管理费。

(3)BT模式下,投资资金的收回时点是在建设完工后;而在委托代建模式下,投资资金的收回是按照工程进度逐步收回的。

(4)BT模式下,部分社会施工方会先拥有项目的所有权,随后在移交时将所有权移交给政府;而在委托代建模式下,项目所有权归政府所有,社会方只负责按照委托合同施工建设。

在实际操作中,由于委托代建模式很容易滋生地方政府的隐性债务,所以目前国家对于该种模式也是处于严控的阶段。委托代建模式的项目很难从金融机构处融得资金。

与BT模式相同,委托代建模式可以做部分融资,解决部分项目的部分资金需求和临时性资金缺口,只要不涉及对外融资,或者增加地方政府债务,也是一种合理的代建方式。新《政府购买服务管理办法》自2020年3月1日起施行,其中,第二十四条规定:政府购买服务合同履行期限一般不超过1年;在预算保障的前提下,对于购买内容相对固定、连续性强、经费来源稳定、价格变化幅度小的政府购买服务项目,可以签订履行期限不超过3年的政府购买服务合同。第二十九条规定:承接主体可以依法依规使用政府购买服务合同向金融机构融资。委托代建可以借鉴这些规定,在落实预算的前提下,做部分授信,同时需具备以下条件:首先,工程资金落实预算安排,并有3年中期财政规划做保障;其次,批复3年期以内流贷,按拨款周期发放、收回,单笔期限不超过1年;再次,单笔金额不能超过年度预算;最后,地方政府融资平台有其他收入来源,即来自政府之外的经营项目和收入。

四、委托代建业务存在的问题

1. 风险转移问题尚未解决

代建制度究竟是一种民事委托关系还是行政委托关系,目前并没有界定清楚。建设单位在签订协议时会出现以下情形:建设工程的民事责任风险转移了,但更重要的行政责任乃至刑事责任的风险并没有转移。在这样的情形下，代建单位因有限的代建取费而不愿承担更多的代建责任，而建设单位也因风险并没有也无法完全转移而对委托代建持疑虑态度，于是在工程建设过程中，建设单位和代建单位之间扯皮、发生纠纷、责任推卸等情况时常发生。这些对于代建制度的顺利推行非常不利。

2. 代建制的市场化程度不高

在以政府为主导、组建政府专业管理机构模式下所形成的代建制企业大多隶属于政府部门。虽然根据政府体制改革的要求，代建制单位在形式上改制成为一个企业，但实质上，政企不分、产权不明、责权不清的现象依然存在。由于代建制企业与相关政府部门的裙带关系，自然会形成一种行业保护主义、地方保护主义，这将极大地阻碍代建制企业的市场竞争，对代建制企业的长远发展是相当不利的。在代建模式下，各地对代建单位的资格条件和市场准入要求比较模糊，对代建单位的资质认定、等级划分等没有明确的标准和依据，代建市场仍处于发育期，代建主体少，尤其缺少经验丰富、水平高的代建企业，还未形成良性的市场竞争。

3. 代建单位的法律地位尚未明确

代建单位处于弱势地位，责任、权利、义务不对等。在代建制实践过程中，代建单位履行职责的法律环境尚不健全，也就是说，在国家基本建设程序中没有法律授予的地位。因此，代建单位客观上无法得到各级政府和建设相关管理、备案部门，如规委、建委、环保、消防、质检等方面的认可，实际操作过程中遇到很多困难，在办理各种工程建设手续的过程中，其身份难以被有关行政管理部门认可，造成工作被动。另外，绝大多数地方在实施代建制的相关文件中没有明确设置代建费的标准，大部分情况下是参照建设单位管理费的标准来执行。但建设单位管理费并不包括代建单位必须支出的工资、税金，以及应该获得的合理利润等内容，因此费率偏低。同时，相关文件中也没有明确设置代建费的取费下限，导致各代建单位在投标中出现无序竞争的现象，使代建管理费用一降再降，不利于吸引优秀企业参与代建。所签订的代建合同普遍存在承担义务多、收费少、管理责任大、权利小等情况，造成了代建单位责权利的不对等，影响了代建制项目管理公司的发展。

五、土地整理业务的未来发展趋势

一是完善法治建设。首先，对于现阶段由于代建制度出现而产生的风险转移问题，应通过立法来确立代建制度，将委托代建后的行政责任转移给代建人。其次，确立代建单位的地位，特别是法律地位，明确代建单位的权利和义务。再次，制定合理的代建取费标准，采取相应的措施，解决目前恶性竞争及责权利不对等的现象。如规定在代建单位招标过程中,明确要求投标单位在投标书中详细列示费用明细及取费标准,并请评标专家就代建费做专项评审。

二是切实使代建制单位企业化,并实现真正意义上的"政企分开、产权明晰、自主经营、自负盈亏"。与此同时,还应明确和统一代建单位的选择类型、资格条件和市场准入标准,进一步培育代建市场,采取公开方式,在适宜的范围内选择合适的代建单位,形成良性的市场竞争。

三是不断提高代建单位项目管理水平,进一步拓宽服务范围。扩大代建企业规模,增加人员配备,并保持其组织机构的合理性;建立从业人员培训机构,制定相应的人员聘用、考核激励、培训计划,加大从业人员素质培养的力度,在增强企业核心竞争力的同时,拓宽代建服务的范围,赢得更多市场。

第三节　城市新型基础设施建设业务分析

一、新型基础设施建设的相关概念

1."新基建"的定义

新型基础设施建设是指以5G、人工智能、工业互联网、物联网为代表的新型基础设施,本质上是信息数字化的基础设施。"新基建"涉及的产业领域主要包括七个板块,分别是5G基站、大数据中心、人工智能、特高压、新能源充电桩、城际高铁和轨道交通,以及工业互联网。"新基建"是地方投融资平台转型的新契机,也是城投公司可以拓宽的新业务领域。城投公司向来是基础设施投资建设运营的"主力军",在"新基建"领域,也必将发挥重要作用。

城投公司的转型需要强劲的市场竞争力和更加多元化的融资渠道,这与新型基础设施建设的特点不谋而合。城投公司正面临着国家对地方政府债务管理限制的压力,寻求新的利润增长点是当务之急。在真正摆脱对政府的依赖、走向现代化企业的道路上,拥有更强劲的市场竞争力更是重中之重。因此,"新基建"带给城投公司的不仅是业务拓展的契机,更是产业转型的契机。

2."新基建"的资金来源

二、城投公司基础设施项目模式

1. 城投公司基础设施项目的投融资模式

(1)基础设施的投资模式。城投公司代表地方政府为城市基础设施进行投资,项

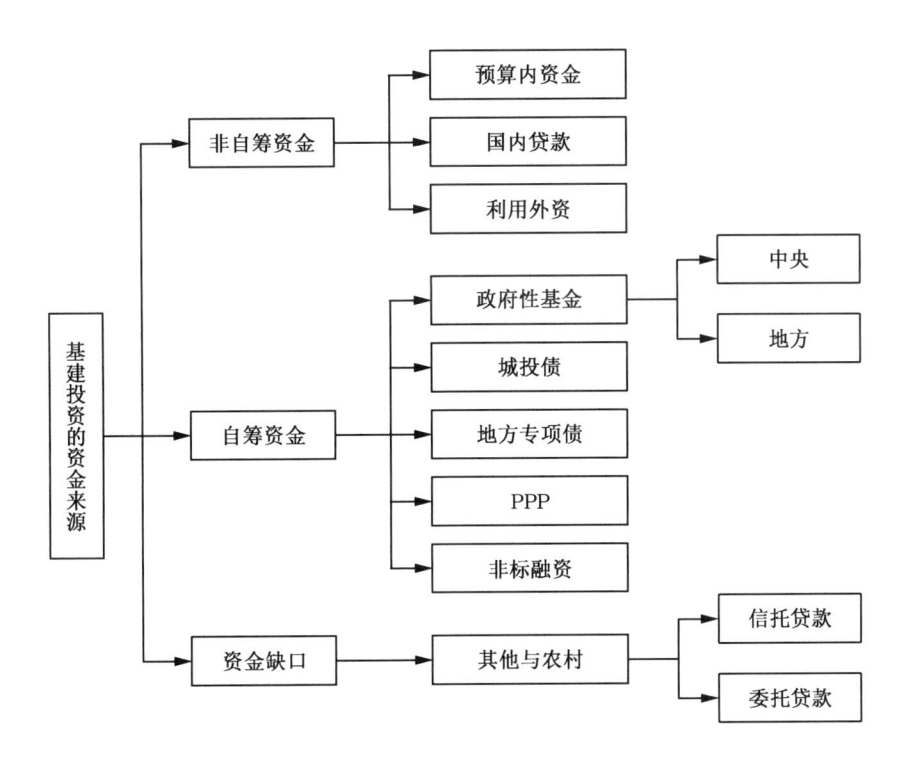

图 4—9 "新基建"的资金来源

目的投资资金主要来自政府财政拨款(项目资本金)、银行贷款、发行债券、信托资金等。项目建设方式包括项目回购、BT(委托—代建),或者政府和城投公司之间签订合同或协议,按照项目投资额进行财政拨款。

(2)基础设施的融资模式。城投公司主要通过银行贷款、发行债券、信托产品等融资方式对项目建设资金进行融资,一般会利用地方政府的信用(比如向银行贷款时采用的土地或资产抵押、应收政府款项的收益权质押等)向银行贷款或者发行债券,将融资资金直接用于自己负责的城市基础设施建设,或者将融资资金转贷给其他平台、政府部门等。

2. 城投公司基础设施项目的建设模式

(1)代建制模式。城投公司受地方政府委托,承担项目的建设任务和融资任务。项目建设期内一般通过财政局拨付项目资本金,由城投公司筹措其余建设资金。项目进入还款期后,由财政局划拨专项资金偿付债务。

(2)政府采购模式。项目建设期内通过财政局划拨项目资本金以及银行信贷融资等方式筹措资金开展项目建设,并由地方政府采取依据项目总投资与城投公司签订政府采购协议的形式,对项目进行一次性或分期采购。

3. 城投公司基础设施项目的管理模式

（1）前期工作。按照政府制订下达的城建计划进行项目投资，项目前期工作通常由城投公司负责，主要包括项目建议书、工程可行性研究、修建性规划、初步设计、施工图设计，然后交由代建单位负责实施。

（2）项目实施。项目实施实行政府投资工程代建制。代建单位资质管理一般由住建局统一负责，城投公司通过招投标或委托方式确定代建单位，其主要职责是代理业主单位负责项目管理与协调等，并按照国家有关政策规定收取代建管理费。对于重大的城市基础设施建设项目，通常要组建项目公司负责组织实施。公司项目管理部主要负责建设项目的指导、监督、协调等，不直接负责项目实施工作。

（3）审计监督。项目建设的审计监督一般由城投公司纪检监察审计室牵头负责，项目管理部、计划财务部配合做好相关工作。城投公司投资项目应严格落实项目法人制、招投标制、合同管理制、建设监理制、廉政责任制等要求，建立内审和外审相结合的项目建设全过程跟踪审计制度，严格按规范要求进行工程结算审计，重大项目还要接受国家、省、市审计机关的专项审计，严格规范地进行工程建设管理。

（4）资金管理。有的城投公司成立了资金管理中心，负责城建资金的统一管理，各项目代建单位按照工程质量进度提出资金支付的申请，经住建局、财政局和城投公司审核后，由资金管理中心统一调度并直接向施工单位等用款单位支付资金。

三、城投公司基础设施建设业务

城投公司作为重要的城市基础设施建设主体，主要从事政府指令性基础设施建设任务，包括交通、市政、管网、公共服务等多个领域。在政府投融资体制机制逐步规范之后，城投公司以承担基础设施建设任务的融资、建设职能为主，转向以基础设施施工、代建、管理等为主。因与政府之间签订了明确的代建结算机制，目前，基础设施建设业务仍是城投公司重要的收入来源之一，可以为公司带来持续、稳定的现金流。

一方面，城投公司从事基础设施建设类业务主要从交通领域开始，因为"要致富、先修路"，之后随着交通路网逐渐完善，加上"新基建"投资热潮的兴起，以交通领域为主的基础设施建设投资将逐渐转向以"互联网＋"、民生类、公共服务类为主，城投公司在这些方面可提早做业务布局。

另一方面，随着政府投融资体制机制层面的顶层设计逐步规范，政策对于公益性基础设施建设类项目的代融资、PPP操作以及工程类业务的政府回购均有不同程度的限制。为此，城投公司参与基础设施建设类业务的运作方式也随之规范，转向以基础设施建设业务的代建制为主。考虑到城投公司的历史贡献，基础设施建设业务营收占比较重,对城投公司保持稳定的现金流以及总营业收入都有重要影响。同时,考虑到政策倒逼城投公司市场化转型的趋势,部分城投公司也向基础设施建设类业务的上下游做延伸,发展了一定的市场化运营,如全过程的工程项目管理咨询、市政管网租赁、道路停车场的经营管理等,以此产生的项目管理费、管网租赁现金流、停车场收入等都对营业收入起到很好的补充。未来,随着政府投融资体制机制的运作成熟以及2019年《政府投资条例》的施行,预计基础设施建设业务的代建制、项目管理和市场化经营将会以更大占比呈现。

四、地方政府融资平台参与新基建的模式

从城投公司的视角将新基建划分为三个方面:一是具备高科技属性的新基建,城投公司较适合参与的项目为大数据中心;二是传统基础设施的智能化改造,城投公司较适合参与的项目为智慧停车场、智慧路网、智慧园区、智慧景区等;三是旧基建领域或治理体系的补短板,城投公司较适合参与的项目包括城际高铁和城市轨交以及医院、养老院等民生基建项目。

对于城投公司来说,在参与不同类型的新基建项目时不能"一刀切",而应审慎选择最符合项目实际并有利于实现效益最大化(包括社会效益及经济效益)的方式。需要强调的是,无论采取何种方式,必须满足以下三个基本条件:一是"不新增政府债务";二是"政府支出责任纳入预算";三是"合作程序严格规范",否则项目的实施和后续运营等都将较难避免法律风险。另外,随着城投公司信用越来越与政府脱钩,其在承接政府性业务的合同关系中不再是地方政府的"亲儿子",而是地方政府的"合作方";换言之,地方政府也不再是城投公司的"亲爹",而是城投公司的"甲方"。因此,从职能上看,城投公司将越来越褪去"背靠政府"的色彩,而是越来越接近一般意义上的工程总承包企业或工程项目管理企业。

在当前的政策背景下,可供城投公司选择的新基建项目参与方式主要包括委托代建模式、PPP模式、ABO(授权-建设-运营)模式:

1. 委托代建模式

在基建项目的实施中,城投公司最常用的方式即委托代建。"委托代建"只是一种较为笼统的说法,实际上,它是比较标准的BT模式(城投公司同时作为融资方、管理者、建设主体),也可能是非典型意义上的BT模式(城投公司同时作为融资方、管理者),还可能是项目代建制(城投公司仅作为管理者)。综合考虑政策风险等多个因素,建议城投公司可以在业务获取程序、合同关系等方面不存在任何明显瑕疵或风险隐患的情况下,以规范操作的BT模式来承接新基建领域的政府投资项目。需要注意的是,一定要避免地方政府未安排好预算的情况下就把项目建设投资交由城投公司来做,否则显然会导致隐性政府债务的新增;另外,政府在偿还城投公司项目成本时,最好不要采用工程竣工后一定期限内结算的方式,这样容易被认定为违规的 BT 项目,建议采用按工程进度付款,规范性较有保障。至于代建制,考虑到该模式下项目建设资金的筹措不由城投公司负责,而是由地方政府安排财政性资金来解决,不存在借项目之名新增融资债务的问题,因此本书认为城投公司可继续采用代建制模式来承接新基建领域的政府投资项目。

2. PPP 模式

城投公司在参与 PPP 项目时,常见的身份有两个:一是政府出资代表;二是社会资本方。

根据政府部门的监管法规,城投公司若要作为 PPP 项目中的政府出资代表,则应遵守以下限制条件:其一,在项目公司中的持股比例应低于 50%;其二,不具有实际控制力及管理权;其三,所承担的出资应能计入政府承担的股权投资支出责任,即应使用政府财政资金,而非企业自有经营性资金。只有同时满足以上三个条件,将政府出资代表出资计入政府股权投资支出责任、政府出资代表放弃分红及项目公司剩余财产分配权等才符合会计核算准则、法理和逻辑。不过,这种情况下城投公司也无法从项目中取得投资收益,因此本书对于城投公司以政府出资代表的身份参与新基建领域的 PPP 项目不做探讨。

城投公司若要作为本级政府辖区内新基建领域 PPP 项目中的社会资本方,则需要满足以下三个条件:一是已经建立现代企业制度、实现市场化运营;二是其承担的地方政府债务已纳入政府财政预算、得到妥善处置,并明确公告今后不再承担地方政府举债融资职能;三是按照银监发〔2013〕10 号文要求,完成融资平台退出的审批程序。需要指出的是,满足以上三个条件的按规定转型的城投公司仍然只能作为非财政部 PPP 示范项目的社会资本方,而不能作为财政部 PPP 示范项目的社会资本方。另外,满足以上三个条件的按规定转型的城投公司可以作为非本级政府辖区内的 PPP 项目的社会资本方,而且不管是财政部 PPP 示范项目还是非财政部 PPP 示范项目。通常而言,只有在积极参与本地或本级政府 PPP 项目的基础上,逐步深化转型、提升经营竞争力,才有可能进一步参与非本级地方政府辖区内的 PPP 项目。具体而言,城投公司作为社会资本方参与新基建领域的 PPP 项目,可采用表 4-3 中的几种组织实施方式。

表 4—3　城投公司作为社会资本方参与新基建领域的 PPP 项目时可选择的组织实施方式

大类模式	细分模式	具体实施方式
广义 PPP	BOT（建设－运营－移交）	政府等公共部门向企业等私人部门项目公司颁布特许，允许其在一定时间内筹集资金投资建设某一项目，并享有该项目的运营权和收益权，待特许期结束后，私人部门项目公司按约将项目移交给政府
	BOOT（建设－拥有－运营－移交）	与 BOT 相比，项目在回售给政府之前，私人部门项目公司不仅享有运营权，而且享有所有权，项目资产可用于抵押融资。通常，BOOT 模式下特许期限要比 BOT 长一些
	BOOST（建设－拥有－运营－补贴－移交）	系由 BOT、BOOT 衍生出的模式。该模式下，特许期间项目的经营收益无法抵补前期的投入成本，所以政府会出资对私人部门项目公司进行补贴，而最终项目的所有权将移交给政府
	BOO（建设－运营－移交）	BOO 模式下私人部门项目公司无须将项目移交给政府，可永久拥有并经营，私有化程度很高。该模式下，政府不参与项目的运营，对项目仅履行持续监督职责，重点是督促其履行合同中约定的保证公益性的相关条款。从严格意义上讲，该模式不属于 PPP 的范畴，但考虑到相关监管文件将其列为新建 PPP 项目的一种实施方式，故在此列示
	ROT（改扩建－运营－移交）	系由 TOT（转让－运营－移交）衍生而来的模式。该模式下，政府将存量资产所有权有偿转让给私人部门项目公司，之后由私人部门项目公司对项目进行改扩建，并在合同期内负责运营、维护和用户服务，同时收回前期投资、收取一定利润。待合同期满后，项目所有权按约移交给政府，合同期通常为 20—30 年
狭义 PPP		由政府与私人部门共同出资成立 SPV，一方面引入社会资本，弥补项目投资资金缺口，另一方面在项目的论证设计、施工建设、运营管理等环节进行全过程合作，并共同承担风险，待合作期满再将项目所有权移交给政府

需要提示的是，发展水平不同的城投公司在新基建领域 PPP 项目中的参与程度有所不同。具体来看，若城投公司仅具备投融资能力，则在 PPP 项目中仅能胜任政府出资代表的角色，不能成为社会资本方；若城投公司具有一定的投融资能力和项目建设、运营能力，且在项目建设和管理上积累了比较丰富的经验，则可在相关项目中担任社会资本方，不过仍需借助其他社会资本方的力量完成项目的运维；若城投公司已具备了一定的规模，有较强的投融资能力、项目建设能力和公用事业服务运维能力，则可独立担任 PPP 项目的社会资本方；若城投公司在投融资、项目建设、公用事业服务运维方面均具备很强的实力，综合竞争力很强，则可在更大范围内甚至是全国范围内抓取业务机会，并推动 PPP 项目成为其强势主营业务。

3. ABO（授权－建设－运营）模式

与 PPP 属于特许经营类的合作模式不同，ABO 属于政府购买服务类的合作模式。在具体实施方式上，由政府直接授权当地大型国企（包括城投公司）开展新基建项目的投资、建设、运营,通常要求被授权的国企具备较强的项目融资、投资、管理和运营能力。在该模式下,政府作为授权方,需要履行规则制定、绩效考核、支付授权经营服务费等职责;被授权的国企则需要履行业主职责,按约提供相关项目的投资、建设、运营等整体服务。由于ABO模式下被授权的国企最终向政府提供的是包括投资、建设、运营在内的一系列服务,所实施的项目也是在服务目标下的项目,且具备较为明显的运营属性和经营特征,能产生较为稳定的现金流入,因此,ABO模式并不违反财政部相关规定,可为城投公司所用。不过,ABO模式主要适用于轨道交通、片区开发等具备较好运营性的大型基础设施类项目,往其他不合适的项目上生搬硬套、强行复制是不可取的。

五、新型基础设施建设业务中存在的问题

1. 潜在需求旺盛,有效供给不足

政府、企业及群众对高性能的网络环境、大数据以及算力服务需求量大,迫切需要重大科技理论创新及管理手段和技术创新。然而,目前外部经济环境和内部新基建的特征决定了新基建的供给难以满足旺盛的需求。一方面,不少新基建如5G和新能源充电桩等,建设密度必须提高到一定程度后,才能实现新场景产业化应用、产生经济效应,这决定了目前投资显著低于社会合意投资量。另一方面,目前我国科研水平仍有待提高,所需核心元件高度依赖进口。我国在这方面起步较晚,自主研发能力薄弱,总体水平尚未迈入世界先进行列,庞大的市场需求主要由进口支撑。在自2018年以来的中美经贸问题中,以美国政府为主的外国政府肆意以断供芯片来制裁我国高新技术企业,以致我国出现手机"缺芯"、汽车"缺芯"、电脑"缺芯"等问题。

2. 政府功能定位不准,宏观调控不足

首先,当前各地在确定新基建投资重点时,盲目确定新基建投资重点,特别是在国内外贸易环境恶化和新冠肺炎疫情影响下,投资新基建没有因地制宜地开展新基建建设,会造成各地扎堆投入人工智能、数据中心等热门行业,浪费大量财力物力。其次,新基建大部分是高精尖技术,具有明显的技术壁垒,其投资建设和运营存在一定的资金和技术门槛,例如算力基础设施、大数据中心和融合基础设施建设需要大量的资金投入,而设施的运营需要高信息技术水平和数据运营团队才能提供有效的服务。目前,具备相关能力的主要是几家大型的互联网科技巨头,存在形成垄断势力的隐忧,而政府目前对此方面的监管还处于有待加强的状态。

六、新型基础设施建设业务的未来发展趋势

一是强化顶层统筹力度。以"软硬兼施""虚实共管"思路,推进大网络、大数据、

大平台、大服务、大产业发展。一方面,加快实体物理空间"硬设施"建设,加大政府机关、公共场所、市政设施、住宅小区和商务楼宇资源开放力度,推动5G基站、视频监控、物联感知终端等公共基础设施共建共享共用。另一方面,强化虚拟网络空间管理,统筹推进人工智能算法、数字化机理模型和知识图谱等"软设施"建设,提升对各类"软"虚拟资源和无形要素的有效治理水平,提升数据治理能力,补齐"软资产"治理短板。

二是优化空间布局。一方面,对于"北上广深"等一线城市,应注重高新技术赋能和应用场景创新,推动人工智能、工业互联网、区块链等技术深度应用,加快经济社会数字化转型,在新一轮科技基础设施建设中引领发展,打造新型基础设施建设和应用的样板。另一方面,在中西部地区特别是欠发达地区,应在补齐传统基础设施短板的基础上,聚焦民生领域和产业发展需求,加快5G、物联网等通信网络基础设施建设。同时,要充分发挥东部地区的技术、人才、产业优势和中西部地区的资源优势,实施"东数西算"工程,即在东部依托新型基础设施加快发展无人驾驶、智能制造等产业,在中西部地区建设若干大规模数据中心,重点承接东部运算需求,缓解东部地区算力不足的矛盾,从而解决公共服务供给不平衡的问题。

第四节 供应链金融业务分析

一、供应链金融业务的相关概念

1. 供应链金融的定义

2020年9月,中国人民银行等八部委联合发布了《关于规范发展供应链金融 支持供应链产业链稳定循环和优化升级的意见》(银发〔2020〕226号),明确提出:供应链金融是指从供应链产业链整体出发,运用金融科技手段,整合物流、资金流、信息流等信息,在真实交易背景下,构建供应链中占主导地位的核心企业与上下游企业一体化的金融供给体系和风险评估体系,提供系统性的金融解决方案,以快速响应产业链上企业的结算、融资、财务管理等综合需求,降低企业成本,提升产业链各方价值。2021年3月,政府工作报告中首次单独提及"创新供应链金融服务模式",标志着供应链金融已上升为国家战略。

近年来,城投供应链ABS加速发行与城投市场化业务大力开展有关,比如城投开展贸易业务,涉及上下游的产业链、供应链,通过整合资产资源发行供应链ABS,有助于城投盘活融资能力。

城投供应链 ABS 与城投信用债有较大区别。其交易流程主要为：初始债权人（即上游供应商）因向城投公司或下属公司提供服务、货物等，享有对债务人的应收账款债权；初始债权人与保理公司签订《应收账款转让合同》，将应收账款债权转让给保理公司，并同意保理公司将其作为基础资产转让给专项计划；初始债权人及保理公司分别向债务人发出《应收账款债权转让通知书》；债务人在收到《应收账款债权转让通知书》后出具《买方确认函》，对基础资产进行确权。

之所以发行的过程比较复杂，与其业务的具体模式有关系，主要是为了防范风险。例如，某城投公司或下属子公司开展工程类业务，与上游供应商签订相关施工合同，并形成了若干笔供应商的应收账款。供应商将上述应收账款打包转让给保理公司，保理公司再转让给专项计划，并作为基础资产发行供应链 ABS。在开展信用分析时，一般需要对城投公司的资质情况、基础资产的合法合规性等进行重点考察。

在城投供应链 ABS 评级环节，与城投信用债评级存在逻辑上的差别。一般信用债纯粹看城投公司的资质，供应链 ABS 则注重城投公司的基础资产，因为基础资产是作为偿付来源，所以对基础资产的考察尤为重要。此外，城投供应链 ABS 评级环节也有助于督促城投公司关注自身基础资产的水平。

目前，城投公司普遍开展的是"1＋N"反向保理模式。"1"即核心企业——城投公司，通常信用水平较高；"N"为上游供应商，通常信用水平较低或信用水平差异较大。城投公司当然也需要外部增信，城投供应链 ABS 的偿付保障来自核心企业，在没有第三方差额补足或担保的情况下，债项的级别一般等同于核心企业的信用级别。

2. 保理的定义

保理又称托收保付，是指卖方将当下或未来在同买方订立货物销售服务合同基础上发生的应收账款向保理商转让，由保理商向卖方提供融资、买方信用估算、销售户头管控、主体信用保证、催款等一揽子全方位的服务。这是商业贸易中以托收、赊账方式结算货款时，卖方为了强化应收账款管理、增强流动性而采用的一种委托第三者（保理商）管理应收账款的行为。目前，市场化的保理形式包括国内保理、国际保理、直接保理、反向保理、联合保理、再保理等。

保理以应收账款为核心，围绕应收账款开展业务。我国保理行业起步较晚，但伴随着改革开放的深入和经济的持续高速发展，近年来，保理业务量实现了跨越式增长，我国已成为全球第一大保理市场。目前，保理业务与科技加速融合、创新活跃，但保理对经济的贡献率还有待提高，并且我国保理业务相关政策法规环境和监管机制仍需逐步完善。

二、我国供应链金融的发展历程

1. 银行主导的线下发展阶段

21世纪初,受限于互联网在我国发展条件还不成熟,供应链金融业务主要集中于线下,金融机构依赖核心企业的信用支撑,完成对整个供应链内部企业的融资授信支持。2005年,深圳发展银行(现平安银行)开发出"1+N"供应链金融模式,即"一个核心企业+若干上下游企业",正式拉开了金融机构线下开展供应链金融业务的序幕。在这个时期,业务推进主体是银行,商业信息不对称制约了这个时期供应链金融的发展。

2. 核心企业引领的线上阶段

随着互联网技术的快速发展,供应链中各个环节的商业信息得以打通,线上的供应链金融模式开始落地。这种发展模式以银企直联为核心,银行依托核心企业的信用对上下游企业授信,同时达到批量获客目的。在这个时期,业务推进主体由银行转变为供应链中的核心企业。由于融资数据全面线上化,此阶段融资效率有所提升,但在没有实时交易数据支撑的情况下,金融机构无法对共享的信息完全信任,企业融资需求仍难以满足。

3. 专业化供应链金融服务平台阶段

该阶段依托互联网数字技术,打破单个供应链的限制,融合多平台数据,整合商流、物流、资金流形成三流合一的信息平台。通过搭建供应链金融服务平台,提供多元化的金融服务。在这个时期,供应链金融的形式逐渐脱离以核心企业为主导的模式,转向以专业化的平台为中心的新型供应链金融。通过数字化强化对供应链参与主体的信用刻画和评级,解决交易信用问题,通过融资数据的标准化、智能化,方便企业快速获得融资。

三、供应链金融的三种模式

供应链金融的实质是帮助企业盘活流动资产,即应收账款、预付款项和存货类。相应地,供应链金融有三种开展模式。

1. 应收账款融资

主要应用于核心企业的上游融资,根据销售行为是否完成,具体又分为订单融资和应收账款质押融资或保理。如果销售尚未完成,为了完成订单生产,上游企业以未来应收账款质押作为担保方式,则为订单融资,实质是信用融资;如果销售以赊销形式完成,为了提前回笼资金,上游企业以对核心企业的应收款项质押作为担保方式向金融机构融资,则为应收账款质押融资;保理是以上游企业转让其应收账款为前提,集应收账款催收、管理、坏账担保及融资于一体的综合性金融业务。

2. 预付款项融资

主要应用于核心企业的下游融资,即下游企业向金融机构申请融资,用于向核心企业支付预付款。根据物流监管职责承担主体的不同,分为两种业务模式:一是未来货权融资,金融机构(银行)承担物流监管职责,即核心企业(供货方)发货给银行指定的仓储监管企业(物流监管主体),然后仓储监管企业按照银行指令逐步放货给借款的下游企业;二是保兑仓模式,核心企业(供货方)承担物流监管职责,即核心企业不再发货给银行指定的物流监管第三方,而是按照银行指令直接逐步放货给借款的下游企业。

3. 存货类融资

主要分为现货质押融资和仓单质押融资两大类。现货质押融资是传统的存货类融资开展模式,根据抵(质)押物(存货)在抵(质)押期间是否允许流动,又分为静态质押融资和动态质押融资。仓单质押融资是新型的存货类融资服务业务,存货权利人以仓单出质,通过背书,将仓单交付给质权人,根据仓单不同的签发主体,又分为普通仓单质押融资和标准仓单质押融资,其中普通仓单是由商业银行认可的有资质的第三方物流开具,标准仓单是由期货交易所统一制定。

四、城投公司布局供应链金融业务的机会分析

1. 供应链金融发展的上位规划

为加快实体经济的金融供给,扭转中小企业融资困境,国家高度重视供应链金融工作,近两年来围绕供应链金融发展问题制定出台了一系列政策措施。2020年9月,中国人民银行等八部委发布的《关于规范发展供应链金融 支持供应链产业链稳定循环和优化升级的意见》,是我国出台的首份供应链金融指导性文件。在2021年的政府工作报告中,首次单独提及"创新供应链金融服务模式",标志着供应链金融已上升为国家战略。

表4-4是各部门、机关2021年制定的供应链金融相关政策。

表4-4　　　　各部门、机关2021年制定的供应链金融相关政策

时　间	部　门	政　策	主要内容
2021年1月	上海票据交易所	《供应链票据平台接入规则(试行)》	加强供应链金融配套基础设施建设,明确接入供应链票据平台的供应链平台需要具备的条件、办理流程等

续表

时间	部门	政策	主要内容
2021年3月	十三届全国人大四次会议	2021年政府工作报告	在解决小微企业融资难题的具体举措中单独提及"创新供应链金融服务模式"
2021年3月	国家发改委等	《关于加快推动制造服务业高质量发展的意见》	在"拓宽融资渠道"方面,强调要创新发展供应链金融,开发适合制造服务业特点的金融产品等举措
2021年3月	商务部等8单位	《关于开展全国供应链创新与应用示范创建工作的通知》	部署开展示范创建工作,提出了全国供应链创新与应用示范创建的主要任务。鼓励金融机构积极发展流程型、智能型供应链金融业务,为上下游企业提供基于供应链的授信、保理、结算、保险等金融服务
2021年4月	国家发改委、工信部、财政部、中国人民银行	《关于做好2021年降成本重点工作的通知》	强调要优化企业金融服务,创新供应链金融服务模式
2021年8月	工信部	关于政协第十三届全国委员会第四次会议第1526号提案答复的函	工信部将与银保监会、全国工商联等部门继续加强合作,加强产业链供应链金融创新,推动发展供应链金融等金融产品,配合相关部门优化金融服务现代咨询

资料来源:作者整理。

从地方层面上看,地方政府根据国家相关部委出台的政策指导精神,因地制宜地陆续推动并出台供应链金融政策。

表 4—5　　　　　　　　　　2021年各地区供应链金融相关政策

地区	政策	主要内容
山东	《关于强化财政金融政策融合促进供应链金融发展的通知》(2021年2月)	全国首个促进供应链金融发展的财政金融政策。一是实行供应链核心企业"白名单"制度。二是加大对供应链金融的政策支持:(1)提高中小微企业应收账款融资效率;(2)推动应付账款票据化;(3)推广供应链票据平台及应用
甘肃	《关于促进甘肃省供应链金融发展的意见》(2021年4月)	积极推进应收账款融资,支持发展供应链票据、供应链存货、仓单和订单融资等多种融资方式,重点推动符合条件的大中型国有和民营企业、金融机构及财政部门与中征平台对接,在线确认债权债务,开展融资业务

续表

地 区	政 策	主要内容
北京	《金融支持北京市制造业转型升级的指导意见》(2021年4月)	研究设置规模以上制造业企业票据再贴现绿色通道,研究设立支持规模以上制造业企业融资的专项再贴现产品,提高制造业企业再贴现业务单张票据票面金额上限
湖南	《关于促进湖南省供应链金融规范发展的若干措施》(2021年5月)	每年安排不低于100亿元再贷款、再贴现专用额度,支持省内金融机构提升供应链金融服务能力,引导金融机构积极为供应链票据提供贴现、质押融资服务
厦门	《关于进一步深化供应链创新与应用试点 提升供应链金融服务质效的实施意见》(2021年7月)	加快供应链金融服务创新步伐,强化金融稳外贸的作用;深化供应链创新与应用试点,积极推广应用于千亿产业链群;推进普惠金融服务进一步下沉至供应链上下游中小微企业
广西	《加快广西供应链金融发展若干措施》(2021年8月)	一是"一链一策"打造特色供应链融资模式,力争2021年供应链融资达到1 000亿元,并实现可持续增长;二是通过财政奖励的方式支持核心企业签发供应链票据;三是通过财政奖励的方式鼓励信息平台接入上海票据交易所供应链票据平台;四是强化与融资服务平台的联动合作,鼓励依托跨境金融区块链服务平台,通过财政贴息的方式加大对上下游中小微企业的出口贸易融资支持,切实降低供应链企业融资成本
江苏	《江苏省中小企业促进条例》(2021年9月)	鼓励发展供应链金融,支持金融机构和地方金融组织依托供应链核心企业的信用和交易信息,为上下游中小企业提供无需抵押担保的订单融资、应收账款融资

2. 城投公司布局供应链金融业务的可行性

(1)利用城投公司主营业务开展供应链金融具有天然优势

城投公司作为地方城镇化发展的重要平台,其城市基础设施建设具有建筑业和制造业等传统行业的属性,而建筑业和制造业普遍具备产业链条长、参与方众多、行业集中度低、资金需求旺盛等开展供应链金融的天然属性。城镇化建设所产生的大量应付账款适合嵌入供应链金融的保理业务形态,即以城投公司为核心企业,通过应付账款转让融资,为其上游企业提供资金融通,同时缓解城投公司的资金压力。

(2)拓宽融资渠道,优化负债结构

供应链金融可以增加企业的融资渠道,帮助城投公司调整负债结构。供应链金融将城投公司、金融机构、上下游供应商链接在一起,通过应收账款质押、保理、ABS等供应链金融产品拓宽融资渠道,为城市建设和业务开展提供了新的融资渠道和发展方向。通过开展供应链金融,城投公司可以把对客户的应收账款通过自营或专业的供应链金融公司,转让给第三方的金融机构,实现资金回笼,通过应收账款卖断出表,达到既实现融资又不增加负债的效果,减少自身风险和管理成本。

(3)提高资金使用效率,做大金融业务营收

城投公司作为核心企业开展供应链金融,可以将企业备用资金的一部分用于对供应商应付账款的融资,这不仅盘活了资金使用效率,还可以直接获得利息收入、服务费收入。如果自营的供应链金融平台与金融机构合作,还可以利用金融机构端的资金赚取息差和手续费。由于供应链金融是基于真实贸易背景而非上下游企业的自身信用,上述资金的使用相较于传统借贷,风险低、期限短、时间固定,能真正做到在风险可控的前提下,提高资金运作效率、壮大业务规模、提升盈利水平,有助于城投公司市场化业务转型,为将来资本化运作奠定坚实的基础。

(4)扶持中小企业,助力地方经济增长

我国中小企业在地方经济发展中发挥着重要作用,中小企业创造了我国70%的GDP,提供了80%的就业岗位。供应链金融除满足城投公司自身的融资和业务发展需求外,通过释放核心企业信用,为产业链上的中小企业提供资金融通服务,解决中小企业融资难、融资贵的问题,促进地方经济发展,实现国企担当。

五、供应链金融业务存在的问题

1. 供应链金融业务开展不够规范

供应链金融业务开展需要成立专门的金融公司,如商业保理公司、小额贷款公司和典当行等,而这些金融公司的设立都需要申请不同的金融牌照,城投公司需要通过股权控制或直接申请运营商业保理牌照及融资租赁牌照的方式开展业务,过程中难免存在操作不合规的现象,尤其是城投公司初步涉及供应链金融业务时,可能会造成相应的监管缺失。

2. 供应链金融业务开展不够高效

信息化建设是推动供应链发展的必经之路,供应链上下游企业以及第三方金融机构、物流企业之间的信息传递、业务流程完成与监控都需要信息技术平台的支持,以便对业务开展的全过程实行全面把控、提高效率。而目前城投公司本身对于信息化、技术化的革新程度不够,与金融科技的结合程度也有待提高,这在很大程度上阻碍了供应链金融业务的高效发展。

3."四流"管控还有待加强

"四流"指的是供应链中的商流、信息流、物流以及资金流,"四流"控制是供应链金融风险控制的基础逻辑。为了及时有效地掌握企业的实际生产经营情况及业务交易情况,保障供应链金融业务安全开展,需要有效控制信息流通、商业流通和资金流通,

但碍于城投公司本身的特点,在一些环节和领域的办事效率还远远不能做到高效,各环节之间的扣连往往会出现问题,事前业务真实性审查、事中确权环节监管等不能够发挥足够的效用,这在一定程度上阻碍了城投公司开展供应链金融业务。

六、供应链金融业务的未来发展趋势

1. 争取地方政府的大力支持

作为地方政府出资的国有企业,城投公司的产生及发展始终与地方政府有着紧密的联系,离不开地方政府的大力支持。而供应链金融业务板块的开展需要有较强的资金运作实力、完善的系统支撑和风控能力,更离不开地方政府在行业引导、财税金融政策方面的扶持。

如山东省政府就通过名单制管理、精准落实供应链金融业务开展方面的财政金融政策。2021年2月,山东省财政厅、省工信厅、中国人民银行济南分行联合发布《关于强化财政金融政策融合促进供应链金融发展的通知》(鲁财金〔2021〕9号),明确根据山东省产业规划,围绕制造业重点产业集群和产业链优选核心企业,建立核心企业"白名单"制度,并实行名单动态管理。中国人民银行济南分行指导金融机构对纳入名单的核心企业,实行供应链融资专项授信额度管理;精简上下游链条企业贷款审批环节,提高全流程处理效率;同时,根据白名单上核心企业供应链金融业务开展情况,给予多个维度的财政专项资金支持。济宁城投控股集团作为山东省首批白名单内企业,积极响应,于2021年8月底与国内最大供应链金融平台公司中企云链联合设立合资公司——济宁城投云链供应链管理有限公司,在工商银行、建设银行等在当地的分支行的授信支持下,打造了济宁市级供应链金融平台。

2. 重视产融结合,为地方产业赋能

基建行业是城投公司的传统主业,但由于工程资金投入大、结算周期长等因素,阻碍了城市基建产业链的融合发展。部分城投公司通过参股、混改等形式成立基建供应链公司,将供应链金融嵌入基建行业,通过将核心企业的信用价值传递到上下游企业,解决产业链上各个主体企业的融资问题,提升整个产业链的运作效率。

2021年1月,宣城市国有资本投资运营控股集团有限公司出资20万元,以参股20%的形式与中企筑链科技有限公司合资成立全国首个基建供应链科技服务平台——宣城筑链城市科技有限公司。此平台以金融科技为支持,充分运用区块链、云计算、大数据等前沿科技,聚焦地方政府投融资平台的基建产业链整合,便于建筑施工企业及其上下游供应商获得低成本融资,有效促进当地产业发展和经济增长。

3. 重视风险防控，实现供应链健康发展

在对供应链金融管理方面，依托数字技术和大数据，通过挖掘和分析供应链上下游企业交易数据，建立数据风控模型，实现风控效率的提升和综合成本的降低。如青岛城投集团旗下青岛城乡建设小额贷款有限公司借助科技金融力量，于2019年10月在省内推出首个在线供应链金融平台——"诚e贷"，通过数据化风控模型，实现全流程在线，为核心企业上下游的小微企业提供信用贷款。仅在2020年就累计放款1 000余笔，贷款总额超过15亿元，不良贷款率维持在1%以下。

第五章

城投公司融资途径及技巧

第一节　股权融资

一、股权融资的含义及特点

股权融资泛指所有以股权作为工具进行融资的行为。在实际融资中,是指企业通过出让部分股权(采用老股转让或增资扩股方式),引入新股东、获得新增资金。用这种方式获得的资金,企业不需要支付利息,也不需要到期后偿还本金,这是股东对企业的资本投入。因此,股权融资并不会对企业的盈利、现金流产生明显影响,企业可以自由使用新股东投入的资金,而无须承担沉重的债务压力,但新股东需要分享企业经营的成果,获得其股权所对应的分红权等各项股东权利。

股权融资具有三大特点:长期性、不可逆性和无负担性。在企业通过股权融资筹措到资金后,当投资人面临市场风险想要收回本金收益时会面临苛刻的退出条件,往往需要借助于流通市场。企业通过股权融资所筹措的资金没有固定的股利负担,股利的支付与否和支付多少视公司资本结构以及股利政策决定。企业一般有三种发放股利的方式:现金股利、股票股利和股票回购。现金股利就是股利采用现金的方式发放,多数投资者倾向于到手的利润,因此发放现金股利可以提升投资者的信心。现金股利侧重于反映近期利益,对短期投资者而言有较大的吸引力。股票股利是指公司用无偿增发新股的方式支付股利,这样既可以维持公司现金流的稳定,也能使股东分享利润,并且还有避税的作用。相对于现金股利而言,股票股利反映长远利益,对长期投资者而言具有更大的吸引力。股票回购是指上市公司利用现金等方式从股票市场上购回本公司发行在外的一定数额的股票的行为，且大多数情况下公司会将其回购的股票保留不再发行或直接将其注销。股票回购的主要目的在于反收购、改善资本结构和稳定公司股价，当一家上市公司的股价过低，投资者会从资本市场的反馈中得出不利信息，为了提高股价、改善形象，回购股票是维护公司形象的有效途径之一。

二、股权融资的常见形式

股权融资的主要形式有：股权质押融资、股权转让、增资扩股和私募股权融资。

1. 股权质押融资

股权质押融资是指出质人将其所有的股权作为质押标的物，为自己或他人的债务提供担保的行为。股东出质股权后，质权人只能行使与财产权利相关的收益权等权利，企业重大决策与选择管理者等与财产权利无关的权利仍由出质股东行使。把股权质押作为向企业提供信贷服务的保证条件，增加了中小企业的融资机会，但也面临多种制约：如政策引导不足，没有权威性的指导文件作保障；非上市公司股权交易市场的缺失，导致无法依托市场形成有效的股权定价机制，对非上市公司股权价值评估造成一定困难；银行参与不足，发放银行贷款的积极性不高。因此，以产权市场为基础，建立一个统一、规范、有序的非上市公司股权托管运行市场十分必要。

股权质押融资的前提是托管。应通过托管机构、企业、银行三方成功对接的有效机制，打造甄别企业信用情况和股权质量的评价体系，健全完善统一规范的股权交易市场，使出质人以其所持有的股权作为质押物，当债务人到期不能履行债务时，债权人可以依照约定，就股权折价受偿，以达到化解债权人风险和实现质押人融资的目的。

2. 股权转让

股权转让可以分为直接转让和间接转让。直接转让是指普通转让，即有偿转让股权的买卖。间接转让是指股权因离婚、继承和执行、公司合并等而导致的股权转让。企业经营者可以通过溢价出让部分股权来吸纳资本、吸引人才，推动企业进一步扩张发展。比如一家企业，成立之初由出资人直接管理企业，并参加生产劳动。但是，企业在经营规模达到一定程度后，难以继续做大做强。如果经营者将企业资本折成若干股份，把一小部分出让给其他资本持有者，就可以把受让股权的中小股东的资本和人才集中起来，从而吸纳外来资本和人才。但企业经营向全球化、信息化发展后，面临着日益严重的内部人控制和股东权利泛化问题，陷入巨大的信用危机。这时，企业会顺势进入私募股权投资阶段。从企业发展阶段可以看出，股权交易增值融资相较于债权融资和银行贷款等方式，对于企业信用、还款期限等方面的限制是最直接、快速和有效的规避手段，在促进企业扩张性发展、提高社会资本的流动性和增值性等方面具有最现实的意义。

3. 增资扩股

增资扩股是权益性融资的一种形式,企业通过向社会募集股份、发行股票,引入新股东或原股东追加投资来提高企业的资本金。增资扩股也是股份公司和有限责任公司上市前常用的融资方式。按照资金来源划分,常见的增资扩股可以分为外源增资扩股和内源增资扩股。其中,外源增资扩股以私募的方式进行,通过引入国内外战略投资者和财务投资者来增强公司资本实力;内源增资扩股则通过原有股东加大投资,从而增加企业的资本金。

4. 私募股权融资

私募股权融资是投资非上市公司股权的一种方式。基金管理公司以股权形式把基金资本投资给标的企业,企业股东以股权换取大量资本注入,在按时完成约定的各项指标后,股东可以按约定比例、约定价格从基金管理公司优惠受让并大幅增持企业股权。

三、股权融资的具体案例:禾赛科技

1. 融资背景

2019年6月,科创板正式开板并试点注册,旨在为核心技术强、符合国家战略导向、受到市场认可的科技创新企业提供开放包容的融资平台,为投资者提供多种层次的投资渠道,进一步探明关于资本市场制度改革和层级改革的未来。但对于科创类企业而言,由于其研发周期长、市场前景不明朗、技术更新换代快等特点,多数科创企业都面临不同程度的长期融资问题,在市场环境收紧的当下,选择最佳融资渠道从而用最低融资成本获得最大的融资效益是科创类企业面临的重要问题。

上海禾赛科技有限公司于2014年在上海成立,公司从事激光雷达行业,在全球行业内技术领先,其产品主要应用于各种无人驾驶和智能机器人场景。近年来,禾赛科技针对主营业务积极拓展、完善产品研发,到目前已占据了稳定的市场份额。2021年1月7日,禾赛科技公告宣布已提交科创板上市申请,拟募资20亿元。作为国内首家向交易所递交上市申请书的激光雷达公司,禾赛科技估值超过100亿元,有望成为国内激光雷达第一股。然而仅仅在递交上市文件3个月后,禾赛科技保荐人华泰联合证券及禾赛科技同时申请撤回保荐书及上市申请文件。随后,禾赛科技公告完成D轮融资,融资金额累计高达3.7亿美元,募集资金用于企业研发活动与未来业务的拓展。科创板IPO发展正处于风口时期,激光雷达作为新兴行业同样具有巨大的发展潜力,禾赛科技作为曾经在科创板有过IPO融资计划,后又短时间内选择私募股权融资并

成功的典型科创企业,以其作为案例,研究其两种选择路径,有助于更深刻地理解股权融资的选择方式。

2. 融资路径选择

首先,从禾赛科技在科创板融资的可能性进行分析。除了需要满足上市量化指标,禾赛科技还需要对自身技术水平、经营情况、发展潜力、所处行业等具有谨慎的自我认知。针对信息披露,上交所具有披露内容是否包含投资决策相关重大信息、财务数据是否彼此印证、披露程度是否达到投资决策必要水平、非财务信息是否佐证企业表现等非量化标准要求。根据对 2021 年科创板企业上市失败的原因的分析发现,持续经营能力、科创板定位符合度、单一客户依赖程度、关联交易事项、合规问题等是影响企业过会的关键因素。经过对禾赛科技所在行业、技术掌握情况、经营表现进行分析,将禾赛科技自身条件与其需要达到的科创板 IPO 量化及非量化标准进行对比,得出以下结论:禾赛科技所在的激光雷达行业符合科创板以高新技术为核心的高潜力行业定位;企业的技术掌握情况和经营表现均符合科创板上市科创属性认定的三条量化标准;不存在不满足非量化标准的重大负面情况,具备一定的科创板 IPO 融资可行性。

然后,从私募股权融资方面进行分析:

(1)融资风险

在融资风险方面,在私募股权融资过程中,往往需要经过资方表达意愿,财务、税务及法律尽职调查,建模估值,双方协商签订增资协议或投资协议,各股东共同签订修订后的股东协议及修订后的公司章程等企业方面的步骤,同时,需要根据注册资本金、公司章程等变化进行工商局登记备案等手续。在禾赛科技的 D 轮融资案例中,在各个环节中牵涉到的需要协商的个体分别有意向入局的新股东、意向增资的老股东、需要共同协商修订后的股东协议和公司章程的未增资老股东、从事尽职调查或估值的第三方机构。当各方机构针对股东条款、投资金额、对应的股权比例、D 轮融资后的股权架构等关键事项协商一致后,便可签订具有法律效力的增资或投资协议完成本轮融资,后续进行登记备案即可,不存在重大的融资风险问题。

在财务表现方面,我们主要关注两点:盈利情况与资金运营情况。第一,盈利情况。禾赛科技产品性能在国际和国内市场上均处于龙头地位,研发能力强,拥有规模化制造能力,能够竖立起较强的技术壁垒,由此使得企业毛利率在 2017—2019 年稳步上升,虽然在 2020 年出现了轻微的下降,但毛利率仍高于 71%。虽然其净利润只有在 2018 年为正,但主要原因在于高额的研发支出。禾赛科技的毛利率高于可比平均且稳定在 70% 左右,整体营利能力优于可比公司,其中,主营业务毛利大多来源于激光雷达产品,小部分来源于气体检测产品。整体来说,激光雷达行业属于技术壁垒高、研发要求高的技术密集型产业,而公司所掌握的专利技术在全球范围内比较领先,因此具有较强的定价权。研发费用率方面,将禾赛科技数据与同行业可比平均数据进行对比,禾赛科技远远高于可比平均,主要是由于 A 股暂无主营业务为激光雷达的上市企业,且激光雷达行业正处于技术竞争激烈的阶段,因此,研发费用相对主营业务收入占比较高。研发投入在可预见的未来将会进一步增加以维持企业技术优势。管理费用率方面,禾赛科技管理费用率在不断提高,2019 年和 2020 年占比最多的是中介机构费,分别占管理费用总额的 45% 和 42%,主要原因是 IPO 产生的相关审计费,以及专利纠纷产生的各项法律费用等。2017 年和 2018 年占比最多的是人工成本,之后显著下降。与可比公司平均水平相比,管理费用率在 2018 年相近,其余时间禾赛科技均高于可比平均水平,这一情况随着企业营收进一步增加有望缓解。财务费用率方面,禾赛科技不存在银行借款,利息收入和汇兑损益作为财务费用的主要组成部分占营业收入比重较小,在 2018 年和 2019 年均为负值,收入大于支出,在 2017 年和 2020 年为正值,支出大于收入。

第二,资金运营情况。关于禾赛科技的资金运营情况,其资产负债率从 2019 年至 2020 年有大幅降低,2017—2020 年的 4 年间均低于 26%,与可比平均数据相比,2017 年和 2020 年三季度末低于可比平均水平,2018 年和 2019 年高于可比平均水平,有一定波动性但相差数额不大,考虑到企业不存在银行借款,企业资产负债情况较为良好。关于现金流情况,禾赛科技在 2020 年出现了大额的经营活动净现金流出,其主要原因是 2020 年的专利纠纷诉讼所产生的一次性和年度性专利相关费用及税金引起的经营活动现金流出 1.9 亿元。

因此,对于禾赛科技而言,相较于科创板 IPO 融资,私募股权融资在小范围协商谈判、登记手续等方面具有更强的可操作性,对于融资结果也具有更大的可预见性。而科创板 IPO 融资由于存在财务表现方面的盈利情况较差、现金流情况不够理想,以及技术方面的已有或潜在争议性,对于上市融资的进程和融资效果都有一定的负面影响,会增大其不确定性,具有相对更大的融资风险。

(2)融资成本

第一,信息披露成本。针对私募股权融资,禾赛科技不存在大量的监管方面的信息披露要求,除了需要向工商部门备案登记企业注册资本金和公司章程等变化,有关企业后续的具体运营数据、未来战略部署、融资资金使用途径变更等信息无须强制性向外界公告,仅需在有限的几个股东之间做好内部信息的传递和沟通即可,即利益相关者的范围较小,从而不存在强制性披露义务。但若采用 IPO 融资,禾赛科技会面临上市之后的自愿披露和持续披露问题,后续募集资金所存在的限制较多且信息披露成本更高。

第二,融资时间成本。企业开展业务需要抓住最佳的市场时机。融资的时间成本大小严重影响企业日常的经营效率。根据 2021 年相关数据可以知道,科创板新股从被受理到上市成功平均需要 330 天,随着监管逐渐趋严,审核要求更加严格和具体化,预计未来完成上市阶段需要花费的时间成本更高。

(3)公司的控制权

禾赛科技的创始人为李一帆、孙恺和向少卿,在 IPO 前累计持有公司 30.03% 的股份,算上通过员工持股平台——上海乐以科技合伙企业持有的 7.13% 的股份,累计共持有禾赛科技 37.16% 的股份。同时,在企业的控制权方面,三位创始人设置了表决权差异安排,累计直接持有的表决权为 68.21%,共同控制的表决权达到了 71.45%。

根据禾赛科技在科创板融资的招股说明书,如果上市成功,创始人股权比例将会下降 15%。与在科创板首次公开发行相比,私募融资下的股东异质化水平远远低于科创板 IPO 融资。由于具体股权比例未披露,创始人股权比例情况暂无法得知,但与科创板 IPO 融资相比,创始人由于有限的股东数量能够发挥更大的协商自主权,有限的大股东更便于创始人和各大股东进行有关企业业务、经营等决定的沟通,便于维护利益相关者的整体效益。由于股东个数有限,针对企业的应急风险管理及市场动机的捕捉,三位共同控制人便于与股东沟通从而及时做出有利响应,减少企业反应时间。因此,从创始人控制权出发,私募股权融资具有更小的利益相关者范围,三位共同创始人在企业重大决定方面拥有更加自由的协商自主权,有利于在有限的股东之间做到共同利益最大化。而科创板 IPO 融资将 15% 的股权给予公众投资者,创始人股权稀释,股权分散程度进一步加大,在收购并购等重要决定方面容易处于被动局面。

3. 经验分析

禾赛科技放弃了科创板 IPO 融资渠道,转而选择了私募股权融资渠道,并在三个月内顺利完成了与拟 IPO 金额同等甚至更多的 D 轮融资。经过对其科创板 IPO 融资的真实可行性与私募股权融资的对比分析,虽然选择科创板 IPO 融资渠道能够带来更高的公众关注度,同时提高股东多元化水平,但目前而言,由于程序较为烦琐、不确定性较大且中介费用与时间成本过高,禾赛科技最终选择了私募股权融资。将禾赛科技的私募股权融资渠道与科创板 IPO 融资渠道进行对比,可以发现在融资风险、融资成本、创始人控制权、企业未来经营情况等方面,私募股权融资分别具有可确定性高、融资成本整体较小、更小的利益相关者范围、更大的战略整合可能性等相对优势。

而在公众关注度影响和大股东依赖程度方面,则分别具有更低的公众关注度及过重的大股东话语权等相对劣势。整体而言,禾赛科技选择私募股权融资渠道,其相对优势带来的正面效应大于相对劣势带来的负面影响,属于在现有制度背景下更加适合企业生命周期的融资渠道。

四、股权融资的优缺点分析

1. 股权融资的优点

股权融资在企业投资与经营方面具有以下优势:

第一,股权融资需要建立较为完善的公司法人治理结构。公司的法人治理结构一般由股东大会、董事会、监事会、高级经理组成,相互之间形成多重风险约束和权力制衡机制,降低了企业的经营风险。

第二,在金融交易中,人们更加重视的是信息的公开性与可得性。证券市场在现代金融理论中又被称作公开市场,是在比较广泛的制度化的交易场所,对标准化的金融产品进行买卖活动,是在一定的市场准入、信息披露、公平竞价交易、市场监督制度下规范进行的。与之相对应的贷款市场,又称协议市场,即在这个市场上,贷款者与借入者的融资活动通过直接协议达成。因此,证券市场在信息公开性和资金价格的竞争性两方面都优于贷款市场。

第三,如果借款者在企业股权结构中占有较大份额,那么他运用企业借款从事高风险投资和产生道德风险的可能性就将大为减小。因为如果这样做,借款者自己也会蒙受巨大损失,所以借款者的资产净值越大,借款者按照贷款者的希望和意愿行事的动力就越大,银行债务拖欠和损失的可能性就越小。

2. 股权融资的缺点

第一,当企业利用股权融资对外筹集资金时,企业的经营管理者有可能存在进行各种非生产性的消费,采取有利于自己而不利于股东的道德风险行为,导致经营者和股东的利益发生冲突。

第二,代理人利用委托人的授权为增加自己的收益而损害和侵占委托人的利益时,就会产生严重的道德风险和逆向选择。

第三,当企业利用负债融资时,如果企业经营不善、经营状况恶化,债权人有权对企业进行破产清算,届时企业经营管理者将承担因企业破产而带来的企业控制权的丧失。

3. 股权融资对地方政府投融资平台的影响

股权融资对地方政府投融资平台的影响有利有弊。有利之处在于:一是我国资本市场没有对上市公司的股利分配政策进行严格限制,股权融资的成本最低,城投公司可以根据自身盈利状况决定股利分配,没有固定的股利负担。二是股本没有到期日,无须偿还,只要维持城投公司的持续经营,上市募集到的资金就始终是公司的永久性资本,不存在还本付息的风险。三是筹资风险小,当前我国证券市场规模尚小,可供投资的对象少,市场容量始终不能满足投资者需求。我国股票市场的市盈率和股价等长期维持在一个较高的水平,上市融资能获得较高的溢价。四是有利于完善城投公司的公司治理机制,通过信息披露和投资者"用脚投票"等,规范公司组织结构,监督公司资金运用。五是增强公司信誉,上市融资能够充实公司资本金,进一步拓宽城投公司融资渠道,降低融资成本。但城投公司通过股权融资也有一些不利之处:一是上市门槛过高,上市公司必须满足《证券法》的严格要求。二是上市时间跨度大、竞争激烈,不能及时满足城市建设发展紧迫的融资需求。三是以出让产权为代价,稀释了地方政府对城投公司的控制权。

第二节 债权融资

一、债权融资的含义以及融资体系介绍

债权融资又称债券融资,是企业为了解决营运资金短缺的问题,有偿使用其外部资金的一种融资方式。通俗地讲,就是企业通过借钱的方式进行融资,但这笔资金需要付出利息并且在借款到期之后偿还本金。

作为资本市场的重要组成部分之一,债券市场的发展在完善金融结构、化解金融风险、拓宽融资渠道和优化资源配置等方面具有重要作用。下面将对我国债券市场的融资体系进行介绍。

1. 我国债券市场概况

(1)我国债券市场的历史沿革

我国债券市场的交易场所分为柜台市场(场外)、银行间市场(场外)以及交易所市场(场内)三大类,此外,还包括区域股权交易中心、机构间产品报价系统、自贸区等其他小众市场。不过从交易量上看,目前银行间市场贡献了全部债券市场交易量的98%以上,居于无法撼动的核心地位。

这三类主要交易场所并非同时产生,背后有着深刻的历史背景,也见证了我国债券市场的发展历程,如表5-1所示。

表 5-1　　　　　　　　　　我国债券市场发展历程

时　间	1981—1991 年	1992—1997 年	1997 年至今
债券市场概况	场外柜台市场	场外柜台市场＋场内交易所市场	场外银行间市场＋场外柜台市场＋场内交易所市场

1950 年,我国第一只债券——人民胜利折实公债顺利发行,1956 年完成本息兑付。1958—1981 年的 20 余年时间里,由于历史原因,我国债券市场处于空白阶段。1981 年 1 月 16 日,《国库券条例》发布,国债发行才得以重启,场外柜台市场正式形成。1988—1991 年间,债券交易主要通过场外柜台市场(当时包括地方债券交易中心等)完成,但由于没有统一的基础设施加以支持,使得当时的债券市场乱象纷呈。直到上交所和深交所相继成立,债券市场才开始由场外(柜台)回流至场内。1997 年,央行强制商业银行撤离交易所,并成立银行间债券市场,自此,银行的债券相关业务全部集中于银行间债券市场,我国债券市场也形成"银行间＋交易所＋柜台"三大场所并立、其他小众市场辅助的格局。

(2)银行间市场及交易所市场

城投公司进行债券融资的交易场所主要为银行间市场及交易所市场,其概况如表 5-2 所示:

表 5-2　　　　　　　　城投公司债券融资的交易场所概况

债券类别	债券名称	发行/交易场所	监管机构	托管场所
企业债券	一般企业债券	银行间市场及交易所市场	证监会	中央结算公司及中证登
	特殊品种企业债券			
非金融企业债务融资工具	短期融资券	银行间市场	交易商协会	上清所
	超短期融资券			
	中期票据			
	非公开定向债务融资工具			
	其他协会产品			
公司债	公募债	交易所市场	证监会	中证登
	私募债			
	其他特殊品种公司债券			

2. 发行人与投资者

(1) 发行人

债券发行人是指在债券市场上向投资者以债券形式募集资金的实体,包括政府、金融机构、工商企业等。

城投公司是我国债券发行人的主要组成部分,截至2021年末,有债券存续的城投公司数量为3 049家。城投债是发行主体为城投公司的债券,截至2021年末,我国城投债发行余额为12.81万亿元,城投债存续只数为1.71万只。

(2) 投资者

债券市场投资者是指以取得利息为目的,购买并持有债券,承担债券投资风险并行使债券权利的主体。

债券市场投资者是债券市场的资金供给者,众多的债券市场投资者保证了债券发行和交易的连续性,是推动债券市场价格形成和流动性的根本动力。

根据投资者身份,可以将债券投资者分为机构投资者和个人投资者。机构投资者是指用自有资金或者从分散的公众手中筹集的资金,以获得债券(或证券)投资收益为主要经营目的的专业团体机构或企业。机构投资者主要包括政府机构类投资者、金融机构类投资者以及基金类投资者,其中金融机构类投资者包括证券经营机构、银行业金融机构、保险公司以及其他金融机构;基金类投资者包括证券投资基金、社保基金等。

3. 债券市场中介机构

(1) 证券公司

证券公司是指依照《公司法》和《证券法》设立的经营证券业务的有限责任公司或股份有限公司。在我国,设立证券公司必须经国务院证券监督管理机构审查批准。证券公司的主要业务有:证券经纪业务、证券投资咨询业务、与证券交易和证券投资活动有关的财务顾问业务、证券承销与保荐业务、证券自营业务、证券资产管理业务、融资融券业务、证券做市交易业务、证券公司中间介绍业务以及私募投资基金业务和另类投资业务。根据中国证券业协会官网,截至本书编写,我国共有140家证券公司(未合并母子公司),按注册地分类:上海31家、深圳22家、北京18家。

(2) 评级公司

评级公司,即资信评级机构。根据中国证券监督管理委员会2021年2月公布的《证券市场资信评级业务管理办法》,资信评级机构从事证券市场资信评级业务(以下简称"证券评级业务"),应当依照《证券法》、本办法及有关规定,向中国证券监督管理委员会(以下简称"中国证监会")备案。证券评级业务是指对下列评级对象开展资信评级服务：

①经中国证监会依法注册发行的债券、资产支持证券；

②在证券交易所或者经中国证监会认可的其他证券交易场所上市交易或者挂牌转让的债券、资产支持证券，国债除外；

③以上第①项和第②项规定的证券的发行人、发起机构、上市公司、非上市公众公司、证券期货经营机构；

④中国证监会规定的其他评级对象。

目前，我国债券市场上有三个监管体系认可的资本市场信用评级机构，由中国证监会、国家发改委和中国银行间市场交易商协会分别负责。

(3)担保公司

担保公司，即融资担保公司。根据国务院 2017 年印发的《融资担保公司监督管理条例》，融资担保是指担保人为被担保人借款、发行债券等债务融资提供担保的行为；融资担保公司是指依法设立、经营融资担保业务的有限责任公司或者股份有限公司。

(4)会计师事务所

会计师事务所是指依法独立承担注册会计师业务的中介服务机构。会计师事务所从事下列证券服务业务，应当按照规定向中国证监会和国务院有关主管部门备案：

①为证券的发行、上市、挂牌、交易等证券业务活动制作、出具财务报表审计报告、内部控制审计报告、内部控制鉴证报告、验资报告、盈利预测审核报告，以及中国证监会和国务院有关主管部门规定的其他文件。

②为证券公司及其资产管理产品制作、出具财务报表审计报告、内部控制审计报告、内部控制鉴证报告、验资报告、盈利预测审核报告，以及中国证监会和国务院有关主管部门规定的其他文件。

(5)律师事务所

律师事务所是律师的执业机构。在债券业务中，律师事务所需要出具"法律意见书"作为申报材料。律师事务所及其指派的律师从事证券法律业务，应当遵守法律、行政法规及相关规定，遵循诚实、守信、独立、勤勉、尽责的原则，恪守律师职业道德和执业纪律，严格履行法定职责，保证其所出具文件的真实性、准确性、完整性。

根据证监会于 2022 年 7 月 8 日发布的《从事证券法律业务律师事务所备案基本信息情况表》(截至 2022 年 7 月 8 日)，共有 667 家律师事务所完成证监会备案。

4. 债券市场监管机构

公司信用类债券包含企业债券、公司债券、非金融机构债务融资工具,这三个大类分属两个不同的主管机构,其中,非金融机构债务融资工具由中国银行间市场交易商协会监管,涉及的品种包含短融、超短融、中票、定向工具、集合票据、资产支持票据、项目收益票据等;企业债券、公司债券则由证监会监管。

二、债券市场融资品种

1. 证监会监管品种——公司债券

(1)公司债券的定义及基本情况

公司债券是指公司依照法定程序发行、约定在一定期限还本付息的有价证券。2007年8月14日证监会颁布了《公司债券发行试点办法》,在公司债券发行试点期间,公司范围仅限于在沪深证券交易所上市的公司及发行境外上市外资股的境内股份有限公司。

2021年,沪深两个交易所公司债发行总数为4 064只,发行规模总计为34 525.24亿元。其中,公募债1 425只、16 408.13亿元;私募债2 639只、18 117.11亿元。

(2)公司债券的主要特点

公司债券的主要特点有:融资效率高(全程电子化,公开透明、可查询);融资成本低,具有相对优势;发行方式灵活,有多种选择权;募集资金使用灵活,不强制募投项目;特有的股债关联品种,多方位服务企业融资需求;发行主体行业类型多种多样。

(3)公司债券的主要分类

公司债券主要分为两类,即传统品种和特定品种(深交所称"创新品种")。

①传统品种

传统品种根据发行对象的不同分为大公募、小公募及私募三类,其中大公募的发行对象为普通投资者,小公募的发行对象为专业投资者,私募的发行对象主要为专业机构投资者。

②上交所特定品种

根据上交所于2022年6月2日发布的《上海证券交易所公司债券发行上市审核规则适用指引第2号——特定品种公司债券(2022年修订)》,特定品种公司债券是指对发行人、债券增信措施、债券期限、债券利率、募集资金用途、债券本息偿付等基本要素有特定安排,公开发行或者非公开发行的公司债券,包含短期公司债券、可续期公司债券、可交换公司债券、绿色公司债券、低碳转型公司债券、创新创业公司债券、乡村振兴公司债券、"一带一路"公司债券、纾困公司债券及疫情防控公司债券等。为规范项目收益专项公司债券相关业务行为,上交所制定了《上海证券交易所公司债券预审核指南(四)专项公司债券——项目收益专项公司债券(征求意见稿)》。

为进一步发挥公司债券服务国家创新驱动发展战略和产业转型升级功能,规范科技创新公司债券发行上市申请及挂牌转让相关业务行为,上交所于 2022 年 5 月 20 日发布《上海证券交易所公司债券发行上市审核规则适用指引第 4 号——科技创新公司债券》,就科技创新公司债券进行指引性介绍。

③深交所创新品种

深交所于 2020 年 11 月 27 日发布的《深圳证券交易所公司债券创新品种业务指引》第 1—5 号,分别就绿色公司债券、可续期公司债券、扶贫专项公司债券、纾困专项公司债券及短期公司债券 5 种创新品种公司债券进行指引性介绍。为拓宽科技创新企业和项目直接融资渠道,推动债券市场高质量发展,深交所于 2022 年 5 月 20 日发布《深圳证券交易所公司债券创新品种业务指引第 6 号——科技创新公司债券》,就科技创新公司债券进行指引性介绍。

2. 证监会监管品种——企业债券

(1)企业债券的定义及基本情况

企业债券是指在中国境内具有法人资格的企业在境内按法定程序发行的、约定在一定期限还本付息的有价证券。2022 年,企业债券发行总数为 484 只,发行规模总计为 3 683.30 亿元。

(2)企业债券的主要特点

企业债券的主要特点有:与固定资产投资项目挂钩;是唯一跨市场发行的信用债券,投资者范围更广;违约率最低,整体风险最小,市场认可度高;是历史最悠久、法律地位最明确的信用债券;发行主体大多为基础设施投融资主体。

(3)注册制改革后企业债券的受理及审核流程

根据国家发展改革委 2020 年 3 月 1 日发布的《国家发展改革委关于企业债券发行实施注册制有关事项的通知》(发改财金〔2020〕298 号),企业债券发行全面施行注册制。

按照《中华人民共和国证券法》和《国务院办公厅关于贯彻实施修订后的证券法有关工作的通知》有关要求,企业债券发行由核准制改为注册制。国家发展改革委为企业债券的法定注册机关,发行企业债券应当依法经国家发展改革委注册。

国家发展改革委指定相关机构负责企业债券的受理、审核。其中,中央国债登记结算有限责任公司为受理机构,中央国债登记结算有限责任公司、中国银行间市场交易商协会为审核机构。两家机构应尽快制定相关业务流程、受理审核标准等配套制度,并在规定的时限内完成受理、审核工作。

对于符合有关申报受理条件的企业债券,发行人可直接向受理机构提出申请,国家发展改革委对企业债券受理、审核工作及两家指定机构进行监督指导,并在法定时限内履行发行注册程序。

①受理流程

根据中央国债登记结算有限责任公司发布的《企业债券受理工作规则(试行)》,中央国债登记结算有限责任公司为国家发展改革委指定的企业债券受理机构,负责企业债券受理工作。

企业债券的受理流程和相关时限要求如下:

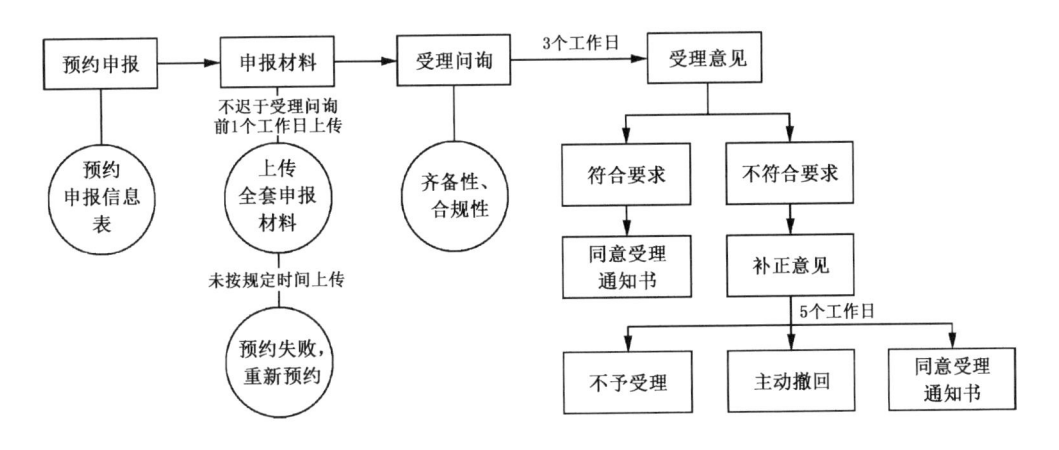

图5—1 企业债券的受理流程和相关时限要求

②审核流程

根据中央国债登记结算有限责任公司和中国银行间市场交易商协会联合发布的《企业债券审核工作规则(试行)》,中央国债登记结算有限责任公司和中国银行间市场交易商协会为国家发展改革委指定的企业债券审核机构,负责企业债券审核工作。审核机构主要通过对发行人企业债券注册申请文件进行审核问询、回答问题方式开展审核工作,督促发行人完善信息披露内容,出具审核意见。审核流程如图5—2所示。

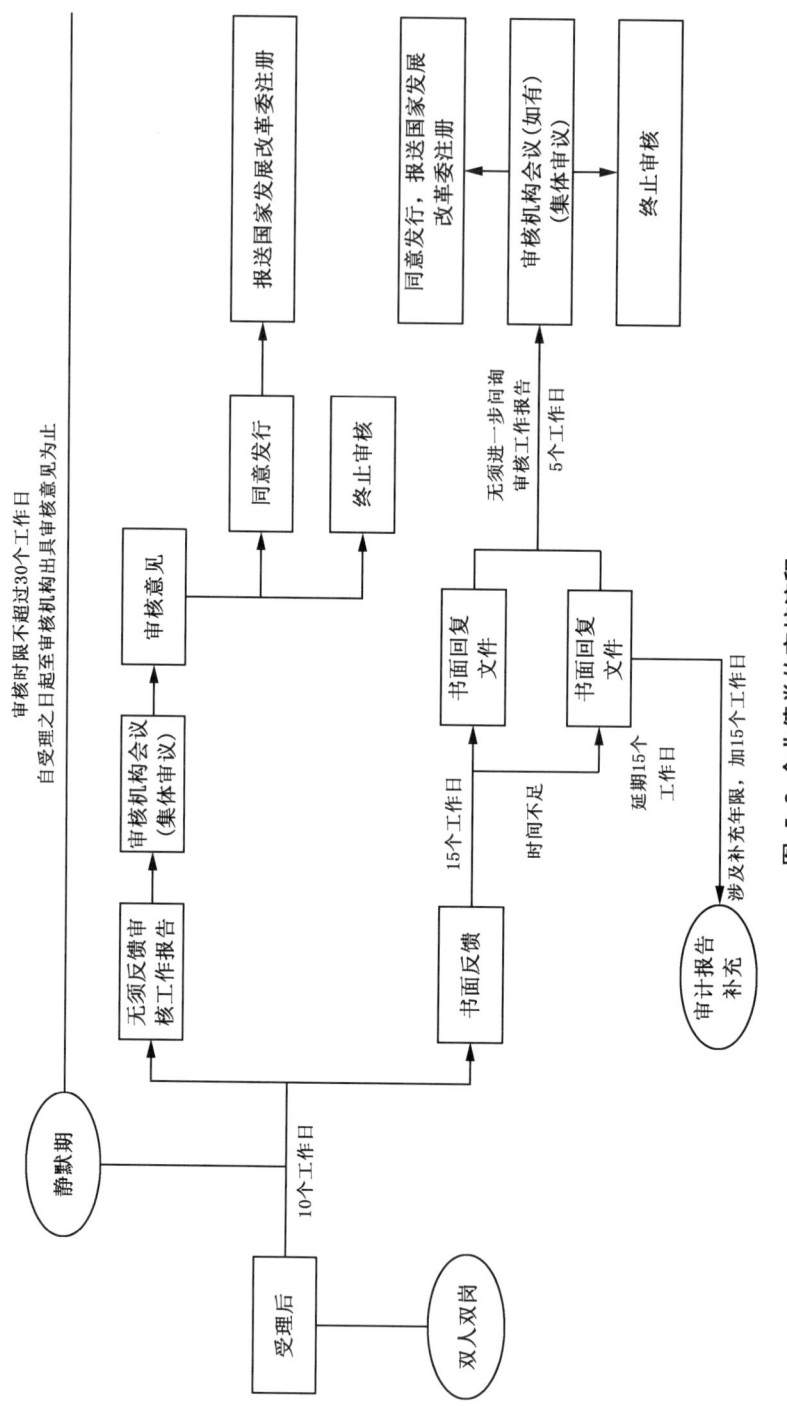

图 5-2 企业债券的审核流程

(4)企业债券发行审核职责发生变化

2023年3月10日,十四届全国人大一次会议第三次全体会议表决通过了关于国务院机构改革方案的决定。根据国务院机构改革方案,划入国家发改委的企业债券发行审核职能,由证监会统一负责公司(企业)债券发行审核职能。这就意味着企业债券的审核机构将正式由发改委变更为证监会。

2023年4月18日,中国证监会、国家发改委公布《关于企业债券发行审核职责划转过渡期工作安排的公告》,明确为确保企业债券发行审核职责划转工作的有序衔接和平稳过渡,设置自4月21日起6个月时间为过渡期。过渡期内企业债券受理审核、发行承销、登记托管等安排保持不变。

未来,由证监会统一负责企业债券和公司债券的发行审核工作,对规范债券市场发展具有积极意义,是推动债券市场统一监管的重要一步。这有利于债市大一统市场管理的推进,有效防范企业融资乱象。

(5)注册制改革后企业债券的审核要点

①企业债券监管要求

表5—3　　　　　　　　　企业债券监管要求

\multicolumn{2}{c	}{企业债券监管要求概览}
发行主体	公司需具有独立法人资格,成立已满三年; 具有合理的资产负债结构和正常的现金流量; 主体评级不低于AA−,债项评级不低于AA
财务要求	根据最新窗口指导,累计债券余额不超过公司有效净资产的100%; 最近三年连续盈利; 最近三年平均可分配利润(取净利润或归母公司净利润孰高)足以支付企业债券一年的利息
募投项目	募集资金的投向符合国家产业政策和行业发展方向; 用于固定资产投资项目的,需取得省发改委出具的专项意见,符合固定资产投资项目资本金制度的要求,累计发行额一般不超过该项目总投资的70%(绿色债券上限为80%),债券存续期内项目收益覆盖债券利息,项目批复文件齐备; 用于补充营运资金的,不超过发债总额的40%(养老产业、战略性新兴产业、双创孵化、配电网建设、绿色债券、PPP专项债券上限为50%)
债券增信	一般情况下,资产负债率在65%以上的城投类企业和75%以上的一般生产性企业,提供有效增信措施; 主体评级为AA+、资产负债率为70%以上的城投类企业和80%以上的一般生产性企业,提供有效增信措施; 主体评级为AAA,资产负债率为75%以上的城投类企业和85%以上的一般生产性企业,提供有效增信措施; 资产负债率超过85%的,债务负担沉重、偿债风险较大的企业,不予核准发债
禁止事项	最近三年不存在重大违法违规行为; 已发行的债券或其他债务不存在违约或延迟支付本息的事实; 不存在改变已发行债券募集资金用途

②城投企业关注要点

第一,不在原银监会平台名单内或平台风险定性全覆盖。

第二,收入结构。补贴收入与营业收入比例不超过3∶7,如果发行人为地方轨道交通建设投融资主体(如铁路投资公司、地铁或高速公路公司等)、非公开发行项目收益债券则暂不受该比例限制。

第三,政府性应收款。来源于政府的应收款不得超过净资产的60%;发改办财金〔2018〕194号文要求募集补充披露:应收款项的明细、形成原因、报告期内回款情况、未来回款计划。涉及往来款或资金拆借的,需要披露决策权限、程序、定价机制。涉及关联方的,根据会计准则核查会计的合理性。同时,提示以上风险。另外,需主承销商对以上内容的经营性、非经营性进行核查;会计师对以上函证、坏账计提进行说明;律师对往来款和资金拆借合规性进行核查并发表意见;在材料中应弱化地方政府对企业的隐性支持,地方政府债务率超过100%的平台,发改委会关注。

第四,债券规模限制。新《证券法》实施后,40%的额度限制放开,根据最新的窗口指导,目前,企业债券发行规模放宽到了净资产的100%;在计算净资产额度限制时,需用净资产减去公益性资产后的有效净资产计算。

第五,增信要求。根据主体评级及资产负债率情况判断是否需要引入增信;主体评级为AA及以下的区县平台公司需将债项评级提升至AA+或AAA。

三、城投公司债券融资实务要点

城投公司发债有两个必要途径:资产整合与评级提升。

1. 资产整合

资产整合是城投公司规范治理结构、扩大资产规模的有效手段,对于后续合规开展市场化融资、提升城投公司主体信用评级、发挥城投公司市场化经营潜力具有重要意义。

城投公司的资产类型主要有三类,即城投业务资产、公用事业业务资产和经营性业务资产。首先,城投业务资产包括委托代建业务形成的资产、土地整理业务形成的资产、政府划拨的土地使用权资产等。其次,公用事业业务资产包括供热公司资产、供水公司资产、燃气公司资产、公交公司资产等。最后,经营性业务资产包括商业写字楼、商业运营旅游景点、上市公司股权、国有企业股权等。

(1)资产整合逻辑及整合流程

城投公司资产整合的逻辑主要有三类,即提升资产质量、提高营利能力和增强偿债能力,具体如下:

①提升资产质量:将区域内城投公司进行集中整合;划入优质国有企业股权;划出无效资产和公益性资产等。

②提高营利能力:划入公用事业运营类资产;划入城商行和农商行等优质金融股权;增加财政补贴和公用事业的运营补贴等。

③增强偿债能力:增加对城投公司委托代建和土地整理业务的回款;增加对城投公司其他应收款的回款,减少对城投公司的资金占用;提高城投公司的实收资本,降低公司资产负债率等。

城投公司资产整合的具体流程如表5-4所示:

表5-4　　　　　　　　　　城投公司资产整合具体流程

实施阶段	实施内容
1	确定资产整合的城投公司主体
2	梳理区域内经营性资产和国有企业股权
3	形成明确的资产整合方案并经政府审核同意
4	对拟划入的资产进行清产核资和评估,出具清产核资报告和评估报告
5	政府部门以清产核资报告和评估报告为基准,出具资产划转正式批复文件
6	依据政府批复文件将资产注入城投公司
7	会计师事务所入场对整合后的城投公司进行合并审计,出具模拟审计报告
8	评级机构依据模拟审计报告,出具城投公司主体信用评级报告
9	城投公司以模拟审计报告和评级报告为基础,申请贷款和发行债券

(2)城投公司资产整合的具体方式及资产注入需要注意的问题

城投公司资产整合的具体方式主要有以下六种:

①将区域内多个城投公司划转到优质城投公司,提升主体评级;

②新设主体整合区域内城投公司资源;

③将区域内优质国有企业股权划转到城投公司;

④将区域内城投公司资产进行置换,实现资源优化配置;

⑤整合区域内收益性较高的资产到城投公司;

⑥城投公司收购上市公司,整合国有资产,增强企业实力。

自2010年以来,国家相继发文,明确表明公益性资产及储备土地不得作为资产注入城投公司。城投公司的公益性资产是指主要为社会公共利益服务,且依据国家有关法律法规不得或不宜变现的资产。公益性资产主要包括公立学校、公立医院、公园、事业单位资产、政府资产等。对于已注入城投公司的公益性资产,在计算发债规模时,必须从净资产规模中予以扣除。对于在财预〔2012〕463号文件下发后注入的公益性资产和土地,需从城投公司资产中剥离,如果前期已发行过企业债券,则需按照规定程序和要求,相应置换入有效资产。

2. 评级提升

城投公司最关心自身评级如何提升,其中区域因素是城投公司自身无法改变的。一、二线城市,百强县,经济强市县的城投公司,有一个好的"出生",是众多金融机构投放的首选。区域情况短时间内变化不大,提升评级时主要在公司业务、管理及财务水平上下功夫。南京卓远资产管理有限公司针对性提出以下建议:

(1)在业务方面

①增强城投公司竞争力:成为当地主平台,通过整合重组等方式,提升城投公司在当地平台中的重要性。

②增强业务稳定性:争取政府支持,规划基建项目年度业务量,改善业务合同,保障基建业务稳定。

③增强业务可持续性:选择可持续、发展前景好的业务类型;发展投资业务,获取投资收益。

④增强业务多样性:科学规划业务,多元化发展,增加主营业务种类,促进非基建业务持续发展。

(2)在管理方面

①提升法人治理水平,引入外部董事,提升决策水平。

②优化部门架构和集团管控能力。

③完善投融资管理及债务管理机制。

(3)在财务方面

①增加有效净资产规模:争取政府支持,可通过区域资源整合、资产注入等方式。

②增加优质资产规模:收购上市公司、产业资产或燃气水务等具有稳定现金流的资产。

③政府债务置换:置换高息债务,降低债务负担。

④进行债务规划:控制债务规模和结构,减少短期债务,增加长期债务;开展融资筹划,提升直接融资比例,控制利息成本。

⑤强化运营管理,提升营收规模和质量,控制运营成本,增强营利能力。

⑥增加经营性现金流,例如开展贸易业务、代建过渡到总承包等。

(4)评级提升的意义

评级本质上是城投公司由原来依赖政府信用向创造企业信用的转变,而资信等级又是一个企业履约状况和偿债能力的综合反映,低等级的企业较难获得金融机构和投资者的支持,在融资的难易程度和融资成本方面都处于不利的地位。因此,信用评级对企业来说至少有以下四大作用:

①融资市场的通行证

信用评级是企业发行债券的重要条件,是获得政府扶持、竞标、商务往来、招商引资、融资担保、银行贷款的通行证。

②降低融资成本的手段

高等级的信用可以帮助企业较方便地获得金融机构的支持,得到投资者的信任,能够扩大融资规模、降低融资成本。

③市场经济中的"身份证"

良好的信用评级可以提升企业的无形资产,高等级的信用是企业在市场经济中的"身份证",能够吸引投资人、合作伙伴,也是城投公司市场化转型成果的体现。

④强化企业管理、加强风险防范

通过客观评价,企业可以发现自身的不足和存在的隐患,改善经营管理和加强风险防范。

四、债权融资的优缺点分析

1. 债权融资的优点

(1)债权融资的成本较低。从投资者角度来讲,投资债券可以受限制性条款的保护,其风险较低;相应地,要求较低的回报率,即债券的利息支出成本低于普通股票的股息支出成本。与此同时,债券的利息是在所得税前支付,有抵税的好处,显然,债券的税后成本低于股票的税后成本;从发行费用来讲,债券一般也低于股票。

(2)具有杠杆作用。不论公司盈利多少,债券持有人只收回有限的固定收入,而更多的收益则可用于股利分配或留存公司以扩大投资。

(3)保障公司的控制权。持有债券的投资者一般无权参与发行公司的管理决策,不会导致公司控制权的分散。

2. 债权融资的缺点

(1)由于债券通常在发行时会设有固定的到期日,并且需要定期还本付息,所以始终会给公司带来财务压力。一旦市场经营状况不太理想、公司发展不景气时,还本付息的债务压力就会成为公司的沉重负担,带来较高的财务风险。

(2)债券发行的限制条件较多。发行公司债券通常需要抵押和担保,而且有一些限制性条款,这实质上是取得一部分控制权,会削弱经理控制权和股东的剩余控制权,从而可能影响公司的正常发展和进一步筹资能力。

第三节　非标融资

一、非标融资的含义及城投公司非标融资的起源

1. 非标融资的含义

非标融资,又称非标准债权融资。其中,"标"是指标准城投债,"非标"指的是城投非标准融资债,虽然二者的发行主体相同,都是城投融资平台,但它们的流通市场和参与主体完全不同。

非标资产的全名为"非标准化债权资产",但长期以来,非标资产无明确定义,直至2013年《中国银监会关于规范商业银行理财业务投资运作有关问题的通知》(银监发〔2013〕8号)颁布,才给予非标资产较权威的定义作为参考,即指"未在银行间市场及证券交易所市场交易的债权性资产,包括但不限于信托贷款、委托债权、承兑汇票、信用证、应收账款、各类受(收)益权、带回购条款的股权性融资等",其在定义的过程中采用了枚举式,对非标资产的种类进行列举。随后,原银监会也在不断调整该定义,甚至包括证监会在内的其他监管机构也对非标资产提出相关定义。2018年4月27日,中国人民银行、原中国银行保险监督管理委员会、中国证券监督管理委员会和国家外汇管理局联合发布《关于规范金融机构资产管理业务的指导意见》(以下简称"资管新规"),其中将标准化债权资产定位为应当同时符合以下条件:

(1)等分化,可交易;

(2)信息披露充分;

(3)集中登记,独立托管;

(4)公允定价,流动性机制完善;

(5)在银行间市场、证券交易所市场等经国务院同意设立的交易市场交易。

最后补充:标准化债权类资产之外的债权类资产均为非标准化债权类资产,即不符合上述5个条件的为非标资产。

综上可以看出,能否在监管机构认定的交易场所中进行交易成为定义非标准化债权资产与标准化债权资产的一个共性条件。但两个定义又不尽相同,分别来看,原银监会8号文以枚举式直接指明非标资产的种类,只是随着非标资产不断推陈出新,原银监会8号文很难将所有的非标资产种类囊括。而资管新规则是正面严格定义标准化债权类资产的认定标准,在考虑交易场所的基础上,还新增了公允价值、流动性和信

息披露等方面的要求。因此,城投债的发行场所是判断其"标"与"非标"的关键所在。城投公司非标融资是城投平台通过银行间市场、交易所市场之外的方式获得的融资,目前,主要以信托以及地方金交所通道开展。

2. 城投公司非标融资的起源

2008年,为应对国际金融危机的冲击和稳定经济,我国推出"4万亿"经济刺激计划,地方政府积极开展铁路、公路及基础设施项目,中国经济不仅没有发生衰退,反而掀起新一轮的繁荣,2009—2011年,中国GDP增速平均高达9.33%,在"4万亿"计划刺激后的几年,经济出现一定的过热倾向,资产泡沫显现。为抑制经济过热,2010年监管机构开始进行调控。由于前期政府投资大幅度增加带来银行信贷资产迅速扩张,导致监管机构对信贷采取总量控制方式进行收紧,地方政府融资平台也成为原银监会限制银行贷款重点投向的领域之一,地方政府融资平台不得不转换融资方式。

对于地方政府来说,其对基建项目的成本考虑相对较少,对利率的敏感度相比其他行业相对较低,其目的是提高政绩、追求GDP的高速增长,因此,地方政府极力争取较易获得的融资,避免项目前序投资资金链断裂造成烂尾。于银行而言,非标融资一方面能满足银行在利率市场化进程下追求更高收益的需求,另一方面其形式灵活,可以通过同业资产、券商、基金子公司等资管的通道方式将非标资产表外化、收益表内化,甚至可以少计提或者无须计提资本,从而达到规避对信贷规模和投向的管制、降低资本消耗和拨备带来的监管压力等目的。因此,地方政府融资平台和银行两方不谋而合,银行通过各种非标融资方式向地方政府融资平台提供了大量资金,促进了非标融资的蓬勃发展。我们仅从央行公布的社会融资规模数据看,2008—2009年,社会融资规模存量分别同比增加20.50%和34.80%,而在那两年,极具代表性的非标融资的信托贷款存量分别同比增加84.30%和63.40%,大幅度超过社会融资的同比增速。

二、非标融资的发展情况

自2009年以来,在"4万亿"经济刺激计划的带动下,非标融资开始迅速发展,尤其在2012—2014年发展迅猛,2015年经济开始过热,影子银行的无序发展受到高层重视,开始规范非标融资业务,监管部门下发包括资管新规在内的多项措施,加大对非标业务的监管,从资金方、融资方和通道方三方面全面加强整治。之后,政策效果显现,非标融资规模开始大幅缩减。

2006—2009年是非标融资的初步发展时期,每年新增量在1万亿元左右;2010—2014年为快速发展阶段,每年新增量都在2万亿元以上,2013年最高,新增量达5万亿元以上;2015—2017年进入缓慢增长期,新增量逐年增加,2017年达到该阶段最高;

2017年政策开始去杠杆,整顿影子银行和理财,非标融资开始转为收缩,2018年大幅收缩2.9万亿元,以后收缩幅度逐年收窄。从存量上看,也是于2017年达到最高的26.9万亿元,随后进入收缩趋势,2020年非标融资存量为20.9万亿元,3年间收缩了6万亿元。

从存量来看,2017年,委托贷款和信托贷款存量规模达到峰值,然后从2018年开始趋于收缩,到2020年末,分别下降至11.06万亿元和6.34万亿元,3年分别收缩了2.93万亿元和2.13万元,收缩幅度分别达25.14%和20.97%。未贴现银行承兑汇票存量规模的峰值出现在2013年,较前者提前了4年,主要是由于从2013年起监管机构出台多项政策规范影子银行业务;2020年末下降至3.51万亿元,较峰值收缩了50.14%,较2017年末收缩了0.93万亿元,收缩幅度达20.92%。可见从2018年压降非标以来,信托贷款压降幅度最大,是导致非标融资规模收缩的主要因素。从增量上看,未贴现银行承兑汇票于2014—2016年出现大幅负增长,是监管部门治理影子银行业务政策效果的体现。2018—2019年,未贴现银行承兑汇票缩减幅度相对较小,2020年重回正增长,增加1 746亿元,同比多增了6 503亿元,融资功能有所恢复。信托贷款和委托贷款在2018—2020年持续大幅收缩,委托贷款收缩幅度趋于收窄,信托贷款收缩幅度持续加大。总体来说,非标各构成部分规模与总规模保持同步收缩的态势,但收缩幅度有所不同,主要原因是各阶段政策关注的重点及力度不同。值得注意的是,尽管2020年为对冲疫情的负面影响,我国政府实施了特殊的货币金融政策,但全年信托融资和委托贷款仍为负增长,尤其是信托贷款大幅减少1.1万亿元,同比多减7 553亿元,可见政府压缩非标力度之大。

从趋势上看,在清理整顿影子银行、规范理财和资产管理市场、资管新规过渡期即将结束的大背景下,非标融资规模总体收缩的趋势在所难免。2021年1—4月,信托融资下降1.1万亿元,较上年同期压降幅度大为增加;委托贷款下降231亿元,下降幅度有所减小;银行承兑汇票净增1.48万亿元,延续了自2020年疫情暴发以来的增长之势,可能是疫情之后经济恢复期的特殊现象,估计难以持续。总体而言,非标融资或将继续维持收缩态势。监管部门计划2020年压降融资类信托规模1万亿元,实际压降了1.1万亿元,其中,2020年12月信托贷款大幅减少4 620亿元,主要是受监管政策约束,年底到期的大量信托项目并未续期;截至2020年末,信托贷款余额同比下降14.8%,降幅远远高于2019年的4.4%;截至2021年2月末,信托贷款余额同比降幅进一步升至16.8%,是自2007年有数据以来最大的降幅,可见监管机构对房地产业信托贷款、通道业务和资金信托的监管的严格程度一直没有放松。

三、城投企业非标融资的主要模式

城投企业非标融资的资金来源可以分为银行机构和非银行金融机构,其中银行机构为最主要的资金来源,以"信贷方式"间接实现非标融资;非银行金融机构,例如信托机构的信托贷款、融资租赁公司的融资租赁贷款、保险机构或私募基金的"明股实债"方式也对城投企业发放了大量融资贷款。同时,考虑到城投企业非标融资体量大,市场上并无较为权威的城投企业非标融资统计,且城投企业记账方式多样,因此,本书梳理了非标融资业务模式和会计处理方式的差异,具体如下。

1. 以"信贷方式"实现非标融资

在以信贷方式实现非标融资的业务模式下,随着不同时期监管的特征不同,呈现出如下变化:

早期的银信合作仅仅停留在银行代理销售信托产品的层面(如图 5-3 所示)。2005 年,原银监会颁布《商业银行个人理财业务管理暂行办法》和《商业银行个人理财业务风险管理指引》,准许银行经营委托理财业务,银信理财合作以商业银行利用理财资金购买信托产品等方式展开,至此,银信产品的大门才正式开启。在"4 万亿"经济刺激计划施行后,监管开始严控表内信贷资金流向,银行为规避监管,通过大量发行融资性理财产品开展表外业务,将募集的资金借助信托公司设立信托计划,从而实现对城投企业(已授信企业)间接放贷(具体业务模式见图 5-3)。根据公开数据显示,截至 2009 年底,全国信托资产共计 20 440 亿元,其中,银信合作业务为 13 294 亿元,占全部信托资产的 65.04%;2009 年社会融资中信托贷款的增速高达 63.40%。

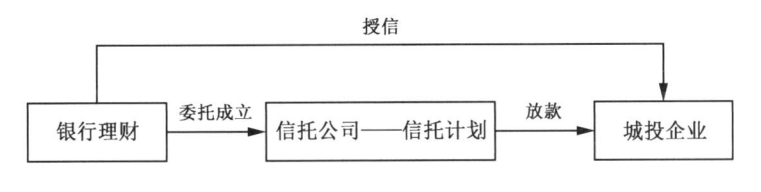

图 5-3 银信合作对接城投企业

为避免急剧膨胀的银信合作理财产品冲击银行资产质量、规避监管、影响宏观调控,2010 年 7 月 2 日,原银监会紧急叫停部分银行与信托公司的合作业务,尤其是银行表内信贷资产转移到表外的产品和信托贷款类产品,并随后下发多个文件规范银信合作,信托贷款存量增速从 2010 年年中开始急速下滑,增速由 2010 年的 34.40% 下降至 2011 年的 13.50%。虽然银信合作监管日趋严厉,但 2012 年恰逢证监会开始鼓励券商、基金子公司创新改革,券商、基金全面放开资管业务。受益于政策红利的释放,银行理财资金从之前的投资非标债权资产开始转向与券商或基金子公司密切合作,从而绕开银信合作的约束。但由于券商和基金子公司没有发放贷款的资格,所以变相通过以下两种方式开展合作:一是采用委托贷款方式,简单来看,即实际出资人银行 A 作为委托人,通过券商或者基金子公司的资管计划(通道)委托银行 B 对城投企业(银行 A 已授信)进行变相融资。二是采用信托贷款方式,即"银证信"或"银基信"合作,可以绕开前文所述银信合作的约束,即相比于第一种方式,由银行 B 换成了信托公司。银行 A 先作为委托人与证券公司或基金公司签订定向资产管理合同,再由券商或者基金子公司的资管计划,将理财资金委托信托公司设立信托计划,将资金投向城投企业(银行 A 已授信)(如图 5—4 所示)。

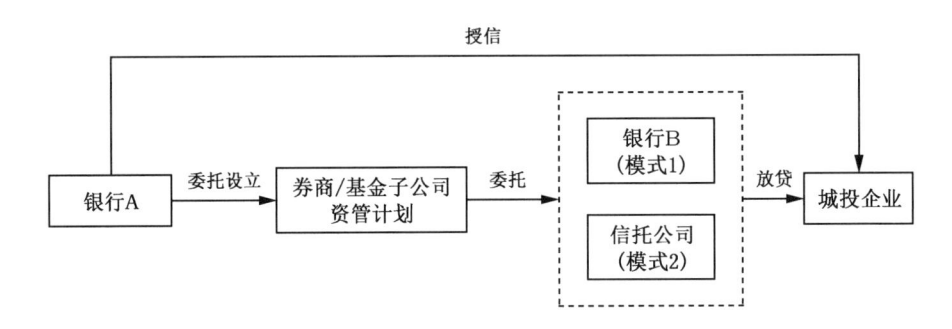

图 5—4 券商、基金资管通道业务对接城投企业

2013—2015 年,部分表外业务转向表内,以同业资产间接实现非标融资。通过银行、券商和基金等层层嵌套投资的非标模式,一方面,实际出资人银行 A 得以隐藏,在分业监管模式下,原银监会难以把握实际非标融资规模,银行风险资本计提不足;另一方面,不易于宏观调控,M2 增速无法有效把控,引发通胀抬升,实体经济持续加杠杆。因此,2013 年 3 月 25 日原银监会发布《中国银监会关于规范商业银行理财业务投资运作有关问题的通知》(银监发〔2013〕8 号,简称"8 号文"),规范商业银行理财间接投资非标业务。监管的核心内容主要包括:理财产品应与投资资产一一对应、充分披露理财产品各项信息、理财投资资产中投向信贷类的比例限制以及理财投资合作机构名单制管理。在此阶段,监管机构对理财投资非标业务施加了较强的限制,利用表外对接非标的规模扩张受到限制。在此背景下,银行开始转向采取同业业务表内方式对接非标的模式。与前文所述的以信托、资管等通道为核心进行投资的方式不同,同业模式下是以银行之间的通道为核心,涉及两方、三方甚至更多方银行之间的合作,较为经典的同业模式是买入返售三方协议模式。

具体来看,一般有资金过桥方(甲方)、实际出资方(乙方)和信托受益权远期受让兜底方(丙方)三方参与并签署协议。乙方由于信贷政策受限,通过甲方(实际业务中,银行、基金、券商等主体均可担任)委托信托公司向城投主体发放信托贷款。同时,若在甲方是银行的情况下,甲方可以将信托受益权卖断给乙方,甲方作为资金过桥方通过该操作顺利将所形成的对城投主体的非标债权出表,而乙方(银行)作为实际出资方以同业资金受让甲方持有的信托受益权,丙方(银行)则承诺在信托到期日前无条件购买乙方受让的信托受益权,信托受益权就成功从甲方到乙方,进而在远期到丙方,丙方才是风险的真正承担方。甲、乙、丙三方通过该操作将交易转变为同业业务,达到间接放款的目的,获得收益的同时还无须缴纳准备金,而且风险权重较正常贷款也更低,从而规避了监管并减低了资本消耗(如图5-5所示)。

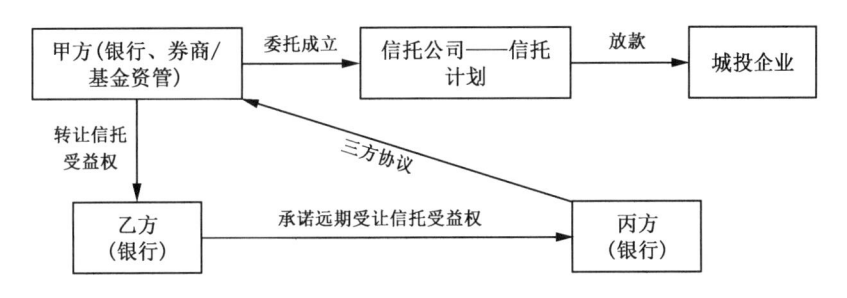

图5-5 同业业务对接城投企业

而在实际业务中,根据买入返售三方协议模式进行变化,可以嵌套入多个过桥方来规避监管。2014年,原银监会等多部门联合出台《关于规范金融机构同业业务的通知》(银发〔2014〕127号,以下简称"127号文"),对同业业务进行严格规范,特别是同业业务中的非标业务,其中第五条规定:买入返售(卖出回购)相关款项在买入返售(卖出回购)金融资产会计科目核算,三方或以上交易对手之间的类似交易不得纳入买入返售或卖出回购业务管理和核算;买入返售下的金融资产必须为银行承兑汇票、债券、央票等在银行间市场、证券交易所市场交易的具有合理公允价值和较高流动性的标准化资产,卖出回购方不得将业务项下的金融资产从资产负债表转出。第十条规定:需按照"实质重于形式"原则,根据所投资基础资产的性质,准确计量风险并计提相应资本与拨备。至此,同业资金对应非标融资受到了有效的控制。

自2014年以来,非标资产的增速相对稳定,但绝对量规模依旧很大。伴随着从2016年开始的金融去杠杆,各监管机构合力清理通道,非标融资的表内和表外方式被逐个击破。证监会在2016年陆续出台《基金管理公司子公司管理规定》《基金管理公司特定客户资产管理子公司风险控制指标管理暂行规定》等一系列文件,规定基金管理公司子公司新开展的业务需按照最高3%计算风险资本,并且需根据相关收入计提风险准备金。通道费提升后基金管理公司子公司整体优势不再,且本身资本金较少,资本补充难度较大,基金管理公司子公司的通道业务大幅收缩。随后在2017年底和2018年初,原银监会发布《关于规范银信类业务的通知》和《商业银行委托贷款管理办法》,银信通道和委托贷款业务全面整顿。资管新规发布后,禁止非标资产池业务、禁止非标期限错配、禁止两层以上的嵌套,缺少银行资金的支持,非标规模大幅缩减。

2. 以"信托贷款"方式实现非标融资

信托公司也可以通过自有资金或者设立信托计划,直接将募集的资金对城投企业进行放贷,在相关科目中会指明信托机构的名称。

3. 以"融资租赁"方式实现非标融资

融资租赁业务主要包括直接租赁和售后回租两种模式,由于售后回租模式的融资性质更强,而且城投企业拥有较大规模的政府注入资产或者基建业务形成的固定资产,因此,目前融资租赁公司和城投企业合作项目几乎都采用售后回租模式。售后回租具体是指城投公司作为承租人将自有资产卖给出租人(租赁公司),同时与出租人签订融资租赁合同,再将该资产从出租人处租回,其实质是城投公司通过出售租赁物将固定资产转化为货币资本,之后通过支付租金的方式对出售的资产进行回租,来保留对资产的占有权、使用权和控制权。就融资属性而言,融资租赁与银行贷款并无区别,唯一的区别在于银行贷款需要租赁物抵押权做担保,而售后回租需要用租赁物的所有权进行担保,拥有所有权的出租人在处置租赁物时更加直接方便。需提示的是,由于融资租赁的融资成本一般高于银行贷款,所以通常城投企业只有在银行贷款困难时,才会考虑更高成本的售后回租融资(如图5—6所示)。

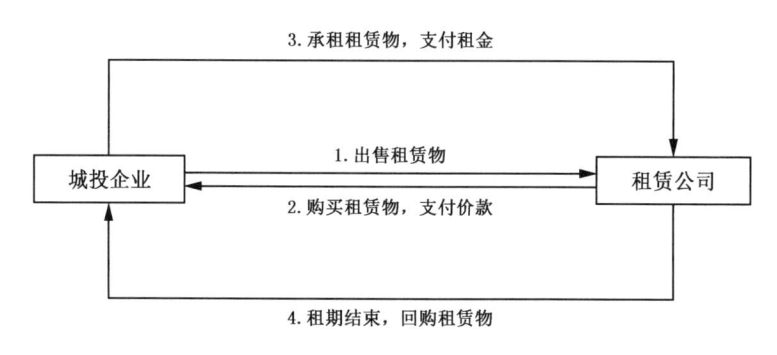

图5—6 融资租赁交易结构

在售后回租模式的实际业务开展过程中,很多采取的是通道业务,即银行负责项目筛选,融资租赁公司以售后回租的形式向承租人发放一笔融资,从而形成应收租金,融资租赁公司用这笔应收租金再向银行做保理融资(一般是无追索权的)或其他应收账款类融资。在这种业务中,银行负责资金来源和资金安全,融资租赁公司不负责客户资质审查,也不承担客户违约风险,纯粹作为提供资质的通道。但随着从2018年以来资管新规等政策的发布,"消除多层嵌套,抑制通道业务",融资租赁企业大量存在的通道业务有所压缩。

4. 以"明股实债"方式实现非标融资

"明股实债",从字面上看,即该笔投资在名义上是股权投资,但实质上是债权投资——投资人不追求权益性高收益,仅要求具有债权投资的固定回报。根据中国证券投资基金业协会对"明股实债"提出的定义:投资回报不与被投资企业的经营业绩挂钩,不是根据企业的投资收益或亏损进行分配,而是向投资者提供保本保收益承诺,根据约定定期向投资者支付固定收益,并在满足特定条件后由被投资企业赎回股权或偿还本息,常见形式包括回购、第三方收购、对赌、定期分红等。该模式在资金量需求较大的基建业务中运用较为广泛,运用的机构较多是私募基金、保险机构等。

以中债资信调研的某区域城投企业为例,其"明股实债"的交易模式如下:甲方(某资产管理公司)认购丙方(城投企业全资子公司)的增资,计入注册资本。增资完成后,甲方对丙方的持股比例变为45%,乙方(城投企业)对其持股比例由100%降为55%。N年后,甲方有权利要求以下述两种方式退出投资:(1)丁方(××地方政府)按照约定的时间、比例和价格收购甲方持有的目标公司的股权;(2)由目标公司通过减少资本的方式收回甲方对目标公司的资本金,直至甲方的资本金全部收回,如果选择由乙方承担收购义务,若乙方无法按时支付收购价款,则丁方承担差额补足义务。可以看出,其投资收回的方式相当于定期分红偿还本金和利息。

现实中,还有多种"明股实债"的交易结构,例如由资产管理公司或基金公司担任普通合伙人(GP)有优先级,城投企业担任有限合伙人(LP)有劣后级,在优先级达到投资收益后,资管公司或基金公司可以同意城投企业退出。由于"明股实债"将易监管的表内负债变成难监管的表外隐性负债,与政府对于政府债务的管控背道而驰,因此相关政府部门和监管机构三令五申进行规范,例如财政部印发的《关于规范政府和社会资本合作(PPP)综合信息平台项目库管理的通知》(财办金〔2017〕92号)明确PPP项目不能以明股实债形式为社会资本方保底;2017年12月27日,《关于保险资金设立股权投资计划有关事项的通知》(保监资金〔2017〕282号)叫停"明股实债"型保险股权计划,"明股实债"呈现收紧态势("明股实债"交易结构如图5-7所示)。

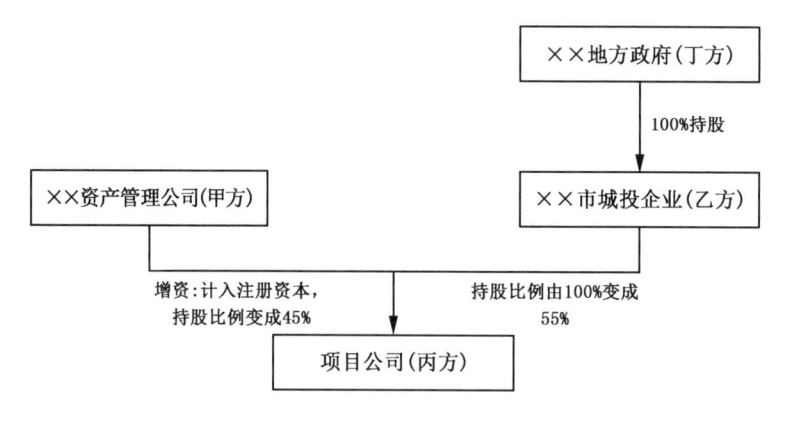

图 5—7 "明股实债"交易结构

四、城投企业非标融资现状

通过前文的分析可以看出,非标融资在一定程度上弥补了城投基建融资的缺口,但是城投企业在享受非标融资带来的融资便利的同时,也滋生了以下风险。

1. 城投企业的融资成本不断加重

非标融资借由信托、资管等各种通道流向城投企业,每一个通道带来的手续费均会推升非标融资的利率成本。根据实际调研情况,整体城投企业非标融资的成本显著高于银行贷款成本,其中,部分城投企业账面上的非标融资(例如信托、融资租赁)的利率成本大约为5%—7%,加上中介费、手续费等后成本超过8%,甚至在融资环境收紧的时候,部分城投企业的融资成本高达15%以上。

2. 非标业务在政策规范下转标压力加大

一方面,监管机构加大对违法违规融资担保行为的查处和问责力度,禁止用无现金流的公益性资产开展融资租赁业务,融资租赁业务受限;另一方面,伴随着资管新规的落地,禁止非标资产池业务、禁止非标期限错配、禁止两层以上的嵌套,部分以信贷方式多层嵌套的非标融资业务模式被禁止。由于城投企业自身营利能力弱,债务周转及投资支出主要依靠外部融资,在非标融资规模趋窄的背景下,城投企业到期非标产品只能依靠银行贷款及标准化产品来接续。自2020年以来,城投企业进入偿债高峰期,但市场资金面偏紧,转标压力很大,由此引发了多家城投企业陆续爆出非标融资逾期等负面消息。非标融资逾期后往往进一步恶化该区域内的融资环境,引发更为严重的债务危机,因此,需要密切关注非标融资占比高的区域。

五、城投平台非标融资的处理策略

受金融强监管的影响,原银保监会于 2021 年 7 月下发《银行保险机构进一步做好地方政府隐性债务风险防范化解工作的指导意见》(银保监发〔2021〕15 号),截至当前,城投非标的资金来源主要分两大类:第一类是信托机构募集的资金,第二类是保险机构募集的资金。对于做私募或第三方出身的机构来说,城投业务很难直接套用地产基金的操作模式,因此,目前一般都是通过"信托计划+基金/有限合伙"的产品架构或者直接在配资端与信托、保险机构展开合作。需要注意的是,因信托和保险资管的监管政策方面存在一定差异,所以信托机构和保险机构在城投非标业务上的介入方向和业务操作方式也存在差异。

对于大部分信托机构(准确地说,是属地的银保监局)来说,棚改项目、城市更新项目属于典型的涉房业务,城投平台关于此类项目的融资会占用地产额度,审批方面也可能存在一定的难度。还有一个问题是,棚改、城市更新项目的还款来源具有不确定性,即便有"政府购买服务协议""委托代建协议"等,也需考虑是否涉及政府隐性担保或隐性债务的问题。具体业务操作方面,在"信托计划+基金/有限合伙"的产品方向上主要按两种思路处理:第一种是针对没有涉及政府隐性债务的,与信托计划设立有限合伙企业后,有限合伙企业与城投平台共同设立项目公司,有限合伙企业以"股加债"的形式向项目公司注入资金,并由总包单位贴息;第二种是针对有可能涉及政府隐性债务的,与信托计划设立有限合伙企业后,有限合伙企业与总包单位共同设立项目公司,有限合伙企业以权益投资的形式向项目公司注入资金。

事实上,在城投平台的棚改、城市更新、保障房项目是否涉房的问题上,不同的信托机构会有不同的认定标准,比如城投平台的经营范围不涉及房地产,主营业务的收入构成中,与房地产有关的比重也很低的话,仍旧有按非涉房业务进行处理的空间(经营范围含房地产业务的话,则要对房地产业务占比进行说明)。当然,如果需要按涉房业务进行处理,在有额度的情况下,对于信托机构来说也不存在什么问题。需要注意的是,信托机构除了上述放款模式,做城投平台的流动资金贷款、项目贷、标品和购买债券等其实都属于比较常规的操作方式。另外,因为城投平台在利润率考核方面较难达到一些信托机构的设定标准,因此,对于国有平台、租赁公司等 AA 或 AA+以上的、对资金成本要求比较高的城投平台,不少信托机构比较倾向于走保险的通道,也即资金来源主要是险资。就目前的配资业务而言,也有保险资管机构通过保债计划向城投平台投入资金的情况,其中,保险资管参与城投的棚改很可能成为以后的主流方向。

第四节　盘活存量资产

一、盘活存量资产的含义

盘活存量资产是指通过各种方式来整合现有长期闲置但具有较大开发利用价值的项目资产,从而起到防止资产闲置浪费的作用。2022年5月25日,国务院办公厅发布《关于进一步盘活存量资产扩大有效投资的意见》,从重点方向、盘活方式、政策支持、组织保障、风险防控等方面就盘活存量资产、扩大有效投资工作进行全面部署。发改委、交易所关于盘活存量资产的配套指导文件之后也接连下发,稳经济的急迫之感可见一斑。

二、盘活存量资产的原因

事实上,盘活存量资产前几年就有所提及,2016年10月,国务院印发的《关于积极稳妥降低企业杠杆率的意见》指引通过盘活存量资产,降低国有企业杠杆率;2017年7月,国家发改委发布的《关于加快运用PPP模式盘活基础设施存量资产有关工作的通知》强调通过PPP模式规范有序盘活存量资产,实现投资良性循环。表5—5展示了盘活存量资产的相关文件,尽管盘活存量资产提了很多年,但从整体上看,推进的效果可能并未凸显。PPP作为最早的盘活方式,在经历了一段时间的火热后,也面临地方政府隐性债务增加、民营企业参与度下降等各种问题,近两年PPP项目入库数量有所下降。

表5—5　　　　　　　　　　盘活存量资产的相关文件

《关于做好盘活存量资产扩大有效投资有关工作的通知》	《关于进一步发挥资产证券化市场功能支持企业盘活存量资产的通知》	《关于进一步支持企业发展服务实体经济的通知》	《关于推进基础设施领域不动产投资信托基金(REITs)试点相关工作的通知》	《关于加强国有企业资产负债约束的指导意见》	《关于加快运用PPP模式盘活基础设施存量资产有关工作的通知》	《关于积极稳妥降低企业杠杆率的意见》
发改委	上交所	深交所	证监会、发改委	中共中央办公厅、国务院办公厅	发改委	国务院
2022年6月19日	2022年6月30日	2022年6月24日	2020年4月20日	2018年9月13日	2017年7月7日	2016年10月10日

本书总结了三类盘活存量资产的原因：

首先，稳住经济大盘的需要。疫情暴发以来，多地受到疫情持续扩散的影响，导致经济严重受挫，产业链中断造成供给不足，地方政府基建项目资金短缺，制造企业固定资产投资需求萎靡，房地产企业更是自顾不暇，普通居民的消费需求也受到疫情的冲击和抑制。

其次，经济增长动能不足，迫切需要政府的手伸出来引导投资。但政府的一般预算收入和政府基金受疫情持续、留抵退税和房地产政策等影响开始下滑，很难抽身。因此，拿出存量资产来换取现金流，再进行新增投资，成为经济托底的重要手段。

再次，地方政府、城投平台、国有企业、房地产企业都面临一定的债务风险，而且房地产行业的风险已经大面积暴露。盘活存量资产一来可以引入新增资本，通过市场配置来解决部分资金问题，能够减少政府和企业的债务压力；二来可以向存量资产要收益，通过资产转让、并购重组、开发运营来增加收入和现金回流，实现资产的提质增效。

三、城投公司资产特点及盘活的主要方向

资产是由企业控制的、预期将会给企业带来经济利益的一种资源。由于长期发挥政府赋予的公益性项目投资运营职能，城投企业形成和拥有较多的公益性资产和资源性资产，部分城投企业还拥有少量的经营性资产，像宾馆、酒店、商业地产等。除了货币资金等少数资产类别，不同领域的城投企业的主要资产类别差异较大。比如，传统城投企业主要从事的市政基础设施开发建设和土地整理等业务，其主要资产便是土地和基础设施；公用事业城投企业主要从事的是公租房、廉租房、共有产权房、保障性租赁住房的建设、投资与运营，其主要资产类别便是保障性住房等。此外，部分城投企业还拥有特许经营权、金融牌照和城市空间资源等无形资产。城投企业资产具有以下特点：

1. 资产质量较差

自1987年我国第一家地方政府投融资平台公司——上海久事公司注册成立以来，经过几十年的发展，城投公司资产规模不断壮大，目前已经十分可观。城投公司资产规模虽然庞大，但资产质量却较差。

从资产构成来看，由于大多数城投公司是由政府通过财政拨款或注入土地、股权等资产成立，甚至包括注入公立学校、公立医院、公共文化设施、公园、公共广场、机关事业单位办公楼、市政道路、非收费桥梁、非经营性水利设施、非收费管网设施等公益性资产，因而城投公司天生便存在有效资产不足的问题。同时，由于城投公司从事的业务主要是公益性或准公益性项目的建设投资运营，这些资产受建设周期长、政府回

购慢、回报率低等因素影响，短期内难以变现，因而，城投公司账面上"趴着"大量的存货、应收账款等变现能力差的资产。

从资产流动性来看，地方城投公司有较高比例的资产是为了进行融资而承担的较大金额的对外担保责任，处于受限状态。这些资产不仅难以变现，而且由于占比较高，使得城投公司无法通过追加资产质押、抵押担保而获得续贷或展期，因而再融资能力较差。此外，不同区域城投公司之间的资产变现能力存在差别，欠发达地区由于经济活跃度低，基础设施等资产流动性要弱于发达地区。

从资产收益性来看，由于多数地方城投公司的资金投向以公益性项目或准公益性项目为主，这些项目本身能够产生的经营收益十分有限，同时，多数城投公司为扩大融资额度而被动注入了大规模的公益性资产，所以也大大拉低了资产的收益率。从本书筛选出的城投公司样本来看，城投公司在2020年末资产收益率仅为0.72%，资产周转率仅为9.29%，因而，资产质量较差。

2. 经营性资产规模较小

城投企业由于长期从事公益性或准公益性业务，经营性资产规模较小。虽然近年来在地方政府投融资体制转型背景下，城投企业转型加快，部分城投企业积极拓宽经营性领域，向贸易、产品销售、房地产、融资租赁、担保小额贷款等方面拓展业务，这部分业务在不断壮大，对城投企业形成了有益的补充，但由于城投企业从事这些业务的时间较短，缺乏一定的积累和沉淀，所以城投企业向市场化业务转型成绩并不突出，城投业务目前还是以公益性业务为主。

3. 国有资产属性突出

城投企业由政府出资设立，由地方政府绝对控股，城投资产属于典型的国有资产。虽然2015年中共中央、国务院下发的《关于深化国有企业改革的指导意见》中对推动国有企业发展混合所有制经济改革多有论述，但国企发展混合所有制进展仍较缓。从本书筛选出的城投企业样本来看，2020年2月，有335家城投企业的股东主要为地方政府及相关部门，如财政部门、发改部门、国资委以及地方国有企业，另外，有部分参股股东为国开发展基金、中国农发重点建设基金等政府股权基金，仅有个别城投企业像天津泰达投资控股有限公司有私人资本参股。此外，2020年末城投企业少数股东权益仅占净资产的9.84%。

四、盘活城投企业资产、化解债务的常用方式

1. 实物资产出售

城投企业主要从事公益性项目，其资产大多为公益性资产，这些资产由于地方政府没有及时回购,沉淀在城投企业的账面上,因而盘活城投企业资产最重要的是地方政府对这些公益性资产积极开展回购。此外,部分城投企业由于拥有一些可交易的实物资产,将这部分资产予以出售,尤其是将一些闲置资产变现或者直接抵债,有利于直接化解债务危机。

2. 无形资产出租或出售

由于部分城投企业承担了城市建设运营的重任,拥有一些特许经营权、城市空间资源等无形资产,对于这部分无形资产,可以以出租或出售的方式充分利用。以深圳金砖公用资产管理有限公司为例,据报道,该公司设计了"采用预算绩效能力定价的基础设施特许经营机制,化解地方政府隐性债务的方案",根据该方案,政府对基础设施项目进行预算绩效能力定价,定价后将特许经营权有偿转让给特许经营项目公司,金融机构对特许经营项目公司提供贷款(以特许经营应收账款质押),项目公司收到贷款资金后用于支付特许经营权转让价款,财政再将转让价款定向用于化解隐性债务。项目公司获得特许经营权、取得政府向项目公司支付的服务费后,用于偿还金融机构贷款。

3. 股权出售

股权出售是指城投企业将持有的子公司股权出售,或者采取增资扩股的方式,获得货币资金后用来偿还债务。

(1)上市

上市有利于扩大资本市场融资渠道,推动企业内部市场化革新,但目前城投公司实现整体上市的较少,主要原因在于城投公司缺乏独立性。虽然城投公司作为独立法人主体存在,但实际控制人是地方政府,导致城投公司在资产、业务、人员、机构和财务等方面独立性均不足。然而,作为上市公司,首要前提便是企业经营具有独立性。不过城投公司通过分拆上市的较多,分拆上市也就是将城投公司部分资产、业务或某个子公司改制为股份公司进行上市,比如云南省城市建设投资集团有限公司的上市子公司叫"云南城投置业股份有限公司",上市的资产只有几百亿元,与母公司几千亿元资产相比并不大。城投公司子公司上市后,不仅融资能力大幅提升,而且相应的债务也被剥离,减轻了城投公司债务负担。

(2)混改

2015年中共中央、国务院下发《关于深化国有企业改革的指导意见》,混改成为新一轮国企改革的重点。城投企业推进混改和引入战略投资者,既可以在子公司层面,也可以在集团层面。以衡阳市来雁新城公共设施建设投资有限公司重组为例,该公司主要负责衡阳市来雁新城13.12平方千米的土地整理和开发工作。2018年7月,华侨城向该公司注资 58 亿元,重组为湖南华侨城文旅投资有限公司,该项重组不仅让衡阳市卸掉了 83 亿元的债务包袱,还通过共享华侨城先进的平台、管理技术等,有力提供了市级投融资平台的发展后劲。

(3)股权信托

城投公司还可以将公司股权转移给受托人来达到压降债务规模的目的。对于具有稳定现金流的优质存量资产,城投公司可以将其持有的部分股权转移给受托人,由受托人再根据股权价值将资金注入城投公司形成股权,通过股息、红利所得以及到期转让股权的方式获得回报。对城投公司而言,运用股权信托模式,可以增加企业注册资本,降低资产负债率,改善城投公司信用。

4. 公募 REITs

随着公募 REITs 的兴起,其可以成为城投企业化解隐性债务、降低资产负债率的一种有力工具。REITs,即房地产投资信托基金,是一种权益融资工具,其通过发行标准化的证券或受益凭证汇集投资者资金,由专门的投资机构进行房地产投资经营管理,并将投资综合收益按比例分配给投资者。下一节将为读者详细解读公募 REITs 这一工具是如何被用来降低城投公司资产负债率的。

第五节　公募 REITs 盘活存量资产

一、公募 REITs 的背景、概念及特征

REITs 最早于 20 世纪 60 年代初在美国产生,由美国国会创立,意在使中小投资者能以较低门槛参与不动产市场,获得不动产市场交易、租金与增值所带来的收益。在亚洲,由于日本的房地产公司众多,所以 REITs 市场在日本规模很大。随着美国政府正式允许满足一定条件的 REITs 可免征所得税和资本利得税,REITs 开始成为美国最重要的金融工具之一。一般情况下,REITs 的分红比例超过 90%。美国大约有 300 只 REITs 在运作,管理的资产总值超过 3 000 亿美元,而且其中有近 2/3 在全国性的证券交易所上市交易。

REITs 是在公开市场以发行权益投资证券的方式募集资金,并将所募集的资金专门投向不动产领域,其所得投资收益以高比例的形式分配给投资者,也称为公募 REITs,属于产业投资模式的一种。在 2021 年 6 月之前,我国市场上曾推出过类 REITs 产品。根据海外市场的发展经验来看,公募 REITs 的投资领域并不局限于房地产,现已拓展至公路、铁路、通信、仓储、电力、市政及工业污水处理等具备较好经济价

值的不动产。

作为一种投资者广泛、所得税优惠、流通性较强、分红率相对较高的权益型融资工具，公募 REITs 包含以下 5 个特征：

1. 公开募集，投资者的购买门槛较低；
2. 可以在交易所等公开市场上自由流通；
3. 绝大部分资金投向现金流稳定、经营状况良好的存量资产；
4. 收入来源于存量资产的运营收入或资产自身的增值；
5. 需将绝大部分的应税收益以分红或股利的形式分配给投资者。

继 2021 年首批 9 只公募 REITs 试点产品上市近 5 个月后，第二批 2 只公募 RE-ITs 产品也正式获批。值得注意的是，2021 年 11 月，原银保监会发布《关于保险资金投资公开募集基础设施证券投资基金有关事项的通知》，同意保险资金投资基础设施公募 REITs。由此可见，各方正齐心协力，扎实推动公募 REITs 市场行稳致远。配合国家发改委对于进一步做好基础设施领域不动产投资信托基金试点工作的新要求，如何用好基础设施 REITs 盘活存量资产，值得深入探讨研究。

REITs 是通过公募方式，投资基础设施领域项目，通过持有项目资产或债权，享有租金收益、增值收益或债权本息的基金。它是落实中央降杠杆、深化投融资体制改革、推动基础设施投融资市场化及规范化健康发展的重要举措，对于存量资产盘活、基础设施投融资机制改革、吸引社会资本参与基础设施等多个国家重大战略都有积极的促进作用。自 2020 年 4 月开始，国家发改委、中国证监会连续印发《关于推进基础设施领域不动产投资信托基金（REITs）试点相关工作的通知》《引导社会资本参与盘活国有存量资产中央预算内投资示范专项管理办法》等一系列文件，大力推进基础设施不动产投资信托基金试点工作，建立起基础设施 REITs 的政策体系，明确试点项目申报要求，打造全国基础设施 REITs 试点项目库。政策制定、推广宣传、项目落地、试点扩容一气呵成，稳步推进。2021 年 6 月 21 日，全国首批 9 个基础设施 REITs 产品正式上市交易，发行规模合计 314.03 亿元，投资者认购踊跃，市场认可度较高。

REITs 试点工作为基础设施投融资改革提供了创新途径，搭建起了基础设施与资本市场的桥梁。REITs 基础设施项目作为底层资产进行资产证券化，实现了基础设施上市公开交易；搭建起了存量资产与新建项目之间的桥梁，依据政策，REITs 发行后 90% 的净回收资金应用于新建项目（鼓励用于项目资本金），通过盘活存量资产撬动新建项目投资；搭建起了基础设施公益性与商业性之间的桥梁，通过对接资本市场，基础设施不仅能继续发挥其公益属性作用，REITs 产品也在融资流转过程中体现出商业价值；搭建起了股权融资与债权融资之间的桥梁，作为股权融资手段，REITs

通过出售存量资产权益获得资金,同时,原始权益人发行REITs后资产负债率下降,增加了债权融资空间。

二、REITs盘活存量资产实操分析

1. REITs项目融资产品结构

在REITs的交易中,交易结构分为底层资产、中层基金、上层专项计划三个主结构。专项计划由银行子公司设立并管理,募集资金用于中层基金购买底层资产,专项计划通过中层基金持有底层资产,并通过签署《基金份额转让协议》将基金份额转让给专项计划。底层资产原始权益人通过此方案获得股权转让价款,盘活存量资产。

中层基金层面,原始权益人选择某第三方机构作为基金管理人,通过私募方式募集资金设立私募基金,原始权益人或其他关联机构认购私募基金全部基金份额,并成为私募基金份额的唯一持有人。基金管理人代表私募基金分别与底层资产项目公司的股权转让方签署《产权交易合同》和《股权转让协议》,收购项目公司100%的股权(以下简称"标的股权")。同时,私募基金对项目公司发放贷款(以下简称"标的债权")。底层资产的所有项目公司共同作为标的债权的借款人,对标的债权本金、利息及其他款项的偿还义务承担连带清偿责任。项目公司以其享有的电费收入应收账款向私募基金提供质押担保。基金托管银行为私募基金提供资金托管服务。

专项计划层面,根据《基金份额转让协议》,原始权益人或其他关联机构将所持私募基金份额转让给专项计划,专项计划通过持有私募基金份额获得标的股权和标的债权,并间接持有标的项目。专项计划存续期内,项目公司以其运营净现金流、优先收购权人支付的权利维持费和收购价款、处置收入或公开发行收入偿还标的债权本息以及标的股权股息、红利等股权投资收益,作为资产支持证券存续期内本息的偿付来源。

2. REITs产品结构设立可能面临的实操问题分析

(1)REITs模式的资金属性分析

2019年,在央企降负债的大环境下,各大央企开展资本运作工作,类REITs模式的长周期、市场化利息成本、权益性、降资产负债率等特点符合一些原始权益人的诉求,其中,REITs模式资金的权益性属性是满足所有诉求的最关键因素。

①REITs模式融资的权益性属性能降低企业资产负债率,解决私募股权融资问题

在项目类REITs模式中,资产支持证券投资者的资金来源主要包括商业银行理财资金和项目原始权益人自有资金。资产支持证券分为优先级资产支持证券份额和权益级资产支持证券份额,优先级资产支持证券的资金来源主要为商业银行理财资

金;权益级资产支持证券的资金来源主要为原始权益人自有资金和包括银行理财资金在内的其他资金。根据《商业银行理财业务监督管理办法》[中国银行保险监督管理委员会令(2018年第6号)]第三十五条规定,商业银行理财产品可以投资于银行间市场和证券交易所市场发行的资产支持证券、公募证券投资基金、其他债权类资产、权益类资产以及国务院银行业监督管理机构认可的其他资产。此外,根据该管理办法的第四十四条规定,REITs模式中所融资金为权益性属性资金,可投资于未上市企业股权,前提条件为封闭式理财产品,并且明确股权及其受(收)益权的退出安排。因此,REITs模式的融资可以降低原始权益人资产负债率,项目原始权益人可获得股权溢价,提高再投资能力。

②REITs模式投资的适用性能解决企业项目股权投资的需求

REITs资金属性满足《关于规范金融机构资产管理业务的指导意见》(银发〔2018〕106号)(以下简称"资管新规")的要求,目前的法律法规对于以REITs模式募集资金进行股权投资没有限制或禁止性规定。在项目进行中,上层专项计划购买私募基金份额后,形成了"专项计划+私募基金"的双SPV结构。资管新规第二十二条规定"资产管理产品可以再投资一层资产管理产品,但所投资的资产管理产品不得再投资公募证券投资基金以外的资产管理产品",但资管新规第三条规定"依据金融管理部门颁布规则开展的资产证券化业务,依据人力资源社会保障部门颁布规则发行的养老金产品,不适用本意见"。由于该项目属于资产证券化业务,因此不适用资管新规关于多层嵌套的限制性规定。通过专项计划募集的资金没有使用限制也符合市场上通行的理解,这被视作资产支持专项计划相对于公司债的优势之一。因此,REITs模式融到的资金可以进行股权性质的投资活动。

(2)REITs模式底层资产筛选

确立REITs作为交易结构后,基础设施REITs产品的底层资产筛选成了至关重要的第二步。由于基础设施类资产的专业性远强于房地产类资产,金融机构在项目筛选时存在一定难度,需要底层资产原始权益人告知资产特点、收益特点,且如果原始权益人过往业绩良好,就能获得投资人信赖。针对类REITs项目筛选工作,原始权益人综合证券交易所的要求、市场机构投资人的要求及评级公司的要求,可选取已并网发电的存量资产开展REITs设立工作,筛选时要满足REITs产品的估值要求和专项计划还款现金流覆盖要求。

(3)REITs模式涉税分析

REITs模式的涉税分三个阶段:设立阶段、运营阶段、退出阶段。

①设立阶段

中层基金收购项目公司股权时,原始权益人获得股权溢价,在股权转让过程中,需要按照规定缴纳股权转让溢价款的 25% 的企业所得税。此外,私募基金对项目公司增资时,需要缴纳印花税。

②运营阶段

主要为各层结构中有保本保收益的情况发生时,按照保收益的额度缴纳的增值税。此外,中间层为契约型基金时,按照非法人主体的基金税收制度,契约型或合伙型基金收取分红后是先分红再由各投资主体自行缴纳所得税,因此,中层基金至专项计划层面分红不再重复缴纳税费。

③退出阶段

基金份额或专项计划份额若由原始权益人回购,并保证优先级证券持有人的本金,需缴纳增值税。此外,各级投资人所得税自行缴纳。

综上,如果触发了流动性支持机构补助优先级证券份额持有人本息时,需要缴纳增值税。若项目在转让过程中,发生底层资产转让、基金份额转让、专项计划转让三个层面的价值溢价时,需要缴纳所得税。

(4)REITs 模式中第三方增信机制设置问题

专项计划按照行业通用管理分为优先级证券份额和权益级证券份额,优先级证券份额通常涉及银行等风险偏好较低的机构,需要原始权益人或者级别较高的第三方进行增信,满足机构投资人的风险控制需求。

三、城投公司开展 REITs 存在的主要障碍

1. 公募 REITs 底层资产要求严格,短期内城投公司优质项目不足

目前,政策对公募 REITs 底层资产的资产类型、现金流、收入来源、资产规模、土地属性、权属是否清晰、手续是否完备等多方面做出了严格要求,虽然我国目前基础设施领域资产规模大,但全市场满足发行要求的优质资产非常稀缺。城投公司相对市场化企业尤其是大型国企或央企,优势在于基础设施资产种类多,但其营利性、规模、可扩募性相对较差,优质项目仍十分缺乏。在参与公募 REITs 的五类城投主体中,交通投资和公用事业资产是最有希望挖掘出优质项目的;园区资产竞争力或许不如市场化运营企业;保障性住房和文旅资产受限于资产、收益等因素,仍有许多障碍需要突破。

2. 城投公司参与公募 REITs 的积极性不高,发行意愿不够

发改委在摸底地方储备项目的时候,某地一位城投平台人员坦言:"如果现金流很好,那为何要发 REITs,不把现金流留给自己? 如果现金流不足,可能也达不到 REITs 的要求。"另外一位城投平台人员说道:"真正拥有稳定现金流基础设施资产的地

方城投平台,融资渠道一般较为通畅,不太可能存在融资难的问题。并且,通过公募 REITs 融资意味着资产要出表,对这些平台后续的评级和债权融资可能产生不利影响,使其发行公募 REITs 意愿不高。相反,那些真正现金流紧张、融资需求较高的平台,往往很少拥有符合公募 REITs 底层资产标准的资产。"这样的错配,会使得短期内 REITs 产品规模扩大存在困难。此类问题的出现主要有两方面原因:一是公募 REITs 刚推出,对其产品价值、理念认识不够;二是地方政府或者中央的优惠政策不够,无论是对发行人还是投资者,REITs 产品的吸引力都不足。

3. 城投公司运营管理水平较低,经验缺乏

公募 REITs 的底层资产都具有高投资、回收慢的特点,极其考验运营管理水平,会直接影响未来现金流的收益率和稳定性。城投公司一直以投融资建设为主,专业的运营管理涉及不多,且人员配置、专业性明显不如市场化的运营机构。需要指出的是,根据公募 REITs 的发行规定,基金管理人主要履行运营管理的职责,且允许基金管理人设立专门的子公司承担项目运营管理职责,或者委托外部运营管理机构负责。外部运营管理机构具体负责项目的运营管理,势必接触和管理项目的经营信息,为确保项目信息不被泄露和持续运营管理,运营管理机构一般为原始权益人子公司或者关联方,这也符合国际上 REITs 的做法。

四、对城投公司基础设施 REITs 试点工作推进的建议

1. 健全体系建设

认真研究国家政策文件,对标先进城市做法,建立健全基础设施 REITs 配套体系。关注试点工作在资产范围、申报路径、募集资金投向等方面的新要求,根据每个市的实际情况,城投公司做好对应政策体系、项目体系、人才体系、绩效体系等研究储备。

2. 畅通实现路径

通过梳理发行条件,从底层资产质量、合规性手续、申报材料组织、问题困难等方面着手,找出各个市 REITs 试点工作的重点难点,有针对性地提出破解对策,疏通发行路径。

3. 优化项目遴选

盘点可实施项目,加强储备。引导试点项目在类别和数量上提质增量,探索把有利于实现碳达峰、碳中和目标的绿色能源项目,有利于解决新市民、青年人等群体住房困难问题的保障性租赁住房项目纳入试点范围,构建"PPP+REITs、国有企业+REITs、园区+REITs"项目体系,努力给市场提供逻辑最清晰、手续最合规、现金流预测和估值最合理的优质项目。

第六章

隐性债务化解路径及案例

第一节 隐性债务的定义与测算

一、隐性债务的定义

1. 2018年之前的模糊定义

随着我国经济体制的转变以及财政制度的改革,地方政府的自主性大大增加,我国地方政府债务呈现规模越来越大、渠道越来越多、风险越来越高的发展趋势。

2013年下半年,审计署对全国政府性债务进行了审计。审计署将政府性债务分为三类,分别为:政府负有偿还责任的债务(Ⅰ类债),指需由财政资金偿还的债务,属政府债务;政府负有担保责任的债务(Ⅱ类债),指由政府提供担保,当某个被担保人无力偿还时,政府需承担连带责任的债务;政府可能承担一定救助责任的债务(Ⅲ类债),指政府不负有法律偿还责任,但当债务人出现偿债困难时,政府可能需给予一定救助的债务。Ⅱ、Ⅲ类债务均应由债务人以自身收入偿还,正常情况下无须政府承担偿债责任,属政府或有债务,因此,当时业界将此近似视为隐性债务。

从具体内容上看,Ⅱ类债就是政府负有担保责任的债务,包括全额拨款事业单位为其他单位提供担保形成的债务;Ⅲ类债包括地方政府通过国有独资或控股企业、自收自支事业单位等新的举债主体和通过BT(建设-移交)、融资租赁、垫资施工等新的举债方式为公益性项目举借,且由非财政资金偿还的债务。

2014年8月31日新《预算法》的通过为地方政府的融资开辟了新的渠道,地方政府可以通过发行地方政府债券来融资,同时规定地方政府及其所属部门不得以任何方式举借债务,且除法律另有规定外,地方政府及其所属部门不得为任何单位和个人的债务以任何方式提供担保。同年10月,国务院发布《国务院关于加强地方政府性债务管理的意见》(国发〔2014〕43号),剥离平台企业的地方政府融资功能,要求地方政府举借的债务只能用于公益性资本支出和适度归还存量债务,不得用于经常性支出。从2015年开始,我国对地方政府债务规模进行了限额管理,近几年,中央和地方所公布的债务数据显示我国债务风险总体可控,但是,如果将地方政府的隐性债务纳入考虑,地方政府的债务总额将极有可能超过限额。

2.2018年中央明确的定义

2018年,《中共中央 国务院关于防范化解地方政府隐性债务风险的意见》(中发〔2018〕27号)、《中共中央办公厅 国务院办公厅关于印发〈地方政府隐性债务问责办法〉的通知》(中办发〔2018〕46号)对隐性债务明确了定义、风险管理、化解安排等。虽然以上两份文件均未公开,但根据后来不同省份各市区县出台的隐性债务化解方案,对隐性债务的定义大多相同。

根据2019年陕西省咸阳市永寿县、福建省厦门市海沧区、宁夏银川市兴庆区等地出台的文件可以归纳出:隐性债务是指地方政府、国有企事业单位、直属机构等,在法定政府限额以外直接举借,或承诺以财政资金偿还,以及用违法提供担保等方式举借的债务。大多数地区秉持不新增隐性债务的原则,至于基准规模的甄别时点,有些地区以2018年认定的为限,有些地区以2017年7月全国金融工作会议召开后认定的为限(会上规定:严控地方政府债务增量,终身问责,倒查责任)。

明确后的隐性债务定义与Ⅱ、Ⅲ类债务基本重合,但隐性债务不等于或有债务,前者规模较后者大幅缩水。以城投平台举借的债务为例,差额主要来自两方面:一是非公益性业务举借的债务,尤其是未来预计能够产生现金流覆盖借款本息的,为了减轻政府债务负担,地方政府倾向于将其认定为企业自身的经营性债务;二是公益性业务举借的债务,由于纳入隐性债务后地方政府需要用5—10年时间(各地自行规定,更短或更长的偶尔也有)进行化解,出于对政府财政实力以及对主官"终身问责,倒查责任"的担忧,地方政府倾向于尽可能少确认或晚确认。

总之,根据媒体披露的《中共中央 国务院关于防范化解地方政府隐性债务风险的意见》的部分内容,地方政府隐性债务是指地方政府在法定债务预算之外,直接或间接以财政资金偿还,以及用违法提供担保等方式举借的债务。

隐性债务的核心特征有三点:一是决策主体是地方政府;二是资金用途是公益性项目建设;三是偿债资金来源于政府财政资金。同时满足以上三点的就可以认定为地方政府隐性债务。

从 2018 年开始,管理层开始下决心对政府新的违规举债进行一次清理,但是清理前需要进行一轮登记,也就有了隐性债务的登记。因为有了 2014 年登记的经验,这次登记地方政府和融资平台都很活跃,把属于隐性债务和部分不属于隐性债务的都报了上去(也有一小部分因的确担心后续问责而少报)。

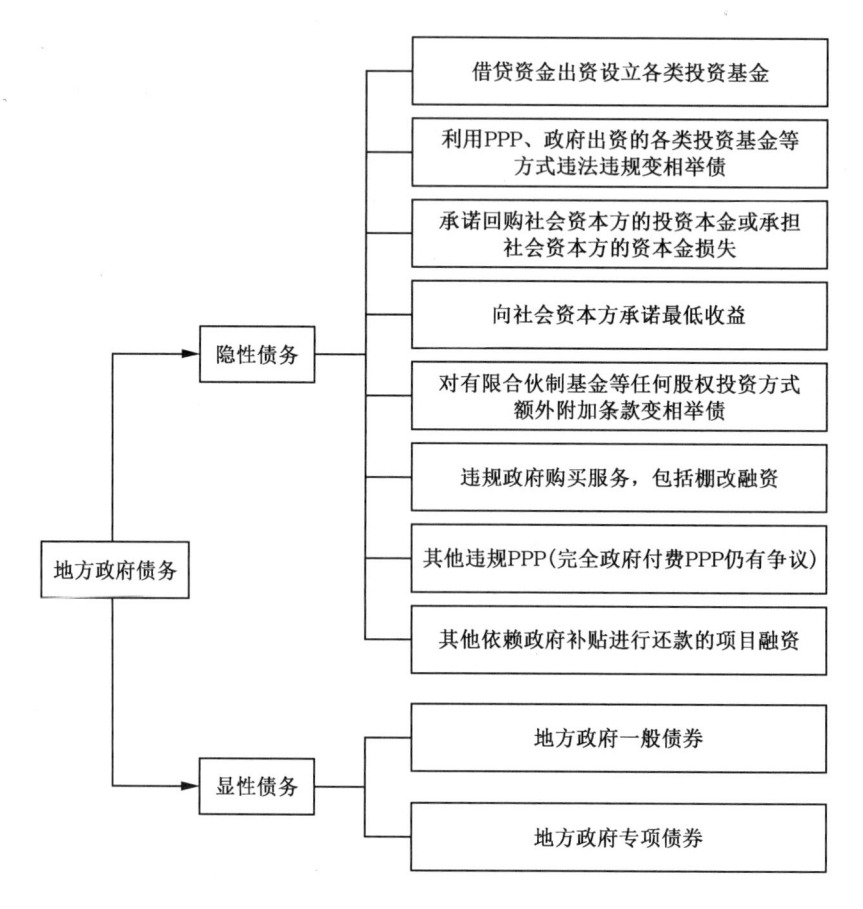

```
                    ┌── 借贷资金出资设立各类投资基金
                    │
                    ├── 利用PPP、政府出资的各类投资基金等
                    │   方式违法违规变相举债
                    │
                    ├── 承诺回购社会资本方的投资本金或承担
                    │   社会资本方的资本金损失
                    │
          ┌─隐性债务─┤── 向社会资本方承诺最低收益
          │         │
          │         ├── 对有限合伙制基金等任何股权投资方式
          │         │   额外附加条款变相举债
地方政府债务─┤         │
          │         ├── 违规政府购买服务,包括棚改融资
          │         │
          │         ├── 其他违规PPP(完全政府付费PPP仍有争议)
          │         │
          │         └── 其他依赖政府补贴进行还款的项目融资
          │
          └─显性债务─┬── 地方政府一般债券
                    │
                    └── 地方政府专项债券
```

图 6—1　地方政府债务分类

二、隐性债务的测算

1. 全国地方政府隐性债务估测——财政收支恒等的角度

从负债端估计地方政府隐性负债,困于地方政府绕道借债方式较多,难以完全把握,普遍存在低估现象。因此,可以选择从资产端入手。从资金的来源与运用角度,地方政府债务分析可从负债端和投资端切入。与此对应,地方政府债务估算方法可分为直接法和间接法。

直接法将地方政府债务划分为各大类及其细项,加总求出各年增量债务,在往年存量的基础上求得现存债务,已有估算多采取该种方法。审计署将地方政府债务划分为政府负有偿还责任的债务、政府负有担保责任的债务和政府可能承担一定救助责任的债务,依照"见账、见人、见物、逐项审核"的原则摸底地方债务。部分研究将地方政府债务分为显性债务和隐性债务,分类估算求值。虽然直接法直截了当地计算政府债务,测算方式简单易懂,但存在以下问题:一是地方政府债务结构分散、隐蔽性强,存在估算遗漏现象。如地方政府大多存在依托国企绕开监管储资举债的现象,单纯将隐性债务划分为地方政府融资平台发债、银行贷款、非标融资及"明股实债"的 PPP 项目等无法完全覆盖现存债务。二是研究划分标准各异,统计口径不一,可比性较低。如地方政府融资平台定义宽窄不一,审计署、原银监会和中国人民银行曾分别给出 2011 年底融资平台数为 6 574、9 828 及 1 万余家。官方机构尚且未统一口径,民间估算必带有一定主观性,结果可比性较低。三是地方政府债务数据不透明,来源较窄,可得性较差。除了实地调研,估算可用数据多为官方公开数据。由于地方政府存在藏债等行为,公开数据较为有限且准确性有待考究。若深入各省市实地调研,多囿于难以从各级政府和融资平台获得真实数据,耗时耗力,成效较低。

间接法从地方政府投资端入手,依托"支出=收入"等式,判断资金运用总额后扣除政府自有资金得出政府各年举债额,对每年加总求出债务存量。现有研究中,此类方法运用相对较少。相较直接法,间接法资金用途更容易确定,可避免债务划分不清的问题,数据更容易获得,更具备操作性。

2. 全国地方政府隐性债务估测——模型回归估测

除以上从资产端计算地方政府隐性债务规模外,还可以尝试用数据回归的方式估测全国地方政府隐性债务的规模。

模型估计思路:地方基建投资的收支平衡。收入端为财政基建投资预算加上地方性债务(包含显性债务与隐性债务)。支出端主要对接的是基建投资,基建投资的目的主要是拉动经济增长,因而基建固定资产投资完成额和 GDP 增长率是两个反映隐性债务规模的变量。

3. 各省隐性债务估算

各省地方政府债务估算。各省地方政府债务原则上参照全国政府债务估算等式进行估算。需要注意的是,由于 Wind 中缺少各省三类行业中央项目城镇固定资产完成额和来源于国家预算内资金的城镇固定资产投资金额,故按如下公式估算:

i 省中央项目城镇固定资产完成额=i 省全社会固定资产投资完成额/全国全社会固定资产投资完成额×全国中央项目城镇固定资产完成额

i 省来源于国家预算内资金的城镇固定资产投资资金额=i 省全社会固定资产投

资完成额/全国全社会固定资产投资完成额×全国来源于国家预算内资金的城镇固定资产投资资金额

i 省基建收入＝∑i 省三类行业全社会固定资产投资额×i 省三类行业全国 EBITDA 率平均值(息税折旧摊销前利润/总资产)。

各省地级市债务估算。由于存在数据可得性问题,地级市债务估算方法分为两类。当各地级市可获取电力、燃气及水的生产和供应业,交通运输、仓储和邮政业,水利、环境和公共设施管理业的城镇固定资产投资完成额时,参照各省地方政府债务估算方法估算债务。当上述数据难以获取时,按照各市固定资产投资额占全省固定资产投资额的比例计算各省电力、燃气及水的生产和供应业,交通运输、仓储和邮政业,水利、环境和公共设施管理业的固定资产投资完成额,后续参照各省地方政府债务估算方法估算各市总债务(显性加隐性)存量。

值得注意的是,国发〔2014〕43 号文明确规定,市县级政府确需举借债务的,由省、自治区、直辖市政府代为举借。因而无法获得地级市显性发债数据,故地级市债务估算未对显性和隐性债务分别测算,仅限于各年的总债务估算。

此外,由于各省及地级市的中央项目城镇固定资产完成额、来源于国家预算内资金的城镇固定资产投资资金额和基建收入均为估计值,与各省市固定资产投资额紧密相关,所以估算存在一定误差,结果仅作参考。

第二节 隐性债务政策演变与解读

对于隐性债务的由来,最早可追溯到 1994 年分税制改革的实施,地方政府为解决地方财权和事权的不匹配,在地方政府外成立投融资平台公司,发挥地方政府投资和融资职能。在 2008 年之前,地方投融资平台的数量和债务规模增速均较为缓慢,但在 2008 年之后,随着金融危机的爆发,中央政府推出"4 万亿"稳增长计划,逐渐放宽地方政府的融资约束。2009 年,银发 92 号文开始鼓励有条件的地方政府组建投融资平台,从而拓宽了政府项目融资渠道;同年 10 月,财政部下发 631 号文,对融资平台的作用给予肯定,投融资平台数量与城投债规模均呈现爆发式增长。

在 2010 年中央经济工作会议上正式提出对政府债务进行管理,审计署接连在 2011 年和 2013 年进行地方政府债务审计,并将债务按类型分为政府负有偿还责任的债务以及政府或有债务,在政府或有债务项目下,又细分为政府负有担保责任的债务以及政府可能承担一定救助责任的债务,政府或有债务所包含的范围则基本与隐性债务一致。

从对地方政府债务监管的历程看,2014 年之前的监管政策采取全面封堵的方式,未解决财权事权分离这一根本问题。国发〔2014〕43号文的出台意味着政府债务改革进入全新阶段,开启"修明渠,堵暗道"的政府债务管理时代,赋予地方政府举债权限,但需实行限额管理和预算管理。同时,政府对融资平台的态度自此开始发生转变,要求剥离其政府融资职能,开始推广 PPP 模式;要求甄别存量债务和新增债务,并给出不同的偿还方向。自43号文颁布后,城投债发行规模大幅减少,后续相关规定也均围绕43号文展开。同年出台的351号文对存量债务进行筛选,根据债务对应项目的收益情况,将存量债务进行分类,纳入预算管理,同时延续了43号文,继续推广 PPP 项目。

2016年底接连出台的88号文及152号文,则是对43号文的扩展与补充。88号文将债务类型分为地方政府债券、非政府债券形式的存量政府债务、存量担保债务以及存量救助债务,并对不同类型的债务提出明确偿还方案。同时,在不发生系统性风险的情况下,允许部分市县地区启动重整计划,即允许其债务出现违约。152号文则将债务类型划分为六类:地方政府债券、银行贷款、建设-移交(BT)类债务、企业债权类债务、信托类债务及个人借款类债务。隐性债务的概念最早于2017年提出,2018年27号文的下发标志着对隐性债务的系统性监管开始。自此,隐性债务政策变迁可以分为以下三个阶段。

一、第一阶段:以隐性债务甄别为重点(2017—2018年)

2017年,伴随着大量政府债务管理文件的密集出台,地方政府债务监管趋严。财政部、发改委等部门联合发布的50号文将政企边界进一步明确化,严禁地方政府通过PPP、融资平台等渠道违法违规举借债务。87号文确立了负面清单,逐步压缩违规操作空间。2017年7月14日召开的全国金融工作会议提出"严控地方政府债务增量,终身问责,倒查责任",此后,存量债务化解范围以此时间点为分界线,对于2017年7月14日之前的存量债务需通过多种渠道积极化解。同月24日的中央政治局会议首次提出"隐性债务"概念,要求各级政府规范地方政府举债融资,遏制隐性债务增量。2017年,中央经济工作会议及全国财政工作会议均重申地方政府债务相关问题。在2017年监管趋严的背景下,城投债信用利差上涨约60个基点。

2018年上半年,地方政府债务监管继续收紧。2018年初,财政部接连颁布194号文及34号文,均强调政企分离,严禁地方政府违法违规举债。3月,财政部出台23号文,对为地方政府隐性债务推波助澜的金融机构提出相关要求,其不得要求地方政府提供担保,不得为 PPP 及政府投资基金等项目提供资本金。同年8月及10月出台的6号文和46号文虽未对外公布,但从媒体相关报道中可知政府坚决遏制隐性债务增量的态度,加大地方化解隐性债务的力度。同时,这些文件的出台,也代表政府对于隐性债务不再处于被动应对,而是进入主动化解防范阶段。伴随着政府严控违规债务的态度,城投债信用利差在 2018 年上半年增长约 80 个基点。2018 年 10 月,国务院颁布 101 号文,鼓励民间资本、金融机构通过多种形式参与基础设施建设;对难以偿还的存量隐性债务,允许融资平台公司与金融机构协商,采取展期、债务重组等方式维持资金周转,即允许金融机构置换本机构内的隐性债务。

表 6—1　　　　　　　　　　　2017—2018 年隐性债务监管相关文件

时间	部门	文件	要点信息
2017 年 5 月	财政部	《关于坚决制止地方以政府购买服务名义违法融资的通知》(财预〔2017〕87 号)	补充财预〔2017〕50 号文件。严禁利用或虚构政府购买服务合同违法违规融资。地方政府及其部门不得利用或虚构政府购买服务合同为建设工程变相举债,不得通过政府购买服务向金融机构、融资租赁公司等非金融机构进行融资,不得以任何方式虚构或超越权限签订应收账款合同帮助融资平台公司等企业融资。
2017 年 11 月	财政部办公厅	《关于规范政府和社会资本合作(PPP)综合信息平台项目库管理的通知》(财金〔2018〕23 号)	进一步规范政府和社会资本合作(PPP)项目,防止 PPP 异化为新的融资平台。坚决遏制隐性债务风险增量,主要包括严格新项目入库标准和集中清理已入库项目。
2018 年 3 月	财政部	《关于规范金融企业对地方政府和国有企业投融资行为有关问题的通知》(财金〔2018〕23 号)	规范金融企业对地方和国有企业的投融资行为。要求国有金融企业在地方政府合作设立投资基金、开展资产管理和金融中介业务,以及参与 PPP 项目融资时,不得为地方政府违法违规或变相举债提供支持。
2018 年 7 月	国务院	《中共中央 国务院关于防范化解地方政府隐性债务风险的意见》(中发〔2018〕27 号文)	尚未公开。
2018 年 7 月	国务院	《地方政府隐性债务问责办法》(中办发〔2018〕46 号文)	尚未公开。
2018 年 10 月	国务院办公厅	《国务院办公厅关于保持基础设施领域补短板力度的指导意见》(国办发〔2018〕101 号)	在不增加地方政府隐性债务规模的前提下,引导商业银行加大对资本金到位、运作规范的必要在建项目和补短板重大项目的信贷投放力度。对存量隐性债务难以偿还的,允许采取适当的展期、债务重组等方式维持资金周转。严禁违法违规融资担保行为,严禁以政府投资基金、政府和社会资本合作(PPP)、政府购买服务等名义变相举债。
2019 年 3 月	财政部	《关于推进政府和社会资本合作规范发展的实施意见》(财金〔2019〕10 号)	贯彻"既要规范、也要发展"的总体要求,即对于规范的 PPP 项目,要坚定不移地大力推进;对于不规范的 PPP 项目,要限期整改完善;构成违法违规举债的,要坚决予以严肃问责,牢牢守住不新增地方政府隐性债务风险的底线。

二、第二阶段：开启隐性债务置换，首批建制县（区）隐性债务化解试点推出（2019—2020 年）

2019 年 6 月，根据第一财经报道，国务院办公厅下发《关于防范化解融资平台公司到期存量地方政府隐性债务风险的意见》（国办函〔2019〕40 号），指导地方、金融机构开展隐性债务置换。2019 年 12 月，原银保监会发布配套文件《关于配合做好防范化解融资平台到期存量政府隐性债务风险工作的通知》（银保监发〔2019〕45 号），做出了更加具体的指导安排。根据 21 世纪经济报道，首批建制县（区）隐性债务化解试点推出，地方纳入试点后可发行地方政府债券（省代发）置换部分隐性债务，纳入试点的主要是贵州、云南、湖南、甘肃、内蒙古、辽宁六省（自治区）的部分县市。

表 6—2   2019—2020 年隐性债务监管相关文件

时　间	部　门	文　件	要点信息
2019 年 6 月	国务院办公厅	《关于防范化解融资平台公司到期存量地方政府隐性债务风险的意见》（国办函〔2019〕40 号）	尚未公开。
2019 年 6 月	中央办公厅、国务院办公厅	《关于做好地方政府专项债券发行及项目配套融资工作的通知》	允许将专项债券作为符合条件的重大项目资本金，创设"专项债＋市场化融资"模式，明确隐性债务免责情形等。对新举借隐性债务的，要坚决问责、终身问责、倒查责任。
2019 年 12 月	原银保监会	《关于配合做好防范化解融资平台到期存量政府隐性债务风险工作的通知》（银保监发〔2019〕45 号）	尚未公开。
2020 年 7 月	财政部	《关于加快地方政府专项债券发行使用有关工作的通知》（财预〔2020〕94 号）	用好地方政府专项债券，加强资金和项目对接，提高资金使用效益。严禁将新增专项债券资金用于置换存量债务。

三、第三阶段：监管加严，以"控增化存"为核心（2021 年以来）

2021 年隐性债务监管趋严的背景是 2020 年上半年疫情宽信用期间，地方政府隐性债务规模出现抬头迹象，如全国 277 个地级市发债城投有息负债总额在 2020 年增加了 4.4 万亿元，占 2018—2020 年债务增幅的 54.7%。2021 年经济企稳后，地方政府债务监管明显加严。

第三节 隐性债务化解途径

一、财政部化解地方政府隐性债务方式

根据《财政部地方全口径债务清查统计填报说明》(2018年),地方政府在化解债务时可以选择六种处理方式。这六种化债方式,实施路径彼此差异明显,而且有各自的实施前置条件。通过对比可以看出,利用安排财政资金偿还、出让政府股权以及经营性国有资产权益偿还、借新还旧等方式偿还和合规转化为企业经营性债务的适用性高,其次为利用项目结转资金、经营收入偿还,而采用破产重整或清算方式化解的可行性较低,具体如表6-3所示。

表6-3 化债方式差异性对比

序号	化债方式	实施方案	优点	缺点	适用性
1	安排财政资金偿还	用年度预算资金、超收收入、盘活财政存量资金等偿还	可直接减少债务规模	地方政府预算资金比较有限,此方法比较适合财力雄厚的发达地区	高
2	出让政府股权以及经营性国有资产权益偿还	通过国企混改、盘活存量国有资产等方式进行	通过增加平台公司的资产规模和经营效益,提升其融资及偿债能力	资产处置难度比较大,现金回流与债务资金支出可能很难匹配在一起	高
3	利用项目结转资金、经营收入偿还	利用现有项目现金流逐步偿还债务	通过经营一批、偿还一批,适用性较高	收益性项目数量少,现金流缺乏,且期限不匹配	较高
4	合规转化为企业经营性债务	将具备现金流的收益性项目划转至融资平台,由企业自行通过生产经营偿还	属于"市场化"化解思路,将地方政府隐性债务转化为企业债务	对平台与项目的稳定现金流要求较高;难度在于产业化支持及政府整合能力	高
5	利用借新还旧、展期等方式偿还	将短期、高息债务置换为长期、低息债务	以"时间换空间",有助于缓解短期债务风险	需要地区政策性银行及商业银行的积极参与,对地区金融深度要求较高	高
6	采用破产重整或清算方式化解	对债务单位进行破产重组,并按照《公司法》等法律法规进行清算	无	债权人损失较大,对地方基础建设影响较大,故目前只存在于理论上,可行性较低	低

二、实务中常见的化债方式

1. 依靠土地出让收入化解

土地资源作为地方政府手中最有价值的资源之一,在房价与地价交替上行的地产繁荣期,地方政府通过土地收储、一级开发最终"招拍挂",实现了不菲的土地出让价款收入。此外,根据建设用地"增存挂钩"机制,耕地后备资源严重匮乏的地区,可以在耕地后备资源丰富的省份跨省补充耕地缺口并支付款项,因此,出让用地是部分地区围绕土地获取收入的重要来源。

2. 依靠盘活资产收益化解

盘活资产与地方政府的自有资源有关。一方面,对于下属国企实力较强的地区,可以围绕做大做强国企开展工作,争取企业赚取更多的收益,进而为财政提供支持;另一方面,地方政府可以考虑出让部分国有企业的股权,实现投资收益。此外,地方政府还可以考虑将或有债务转换为平台自身的经营性负债,随后将经营性资产、土地、房产等资源划入城投平台,或通过平台整合,集中做大做强某一家或几家平台,在政府支持增大的加持下为平台市场化融资创造便利环境。

3. 依靠金融机构化解

依托市场化的金融机构开展债务置换是如今最常见的措施之一。对于商业银行而言,在对当地政府较为熟悉的基础上,开展债务置换的风险整体可控,且可以加深双方在对公存款等其他业务上的立体化合作关系,因而参与动力较为充足。对于地方政府而言,一种方法是"以空间换时间",用期限更长、成本更低的资金置换期限较短、成本较高的资金,这有助于缓解债务集中到期的压力;另一种方法是直接与债权人商议展期,这种方式更为简单直接、沟通成本更低,但是需要考虑舆论压力。

4. 依靠预算内收入化解

地方政府化解或有债务的最后一大依靠是预算内收入,严格来讲,依靠土地出让收入偿还债务已经属于依靠预算内收入,涉及的是政府性基金预算。此外,地方政府还可以动用一般公共预算收入,提前在财政预算中安排相应资金作为偿债准备。

5. 其他化解方式

"开源"和"节流"对于地方政府化债而言都必不可少。从"开源"角度,一方面,地方政府可以通过消化预付款、催收应收款等盘活存量资金,减少资金沉淀;另一方面,地方政府可以向上级争取资金支持,这不仅包括各类奖补资金、"建制县"化解试点,还包括利用专项债、特别国债等政策争取新的资金。从"节流"角度,一方面,地方政府可以压降一般性支出、"三公"经费等资金;另一方面,地方政府可以停缓建项目、压降投资规模、通过PPP引入社会资本等,进一步节约资金。

三、几种主要化债模式

目前,化债并无一个明确的"范式",各地基于自己的历史成因、优势资源和相关政策,进行了一些探索和尝试。中央对各地的模式暂无明确的规定或者推广,但是可以肯定的是,这些模式可操作性较高,核心要点在于:以什么样的资源筹措资金,如何可持续地以时间换空间来进行债务置换。目前来看,市场比较关注一些化债模式,如镇江模式、山西模式、海口模式、陕西模式和湖南模式。本书尝试根据公开资料,略窥一二。

1. 镇江模式——国开行介入+低成本贷款置换+核心区位城市

2019年初,镇江化解隐性债务的设想是国开行介入,未来十年每年国开行出200亿元左右的长期贷款,利率在基准附近,用低成本的借款置换镇江区域内高成本的负债。具体方案暂未落地,这是由于该方案市场影响实在太大,且考虑到国开行作为国务院直属的政策性银行,其深度参与地方政府隐性债务置换或将给市场造成"中央为地方债务兜底"的错觉,与此前中央出台的地方政府隐性债务治理措施中强化属地风险处置责任的原则相背离。但就是在此背景下,很多地方在镇江之后,积极与国开行接触,试图复制这一模式。但总的来说,各地与国开行总行或分行达成的合作意向的实际落地情况不及预期。

表6-4　　　　　　　　　　镇江模式具体适用情况

时间	涉及地区	具体情况
2019年1月	江苏镇江	试点城市,由国开行提供化解地方隐性债务的专项贷款,利率在基准左右,由新设立的镇江经信资产管理公司作为承接主体,再以普通借款方式投放到辖区各平台,主要用于置换纳入隐性债务的高成本非标,降低成本,拉长债务期限
2019年2月	湖南省	湖南省财政厅表示,积极争取化解建制县隐性债务试点,组织部分县市制订完善申报方案,帮助平滑缓释债务风险
2019年2月	江苏南京	南京市要求各区重点排查偿债压力突出、接续困难、容易引起风险的隐性债务,对于这部分债务,市财政局将积极与国开行沟通,争取利用长期低息的政策型银行贷款进行置换
2019年2月	江苏南通	南通市通州区财政局要求将债务结构由短期债务向中长期转变。主动争取国开行、农发行等政策性银行项目贷款
2019年3月	湖南湘潭	彭博社报道,国开行将湘潭市期限较短的债务置换成期限为15—20年的贷款,且计划建立银团,长沙银行、建设银行等商业银行或将参与,化解的具体对象之一为湘潭城乡建设发展集团

续表

时　间	涉及地区	具体情况
2019年4月	贵州遵义	遵义市市长拜会国开行贵州省分行行长李刚,希望省分行将遵义作为国开行参与地方发展和债务化解的试点城市
2019年4月	湖南常德	根据财新网报道,国开行已经给湖南常德发放了一笔利率为4.9%的10年期贷款用于置换隐性债务
2019年8月	湖北武汉	国开行湖北分行提供了35亿元、期限长达25年的西四环线和南四环线贷款,置换了平安保险资产管理公司期限为10年的保险债权

镇江模式的核心要点是对隐性债务的精确置换,通过动态干预的方式,降低债务雪球越滚越大的可能性。这个模式的核心在于债务的以长置短,以低息置换高息,降低债务的增速,预防失控。目前,国开行的方案虽然暂未落地,但给各级政府化解地方隐性债务提供了很好的参考思路。2019年5月,国家发改委、中国人民银行、财政部、银保监会等中央部委联合下发了《关于防范化解融资平台公司到期存量地方政府隐性债务风险的意见》(保密文件,未对外公开),并组织各省级政府及金融机构进行学习研讨。根据文件精神,金融机构可以新增贷款置换政府融资平台的隐性地方政府债务。目前,镇江已有商业银行现实案例,合作银行为民生银行,模式为通过新增贷款来置换存量债务中的非标融资,金额6.8亿元,期限5年,贷款利率为基准利率上浮15%。具体合作模式如图6-2所示。

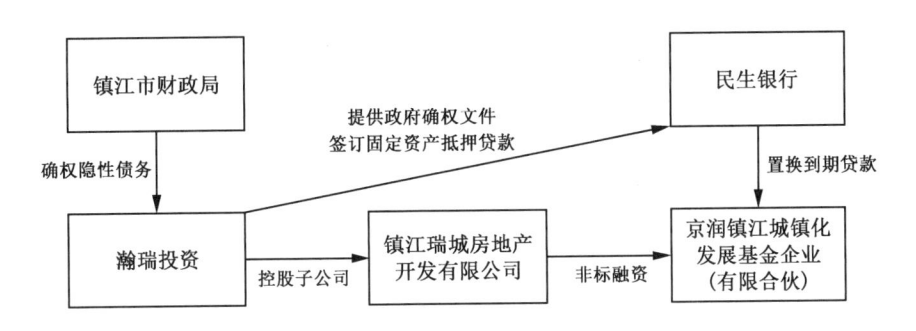

图6-2　镇江模式的具体合作模式

总的来说,镇江模式是2019年政府隐性债务化解思路中相对清晰的一种模式,这个模式得益于下面几个条件:

一是政府自救意愿。这一点可以通过政府各种工作会议和债务化解的信号看出,目前,镇江已经形成较为完备的工作小组,任务较为清晰。

表 6—5　　　　　　　　　　　镇江模式工作小组架构

架　　构	落实责任人及任务
组长	市长
副组长	常务副秘书长
成员	市政府秘书长、财政局局长、金融办主任、国资委主任、中国人民银行镇江支行行长、市银保监局局长、市国土局局长、市规划局局长、市审计局局长、市法制办主任、新区管委会主任、高新区管委会主任、下属三区区长、三县市长
办公室	财政局
日常工作机制	每月定期会议；经副组长以上提议可召开临时会议
主要管控机制	所有政府平台需每周向财政局、金融办报送债务收支计划执行情况，一旦发现资金缺口，立即由债务领导小组进行统一协调沟通，确保不发生债务风险

二是经济上有一定可行性。这一点可从以下几个方面来理解：首先是区位条件，镇江地处长三角经济腹地，整体基本面相对扎实。其次是有一些可观的资产。在盘活资产方面，2018年，镇江市盘活了"四集团一中心"闲置房产230万平方米，盘活率达88%。实施市区"集中拆违行动"，拆除违法建筑45.2万平方米。推进集约节约用地，建成"慧眼守土"动态智能监管系统，整改存量违法用地1.8万亩，处置各类闲置土地4 290亩，整体上逐步加大力度，能够提供一定的偿债来源。最后是省级协调，有债务的兜底承诺，整体经济上可行等于多了一层担保。

镇江模式对市场的启示主要有以下几点：一是对于城市区位的选择。镇江地处长三角腹地，南京都市圈、苏锡影响也较强，整体的价值在历史的长周期视角中非常独特。镇江模式并不具备全国推广的可能，更多的是因地制宜，较为独特。另外一个维度是从债务化解的角度而言，国开行化债更应被视为一个商业行为，而不是政策兜底债务的行为，否则和中央债务化解的思路冲突。从例证来看，国开行在武汉落地了债务化解的思路，这一模式可以看作镇江模式的拓展和复制，核心原因是武汉作为中部核心城市，区位重要性强，土地等经济活力高，和镇江地处长三角的逻辑有一定的相似度，商业上有利可图。二是国开行的介入，加上对隐性债务的化解思路，未来土地财政将明显受到抑制。以前突破预算硬约束的方式有两种，主要是土地出让收入预期和城投平台的融资安排。分税制改革后，地方对于政府性基金收入特别是土地出让收入的依赖度较高，且整体的规划和透明度略低于预算收入和支出，未来会迎来一定程度的监管，且国开行等政策性银行介入后，从对自身的偿债来源保证来看，均有提高对基金收入披露透明性的要求，土地财政的依赖度将较为明显地受到监管和一定程度的抑制。

2. 山西模式——隐性债务转为市场债务＋债务重组＋政府注资

山西模式可归纳为:"整合公路资产+债务重组(国开行牵头的银团贷款)+政府注资"。山西省政府此举的原因是,政府还贷性公路资产过于分散,偿债压力过大,且各自为政的融资成本过高。此举通过"整合+债务重组+政府注资"多管齐下,保证了对债务的有序梳理。山西交控的重整思路见图6-3。

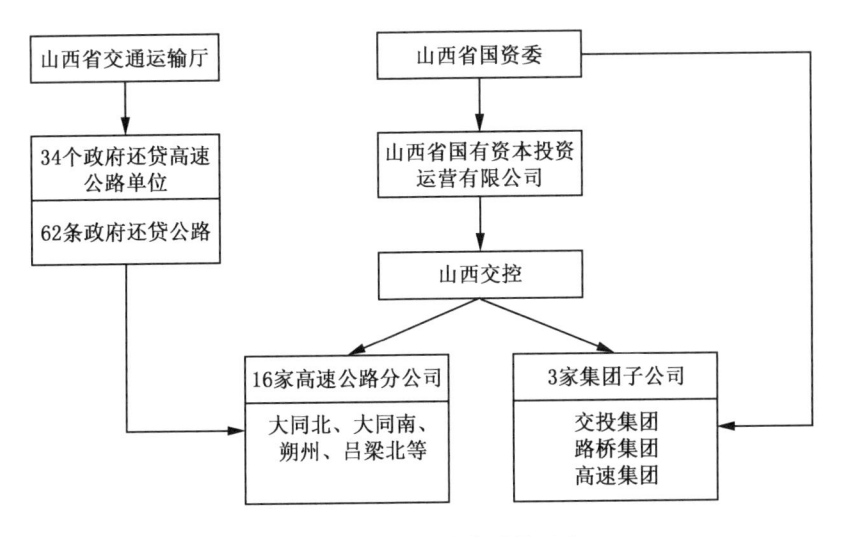

图6-3 山西交控的重整思路

重整之前:34个政府还贷高速公路单位和62条政府还贷公路各自为政,举债等较为随意,债务成本居高不下,整体面临过度融资风险,债务规模越滚越大。并且,政府具有还贷义务,债务后期滚动时存在一系列潜在风险。如2017年,这些分散的公路通行费收入合计为212.6亿元,同期的养护、运营、税费等支出为68.4亿元,但是同期各个主体的利息支出为183亿元,利息缺口较大,需要借助再融资滚动。即使未来不再有大的资本开支,整个债务滚动因为利息的覆盖不足,债务也得不断增加,存在债务滚大的可能性。

重组之后:成立山西交控,对于公路类资产的债务进行重组,目前"资产+债务"分散在34个独立主体、62条公路的网状结构下,剥离出2 600亿元的总债务,债务关系简化成线性,整体统筹性增强。另外,山西交控整体资质有所优化,融资成本降低,按2017年的债务规模测算,利息支出下降约30亿元,整体债务化解逻辑相对清晰。

可行性的依据:网状的债务。银行同意债务重组的条件有两个:一是无损债务的安全性,自身的利益能得到切身保障。二是重组后的债务的风险收益比较高,收益层面有一定程度的保障。债务重组的另外一个层面是对资产的重组,目前,资产端收费公路模式相对清晰,重资产、长周期的经营模式决定了本身现金流尚稳定,但是收入规模不会很大,需要长期限匹配。资产重组也需要引入一些股权类资金投入、优质资产的上市,如山西路桥就是一个典型案例,对债权人有一定的信用支撑,银行可以接受。还有一层可行性就是山西省政府自身的决策高度,以及对于股权性注资的预期,目前,山西交控的注册资本是500亿元,有效增强了投资人预期。

在山西交控正式挂牌之后,山西省将高速公路债务主体变更为山西交控集团,推动政府性债务向企业债务的转移,由山西交控进行债务化解。山西交控集团于2018年12月与国开行牵头的银团正式签订了银团贷款协议,债务重组规模最终达到2 600亿元以上。山西交控集团每年将可减少利息支出30亿元。

山西模式对市场的启示:该模式对于平台参考性不强,整体操作需要很强的梳理能力和高层级政府指导。一是该模式强调资产系统性的梳理整合能力,对现金流较为稳定的公用事业有一定的借鉴性,但是推广性不是很强。这个方案是把一些有现金流的资产通过重组,把政府性债务变为市场债务,但是前期已有如BOT模式,解决了这个问题。之所以会存在政府还贷模式,有些是因为市场化的条件尚不具备,如通行量等不达标,吸引力不强。二是在这个参与模式中,对银团沟通、政府层级协调的要求均很高,这个化债模式才具备可行性,但是协调所要求的能量较大,整体需要一定程度的行政介入,特别是对网状的抵质押对应的债务如何切割、条款如何设置等,消耗时间较久。整体更像"债务重组+资产重组"的公司化行为,整体上在协调梳理层面较为消耗精力。

3. 海口模式——存量隐性债务显性化+化解拆分+落地精准

海口模式更倾向于一场明确的攻坚战,可概括为:严控规模,存量隐性债务显性化,落实到年度、具体资产的化解思路上。海口模式更偏重该如何做,哪怕是化解一点点隐性债务,做也比不做要强,求的是态度和执行。具体到方案来看,海口市政府2018年7月发布了《海口市2018—2019年政府性债务化解规划方案》,对于债务化解提出了较为明确的目标,具体如下:从2018年起,利用2年的时间,通过加快推进十二个重点产业发展、发展总部经济、做强本地实体经济等措施,发展经济、做大做强债务率分母。控增量、降存量多措并举管控和调优债务率分子,2年内消化政府性债务余额269亿元,2019年年底前将全市和市本级政府债务率风险指标控制在警戒线以内。2018年内的具体举措如下:一是压缩经常性支出,统筹新增财力,偿还到期债务。各部门要牢牢树立过"紧日子"的思想,继续优化支出结构,压缩一般性支出和经常性支出。同时,因新一轮财政体制调整,每年将因体制调整形成的新增财力的50%部分用于偿债。2018年,海口市通过以上方式筹集14亿元偿债。二是盘活存量资金偿还存量债务。按照《中共海南省委办公厅海南省人民政府办公厅关于盘活存量资金加快财政支出有关问题的通知》(琼厅字〔2017〕79号)的精神,进一步加大盘活存量资金的力度,从每年盘活的存量资金中安排30%以上用于偿债。2018年,从盘活的存量资金中安排16亿元偿债。三是盘活土地资源,加大土地出让力度,筹集资金偿还债务。国土部门要对现有的储备地全面进行梳理,对具备出让条件的土地细化分类,根据海口市偿债资金需要,加大土地出让力度,筹措资金偿债。2018年,完成土地出让收入295亿元,在保障省市重大项目建设之后,筹集80亿元用于偿债。四是加快债务置换,优化债务结构,节约利息支出。2018年8月是置换债额度申报的最后时间节点。2018年6月底之前,要完成海秀快速路BT项目的审计报告,确定项目实际投入,市财政局依据审计结果申报置换债额度,完成该项目的债务置换。同时,海秀快速路BT项目投资收益事项,由市城建集团公司牵头,市财政局、市审计局、市法制局配合,与新颐佳创公司进行协商。对于其他未置换的高息债务,市财政局会同相关部门按照中央相关规定加快推进。2018年,通过债务置换后可相应核减项目贷款付息形成的债务约20亿元。可以看出,海口模式对于债务化解拆分得较细,且各时间节点、牵头部门均有任务明细,整体上是把存量债务逐步显性化,且严控新增债务。

海口模式对市场的启示：该模式具备一定的适用性,推广性也较强。但是需关注每个地方的债务规模、成因均不一致,需防范形式化问题。核心的难点在于：一是该模式意味着对于存量隐性债务的梳理和排查较为清晰,能让其显性化,并确定政府性债务的范畴,然后严控新增规模。这个前置工作相对重要,海口模式最重要的是突出了这个问题。对属于政府性债务的隐性债务需要排查摸底,整体上需要当地银行系统、财政体系、发改委等多部门协调进行。二是债务的另一个维度是资产层面,对于海口模式的借鉴要求对化解资金的来源有明确的探讨,而不是前期泛泛而谈。具体到部门,具体到对应的项目利息,整体上需要做一定程度的资产梳理,盘活存量资产,收益覆盖成本。三是重新定义政府职能边界,收缩开支,盘活存量经营性资产,并规范、透明经营。地方政府前期因为土地财政和城投平台的双轮驱动,预算硬约束转变为预算软约束,导致隐性债务的泛滥。在海口模式中,可以看到政府主动压缩开支,对经营性资产的梳理盘活建立透明的管理体系,对职能边界重新定义,不再过度举债,往服务型政府的职能靠拢。但也应关注到,各地的债务规模、成因不太一致,如强行推广,难免有些地方在隐性债务显性化这一环节就难以做到。

4. 陕西模式——平台转型+逆向推演思维+务虚大于务实

陕西模式可归纳为："空壳类清理+有条件的平台市场化转型+公益类转为国有产业"。陕西模式提供的市场信号和政策导向较为深远,即平台公司面临较大的整合重组和转型期,城投的融资功能将进一步剥离,城投发展的拐点近在咫尺,城投粗放式管理时代的终结。从实质内容来看,陕西模式并无明显超越,对于什么类型、什么资质的平台该清理,也仅仅是停留在理念阶段,暂未完全有实操性。思路如下:分类推进融资平台公司市场化转型,对现有融资平台公司依法分类实施市场化转型,对只承担公益性项目融资任务且主要依靠财政性资金偿还债务的"空壳类"融资平台公司,要按照法定程序予以清理撤销;对兼有政府融资和公益性项目建设、运营职能的"实体类"融资平台公司,要剥离其政府融资职能,通过兼并重组、整合归并同类业务等方式,转型为公益类国有企业,承接政府委托实施的基础设施、公用事业、土地开发等公益性项目建设;对按市场化方式承担一定政府融资职能的"商业类"国有企业,鼓励其继续为地方经济发挥积极主动作用,但不得再替政府或受政府委托融资;对其他兼有不同类型融资功能的融资平台公司,也要按照上述原则进行市场化转型。

陕西模式对市场的启示:陕西模式是以中长期政策为导向,目前实操性不强,指导性偏弱,但是对于平台未来的定位则值得关注。一是什么叫空壳类平台。辩证来看,从陕西的化债方案中对平台转型的意见来看,该类平台具备"根正苗红"的特征,是投资人心中的理想平台。原因有二:首先,债权债务关系明晰,仅为政府类项目融资存在,甚至在早些年有好几个名称,但是均是与政府相关的一套班子,沟通层级高,项目定位清晰。其次,偿债来源较为简单,城投自身的造血能力不足,空壳类的更甚,直接职能依托财政性资金偿付,和地方政府信用挂钩最深。所以从这个角度而言,各地越是比较重要的平台,整体空壳属性越强。

二是什么是实体类平台。根据陕西模式的定义,该类平台之前也是市场较为认可的一类,如公交、水务、燃气类主体,该类主体自身营利性很弱,承担的公益性职能较好,还有就是兼职行使融资平台的职能。在未来,该类平台趋向于剥离融资职能,专注于公益性业务的发展。但短期而言,该类主体因为重要性较强,关乎民生,整体仍是市场较为青睐的一类平台。

三是什么是商业类平台。这类平台有一些自身的产业倾向,如有部分旅游类资产,整体具备自己拓展业务的能力,有一定的造血能力。对其的考核未来倾向于市场化运营的思路。这类平台从广义上来看,可定义为一般平台,未来确实比较难把其信用和政府信用联系起来,所以当成产业类主体即可。

从以上几类定义来看,涵盖了城投的几大类型,从中长期导向来看,城投平台反而是在做存量博弈。本书做出以下猜想,城投确实可能面临一定拐点,城投的数量会趋于下降,举债模式从依赖政府逐步转为对财政预算约束的遵循,目前这个尚在进程之中。对于投资端而言,该如何看待目前的平台整合和清理预期呢?毕竟在中短期,城投仍是一大类资产。从对陕西模式的梳理,可以推演出政策的意图和启示:从中央和地方的政策治理角度而言,目前的隐性债务的第一大类就是通过无序的平台形成的,所以通过对平台的梳理，能间接达到管控水龙头的目的。特别是对于突破预算约束的、只为融资的空壳类，这类在早些年经济发展中做过一些贡献，但是因为其具有随意性，整体的债务增速引人担忧，控制债务增速也需要统筹管理；第二类则是第一类的延伸，公用事业结合一定的公益性，整体市场认可度好，融资可得性高，也容易过度融资且缺乏监管；第三类则是有些边缘，是前两类债务率迅速攀升之后，以一些政府管控的经营性业务包装平台，继续融资。从这三类明显可以看出一定程度的递进，且核心的偿债来源都不太具备，仍是依赖再融资。那么通过梳理、转型和整合，则可以达到管控水龙头的目的。从投资的脉络和资产的安全性角度而言，投资的逻辑可能也面临一定的调整。从梳理的三类来看，城投之间的定位就存在明显的分化：第一类和第二类是明显的"真城投"，但是自身不太具备产生现金流的能力，财政性资金和再融资是其持续经营的基础。第三类是"类城投"，有一些自身的现金流，但是债务的攀升又有很多较难管控的部分，且也有很多资金投入项目，整体面临一定的资金偿付压力。所以在目前的时点上，反而是第三类的冲击最大，因为得到债务认可的难度最高，自身现金流又不足以覆盖债务，加上因为市场的认可度也较低，再融资渠道也受阻，反而可能是风险易于暴露的地方。第一类和第二类，从目前而言，反而通过市场反向推演，仍是比较受青睐。但是不要低估中央对于城投转型的决心，也不应低估地方治理的智慧。一方面应遵循市场化的逻辑，在投资的时候重资产，重视现金流覆盖；另一方面对历史存续的债务保持一定的审慎，不应该继续产生"债务全部且必须兜底"的错觉。所以陕西模式更像是一个预言，但是落实和走向尚待观察。

5. 湖南模式——区域平台整合＋严控项目融资＋暂无明确抓手

湖南模式可概括为："平台整合＋严控新增项目融资"。为了防范化解债务风险，湖南省出台多项细则，如对2018年度相关文件梳理如下："化债思路围绕'停缓调撤'控增量、'降化转改'化存量、'控量提质'促转型、'开源节流'保稳定"，整体定位偏高。具体出台的举措如下：一是强化源头管控。出台严控债务增长、防范债务风险、化解隐性债务、负面清单管理、平台公司转型、建立应急预案等一系列文件，初步形成"1+N"政府债务管理制度体系。组织开展全省范围内的《预算法》集中学习，编发政策简读手册和工作通报，着力提高各地防风险意识。科学设置指标，根据各地债务情况，开展债务风险预警。完善考核方式，将防范化解重大风险列为市州工作绩效评估重点指标，在全面小康监测考核中对债务高风险地区"一票否决"。二是严格控制增量。实施"停、缓、调、撤"四个一批，大力压减超过财政承受能力的政府举债建设项目。对纯政府付费等五类情形的PPP项目，以及货物和建设工程等七类情形的政府购买服务项目实行负面清单管理。清理PPP项目库，整改政府购买服务违规融资项目。探索建立发改委、财政、主管部门参与的联合审批机制,从严审核项目立项。三是妥善化解存量。2015—2018年,共发行置换债券6 168.38亿元,全面完成存量债务置换工作,全省每年可节约利息200多亿元。组织省本级和市县政府编制化债实施方案,明确了化债时间表、路线图、任务书。加强与金融机构协调,对接"险资入湘",防范"处置风险的风险"。开展高成本非标融资、违规个人借款等专项清理,排查风险隐患。四是推动平台转型。开展平台公司专题调研,并将调研成果转化为政策文件。清理压减平台公司数量,对整合进度实行"一月一调度、一月一通报"。指导市县逐家制订平台公司转型方案,剥离政府融资职能,分类推进市场化转型。五是依法开好"前门"。踩准发行时点,科学设计债券期限结构,全年发行新增政府债券834.2亿元,较好地控制了利率成本,保障重点基础设施项目合理融资需求。建立健全专项债券风险控制机制,强化还本付息计划管理。六是强化督导问责。省政府建立防范化解债务风险省领导联点督导工作机制,组建由省长和副省长任组长的8个联点督导组,先后开展多轮债务督导。省债务办组织小分队分赴市县开展实地督导,实现风险较高地区全覆盖。对违法违规举债行为依法依规进行问责,压实债务管控责任。

湖南的核心难题在于:过往平台梳理较多,举债不规范,债务存量较大,整体敞口管控性较弱。目前,市场化化债思路暂不明晰,从湖南的化债思路来看,首先就是源头管控,严禁新增。从某种意义上而言,该举措是非常必要的,源头管控对于隐性债务长期管控是非常必要的一环。但考虑到债务的刚性,目前,债务庞大的利息支出在短期内仍需要再融资平衡,整体债务的新增是在所难免的,所以湖南的化债,整体来讲,在存量梳理上并未完成,有效化解举措尚未定型,严控债务规模的举措可能对目前存续的债券有一定的影响。

湖南模式对市场的启示:一是堵不如疏。债务似洪水,完全靠堵是不太可行的,要疏导。债务的另外一面是资产,如果没有有效生息资产,没有足够的生息周期来完成化解,仅仅依赖堵的思路会造成恐慌。目前,从市场外溢的情绪来看,以匿名回购违约拍卖角度来看,城投中拍卖主体属于湖南的占了一半以上,市场恐慌情绪可见一斑。湖南的整体化债思路目前来看仍需要一定的调整。

表6—6　　　　　　　　　匿名回购违约拍卖债券信息

批次	债券名称	预计拍卖券面金额	申报日	拍卖日
第一批	17津航空MTN001 17津航空PPN003 16新华航PPN002 17凤凰MTN001	9 000	2019/7/1	2019/7/2

续表

批次	债券名称	预计拍卖券面金额	申报日	拍卖日
第二批	17 津航空 MTN001 17 津航空 PPN003 16 新华航 PPN002 17 凤凰 MTN001 16 天津航 MTN004 17 祥鹏 MTN001	25 600	2019/7/3	2019/7/4
第三批	16 新华航空 PPN002 17 凤凰 MTN001 18 美好置业 MTN001 18 福星科技 MTN001 16 津航空 MTN004 19 益阳城投 PPN002(已终止)	28 600	2019/7/9	2019/7/10
第四批	18 百福投资 MTN001 19 湘潭建设 PPN001 16 津航空 MTN001 17 祥鹏 MTN001	23 250	2019/7/25	2019/7/26
第五批	16 红果小微债	19 150	2019/8/1	2019/8/2
第六批	18 百福投资 MTN001 19 昭山经济 PPN001	7 700	—	2019/8/5
第七批	18 润华 MTN001 18 美好置业 MTN001 18 福星科技 MTN001 19 吉林城建 PPN001 18 吉林铁投 PPN002	29 250	2019/8/8	2019/8/9

二是以时间换空间。在2019年初工作会议上,湖南省财政厅表示,积极争取中央政府债务限额化解建制县隐性债务试点,组织部分县市制订完善申报方案,帮助平滑缓释债务风险。目前来看,债务化解仍任重道远,毕其功于一役难度极大,整体而言,仍需要顶层设计的支撑。

三是如何看待湖南债务化解整体尚未有明晰的进程表和可操作的抓手。目前来看,湖南的化解思路里有两个变量需要考虑:第一个变量是疏导方式,第二个变量则是时间。首先,本书认为城投是自上而下的风险传导,如果违约,则其传导整体上是非线性的,点到面的传播会造成恐慌。而且债券透明度高于非标(信托、租赁)以及其他PPP项目,整体的规范度也高于其他类型,在政府隐性债务认定的范畴里,合规性也较强,整体而言,偿付上具备一定的优先性和重点关注度。目前尚未有明细的进程表,可能也需要地方治理创新和相关的疏导举措,如以梳理作为第一步,低息置换作为第二步,在这基础上,在源头上加强管控,有序控制新增(毕竟利息支出也不少),再叠加时间这一变量,整体上才会有明确抓手。

第四节 隐性债务化解案例分析

浙江省城投债市场一直受市场所青睐,相较于云贵等边陲区域的弱经济缺陷,量大质高的浙江省经济有着债务压舱石的作用。相对于江苏省债务压力格局的区位分明,浙江虽无那么显著,但依旧有所体现,主要围绕杭嘉湖和宁绍平原,市场对于收益的挖掘也聚焦于这两地,下面以绍兴和湖州为样本展开分析。

一、绍兴市案例

1. 绍兴的概况

首先来看一下绍兴的"自然禀赋",进而对于其经济发展和未来走向做一个概述。

(1)区位与交通

绍兴之名源自赵构所题写的"绍祚中兴",其位于浙江东北部,下辖三区两市一县,市辖区地处杭州宁波之间,地形主要为市辖区所在的宁绍平原以及两市一县所在的丘陵地带。因此,整个区域内的城市群分布的地理特征显著:主要为柯桥、越城、上虞连接杭州与宁波的平原一线,以及诸暨、嵊州和新昌所在的小型盆地。

绍兴公路基础设施整体完善,但市辖区层面密集程度高,优势显著。铁路主要为两条动脉线,一条为从杭州出发,南下经诸暨去往江西、湖南的浙赣线;另一条为贯穿宁绍平原的杭甬线,可经宁波、台州及温州沿海一线去往福建。但嵊州、新昌两地因区位关系,在铁路交通维度上暂有所欠缺。

从长远来看,浙江省核心交通网呈四方形,杭州、宁波、温州及金华分列四角,故绍兴非省内主要交通枢纽区域。

(2)行政区划

绍兴下属的三区两市一县,每个区域均有自己对应的发债平台,平台数量较多,各区域YY-ratio(地方发债城投企业有息债务规模/地方一般公共预算收入)均较高。从绝对经济体量来看,市辖区和诸暨市较大,新昌和嵊州较小。

表6—7 绍兴各市区县2019年经济数据

地 区	GDP(亿元)	一般预算收入(亿元)	政府性基金收入(亿元)	YY-ratio
越城区	944.08	78.72	91.00	620.59%
柯桥区	1 504.27	131.41	101.36	944.53%
上虞区	978.11	89.52	93.75	807.94%

续表

地 区	GDP(亿元)	一般预算收入（亿元）	政府性基金收入（亿元）	YY-ratio
诸暨市	1 312.36	89.81	81.52	622.37%
嵊州市	589.15	45.76	11.04	705.78%
新昌县	451.46	43.66	30.04	702.13%

(3)重要园区分析

绍兴市区域内有多个园区类平台，下面对其进行简单阐述。

市级层面有镜湖新区与滨海新区。其中，镜湖新区管委会是由市委直接派出机构，位于越城区内；滨海新区成立于2019年，由绍兴高新技术产业开发区（国家级）、袍江经济技术开发区（国家级）、绍兴市滨海新城（滨江区）整合而成，层级较高。

区县级层面较为简单，例如，越城区内有袍江经开区及绍兴高新区，柯桥区内为柯桥经开区，上虞区内的杭州湾上虞经开区和上虞经开区于2019年进行了合并。

整体来看，绍兴市内开发区存在空间上的重叠，管理上存在多层级，因此，对于开发区的平台需要谨慎分析其实质归属。

表6—8　　　　　　　　　　　　绍兴市内各主要开发区

	开发区	注　明
市级	滨海新区	2019年成立，浙江省"四新区"之一，含镜湖片区、绍兴高新片区、袍江片区、滨江片区
	镜湖新区	地理位置在越城区内，市委派出机构
越城区	绍兴高新技术产业开发区	滨海新区、高新片区
	袍江经济技术开发区	滨海新区、袍江片区
上虞区	杭州湾上虞经开区	2019年初，国家级杭州湾上虞经济技术开发区与省级上虞经济开发区正式整合
	上虞经济开发区	
柯桥区	柯桥经济开发区	—
诸暨市	诸暨经济开发区	—
嵊州市	嵊州经济开发区	—
新昌县	新昌高新技术产业园区	—
	新昌经济开发区	—

2. 产业与经济

绍兴整体的经济体量位于省内第五，2019年为5 780亿元，在省内排名中，前为温州、后为嘉兴,但其2019年YY-ratio值高达840%,压力突出。同时,与邻省江苏相比,经济体量上与扬州(5 850亿元)、盐城(5 750亿元)大体相当,债务率稍低于盐城(884%)。因此,关于绍兴和盐城的对比广为讨论,本节试图从人口、产业等角度进一步探索绍兴。

(1)人口与土地

人口方面,绍兴市常住人口总量居于全省中位,2019年为505.7万人,连续5年保持净流入,年龄结构跟全国相似,存在老龄化压力。但在整个浙江省人口净流入居于全国头部的趋势下,人口端的支撑其实是有一定保障的。

土地收入方面,自2017年大范围老城区棚改以来,其成交规模及楼面均价开始大幅跳升;从2020年的结构来看,成交主要集中于市辖区及诸暨市,其中,柯桥及越城两地土地潜力较高,镜湖新区、袍江是区域均价高点。绍兴土地市场繁荣,且未来尚有一定支撑。

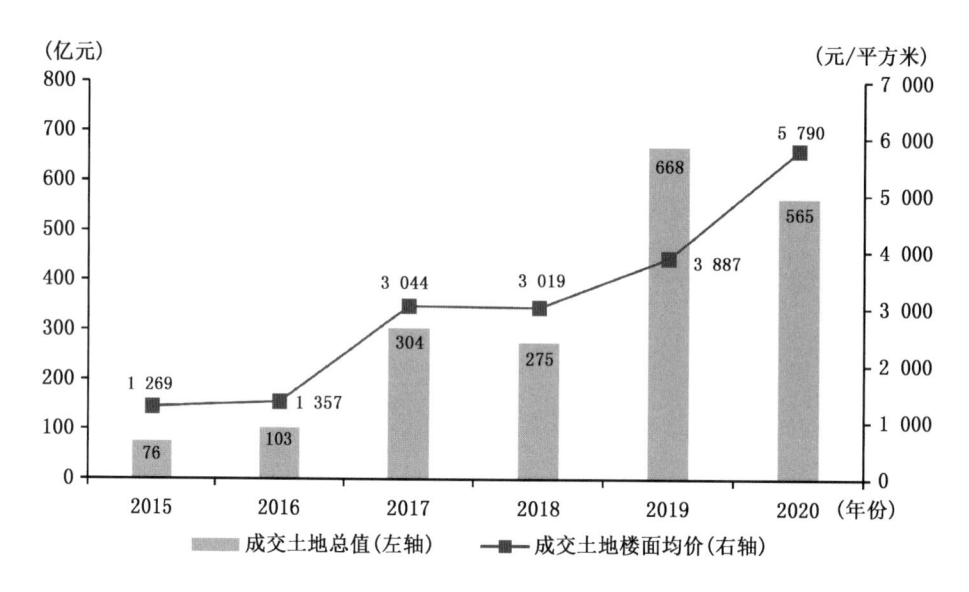

图6—4 绍兴土地市场概况

(2)产业结构

产业方面,从区域规模以上工业增加值绝对值来看,自供给侧改革以来,在2017年整体名义增速降为-14%之后,2019年名义增长率维持在3.8%附近,从官方披露的实际增长率来看,达到8.4%,高于省平均值1.8个百分点,增速居全省前三。

从结构来看,2019年制造业占规模以上工业增加值的比重达93%,为1 402.68亿元。制造业的构成主要为化工业、纺织服装业、通用及专用设备制造业、有色和器械制造业,其中化工、纺织为核心主导产业,合计工业增加值占比超过53%。从名义增长率来看，化工、纺织增速有限，设备制造业呈负增长，这固然有统计层面的因素，但对于名义降速的行业，仍需关注景气度波动对于区域经济的扰动。

表6—9　　　　　　　　　　2019年绍兴主要产业增加值

行　　业	工业增加值(亿元)	名义增长率	占制造业比重
化工业	383.14	1.36%	27.31%
纺织及服装业	369.69	1.05%	26.36%
通用及专用设备制造业	195.27	−0.73%	13.92%
有色金属冶炼及压延加工业	49.02	18.60%	3.49%
电气机械和器械制造业	97.94	18.07%	6.98%
制造业合计	1 402.68	4.23%	100%

从产业区域分布来看，头部行业产业集群化特征显著。宁绍平原临海三地(越城区、柯桥区、上虞区)中，柯桥和越城以纺织和化工为主；上虞区则以化工为主，其次是纺织和设备制造业；诸暨市的有色和设备制造业为支柱产业；嵊州的器械制造业规模较大，新昌则以医药化工(新和成控股)和设备制造业为主，上市公司实力强劲。

表6—10　　　　　　　　　　绍兴各地区主要上市公司

	2019年上市公司市值(亿元)	重要上市公司
柯桥区	337	会稽山(54亿元)、轻纺城(46亿元)浙农股份(53亿元)
上虞区	2 636	世纪华通(505亿元)、晶盛机电(494亿元)、浙江龙盛(476亿元)
越城区	465	振德医疗(156亿元)、古越龙山(118亿元)
诸暨市	643	海亮股份(153亿元)、露笑科技(129亿元)
嵊州市	159	亿田智能(48亿元)、帅丰电器(37亿元)
新昌县	2 333	三花智控(922亿元)、新和成(837亿元)、捷昌驱动(235亿元)

整体来看，绍兴第二产业仍依赖于化工、纺织、有色等产业，行业依赖度较高。此外，民营经济的角色亦较重，而在本轮经济下行周期内，民营企业所受冲击不小，导致区域内有不少暴雷风险：例如，盾安的债务风险、金盾的资金链断裂以及精功的债务违约，这也是绍兴经济产业的一个缩影。

但相对于风险，绍兴有着较为扎实的产业基础，并随着化工和有色行业景气度的回升而逐渐发挥作用。此外，区域内的第三产业近年发展较为迅速，在比重上已超过第二产业，也是增长的动力之一。

(3) 金融资源的"赋能"

银行资源方面,绍兴市有 6 家银行,两市一县均有自己的农商行,规模较大的为绍兴银行和瑞丰农商行,但整体金融资源仍稍显不足。同时,受中美贸易战及去杠杆、产业结构转型的影响,绍兴市银行信贷端资质受到拖累,不良贷款比例上升。

表 6—11　　　　　　　　　　　　绍兴各主要银行

银行名称	总资产(亿元)	财报日期
绍兴银行	1 283.29	2019 年 12 月 31 日
瑞丰银行	1 099.19	2019 年 12 月 31 日
上虞农商银行	627.74	2020 年 9 月 30 日
嵊州农商银行	368.80	2020 年 6 月 30 日
恒信农商银行	249.78	2020 年 6 月 30 日
诸暨农商银行	556.65	2020 年 9 月 30 日

具体来看,绍兴银行是区域内第一大银行,但近年经营状况有所下滑,2019 年其关注类贷款加不良贷款的占比缩减至 3.76%,较 2018 年有所下降,不良贷款率低于同期全国平均水平;此外,其股权方面,部分股东的破产重组问题也值得关注。

区域内另一大银行瑞丰银行的整体资质则较好,在经历了 3 年的排队后,于 2021 年上市。从财务数据来看,2019 年,该行关注类贷款加不良贷款的占比缩减至 2.8%,不良贷款率连续 3 年下降,远低于上市银行不良贷款率均值 1.72%。

3. 绍兴的债务与化债之路

(1) 绍兴的债务"画像"

关于债务,绍兴位于省内高位,平台数量也不少。首先,就省内而言,绍兴与湖州是省内两处债务高地。其次,从时间维度来看,自 2018 年隐性债务去化落地以来,绍兴债务余额并未有显著减少,2020 年存续债券余额约 2 004 亿元,截至 2020 年 6 月末,有息债务规模 6 200 亿元,如果以 5%、6% 和 8% 的成本来计算,其年财务成本在 312 亿—500 亿元之间,整体的债务压力不低。

(2) 绍兴化债之路

绍兴的化债之路,从目前来看是在稳步推进。可从实操层面来看绍兴化债的几点心得,主要仍围绕债务的"疏堵"展开。

第一,积极态度下的财政腾挪。

对于区域内的债务压力和化债进度,区域内各级政府都采取了较为积极的态度,即对债务率进程的严格把控:根据浙江省要求,制定了 2018—2022 年五年化债计划。

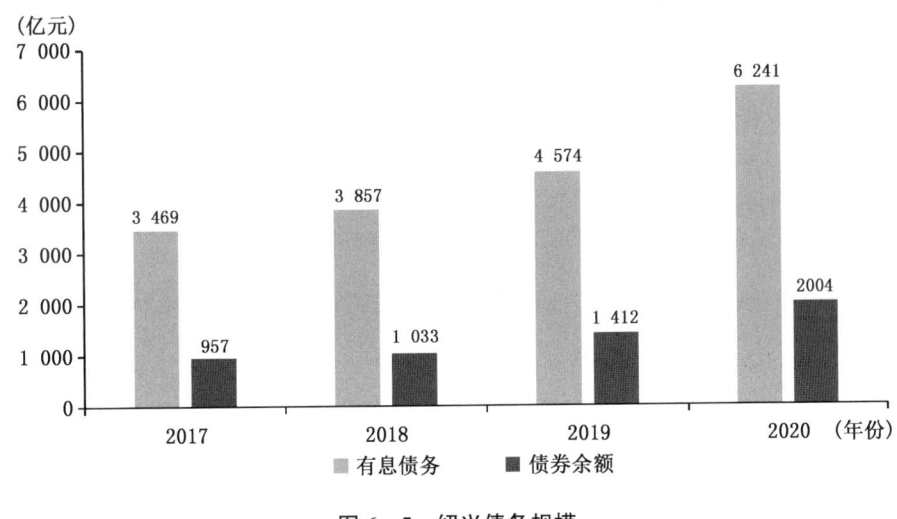

图 6—5 绍兴债务规模

从结果来看,截至 2019 年,全市各区债务率均处于 95% 以下的绿色安全区(浙江省标准)。

此外,受益于区域尚可的产业环境和土地出让支持,财政上的腾挪空间成为实际有效的手段。例如,新昌县在 2019 年提出,根据"五个 10% 以上"——一般公共预算支出、政府性基金收入、国有资本经营预算收入、政府产业基金年收益、存量资金每年压减 10% 以上——的要求安排资金用于化债,出台了按国有土地使用权出让收入扣除成本税费后,50% 补助各国有企业的补偿政策。

第二,盘活资产和改善平台资质:提升再融资能力。

对于平台改善方面,主要有两种手段:第一,注入变现能力较好的资产,改善城投企业资产负债表;第二,对于企业前期承担的一些公益性项目,通过政府积极的买单、回购,将其从企业负债转变为政府的负债。例如诸暨市,截至 2020 年 12 月,盘活企业经营性资产 194.7 亿元、财政资金化解共计 55.07 亿元。对 2 笔隐性债务将通过清偿债务等方式实施内部增信,注入经营性资产、增加土地设备等抵押物,提升融资能力。

此外,据对镜湖新区开发集团的线下调研得知,政府对其注入相关资产,主要是经营性房地产,得益于绍兴市房地产价格的上扬,其资产负债表得到了比较明显的改善,从 2018 年至 2020 年 8 月,镜湖新区开发集团已经化解了 200 多亿元隐性债务。但是,这可能更多的是债务变性层面的化解,并非债务真实降低,后续需要关注经营能力上可能存在的问题。

第三,平台整合与转型。

绍兴市在国企改革背景下,对城投平台也做了一定程度上的整合和转型。截至

2020年末,绍兴市多个区县披露了自己的改革成果:例如嵊州市形成了"1+4"的国有企业格局;诸暨市形成了"1+7+2"的格局,目前区域内发债主体主要由诸暨国资运营公司及其五家子公司构成;柯桥区整合重组出柯桥开发经营集团公司。但具体来看,平台整合多集中于形式上,真正做到融资的有效性尚且需要一些时日。

表6—12　　　　　　　　　　绍兴国有企业改革相关措施

地　　方	总资产
嵊州市	形成"1+4"的国有企业布局,以嵊州市投资控股有限公司为主平台,整合设立"嵊州市城市建设投资发展集团有限公司""嵊州市交通投资发展集团有限公司""嵊州市水务投资发展集团有限公司""嵊州市商旅投资发展集团有限公司"四大集团公司
诸暨市	诸暨市形成"1+7+2"的国有企业新格局,推进国资平台市场化转型,组建成立水务、旅游等九大国有企业
柯桥区	整合市场化集团和房地产开发公司,组建成立柯桥区开发经营集团有限公司

第四,增量端的严控。

关于增量端的把控,主要可关注两点:首先,从政策基调来看,未来城投融资的无序性将得到遏制,债务融资将通过列入政府投资计划、提高工程项目的回款速度来控制城投平台的债务规模。其次,对于举债项目的资产和负债对应的把控,新的负债需对应可将其覆盖的资产,重点关注PPP项目和土地储备出让预算管理与项目建设封闭运行试点政策。

关于PPP项目,核心在于对社会资本的撬动,难点在于在PPP项目审核趋严的背景下,难以发掘合规项目。从绍兴来看,参与PPP项目的仍以国企为主,民营资本组团参与的PPP项目有限,像民营控股的"杭绍台铁路PPP项目"更是可遇不可求。

关于土地储备出让预算管理与项目建设封闭运试点政策,其于2018年在绍兴率先试点开展,以2 600亩土地作为试点,核心特征主要有:第一,全周期预算管理,即规范土地储备和出让管理,建立土地储备项目库,实行项目全生命周期管理。通俗来讲,就是将土地资源及相关资产和对应的负债纳入预算管理,实现对土地资源的全面梳理和有序开发。第二,全过程动态平衡,即对土地储备项目库滚动管理,建立土地储备出让预算调整机制,根据上一年预算执行情况实行滚动调整,实现储备土地总价值覆盖债券总规模、年度土地收益覆盖债券本息、项目实施与债券存续周期匹配。核心在于"资产覆盖负债,收益覆盖支出"的平衡。第三,全方位风险管控。通过导入风险评估机制,建立风险准备金计提机制和土地储备债券风险动态管理系统,及时在风险出现时对预算进行调整。通过实施土地储备出让预算管理,对棚改项目等实行"封闭式"平衡,从根本上防范隐性债务风险。在此政策基础上,通过实施土地储备预算管理,可为全市200多亿元的棚改项目提供有效的融资保障,每年可节省利息成本数亿元。此外,上虞区还提及"积极牵头实施城区经营性用地土地出让金相对封闭运作,切实减轻了国有企业偿债压力"。但需要注意的一点是,"资产覆盖负债,收益覆盖支出"的平衡在实操层面仍存在一定的困难,对于土地资源及相关资产的现金流要求较高。

4. 化债成果总结

就目前的化债进程而言,绍兴市差强人意。2019年,全市共化解520亿元债务,其中,债务压力较大的柯桥区化解了143.73亿元隐性债务,各区域债务率均处于安全警戒线以内。化债进程过半,绍兴市隐性债务水平整体得到了控制。

绍兴市化债目前还是以自力更生为主,依靠的是其全国第31位的经济实力,同时,得益于当地房地产市场的景气,加之土地储备出让预算管理试点的锦上添花,用财政腾挪出的空间争取到了化债的时间。但这对于绍兴而言仅仅是一个开始,绍兴的经济想要走出腾笼换鸟的艰难期、进一步腾飞,就需要进一步改革,而改革必须有足够的资金支持。

同时,可以看到绍兴市的城投平台数量并未缩减,2020年债务规模绝对量也有所增加,项目仍在如火如荼地开展。如何守住目前的化债成果,在保证"债务率处于95%的绿色安全区内"的前提下进一步发展,是绍兴下一步要面对的问题。

表6—13 绍兴各区域化债进度详解

区域	进度
市级	预计2019年完成隐性债务化债总额520亿元,但是经营转型实操难度较大
上虞区	—
柯桥区	2019年化解政府隐性债务143.73亿元
越城区	2019年超额完成政府隐性债务化解任务
嵊州市	暂无披露
诸暨市	至2020年12月21日,盘活企业经营性资产194.7亿元、财政资金化解共计55.07亿元
新昌县	—

二、湖州市案例

1. 湖州的概况

(1)区位与交通

湖州位于江浙皖交界处,北邻太湖、南邻杭州、东为嘉兴、西为安徽宣城,隋文帝时以地滨太湖而得名"湖州"。湖州地势西南高、东北低,高低落差可达1 500米,安吉县地势较高、周围群山环绕,长兴县西北高、东南低,南浔、吴兴地处平原,德清县西为山脉、东为平原。此种地势之下,交通脉络也较为清晰。湖州市区公路网络较为密集,国道沿太湖贯穿长兴县、吴兴区、南浔区通往上海,纵向由吴兴区经德清县直通杭州。铁路上,湖州正在努力打造环太湖一小时交通圈(尚未建成),并将核心交通枢纽定于湖州经开区,一小时交通圈主要有商合杭高铁、宁杭城际铁路和沪苏湖高铁,途径长兴、吴兴、南浔、德清两县两区,安吉县则因地形等原因未有高铁经过。从长远来看,湖州居于浙江北部,并不位于浙江铁路的主轴之上,北邻太湖导致其交通纵向延展受限。

从发展意愿来看,"向东看"——在东部打造高铁新城的意愿较强,试图通过基建再次拉动经济增长,但细观区域交通可知,现有交通资源已可以满足需求,高铁新城的规划仍有待时日。

(2)行政区划

湖州下辖两区三县,核心区为吴兴区。从绝对经济体量来看,吴兴区最大,百强县长兴县次之;德清县作为杭州的后花园,财政收入最高;南浔区临近太湖却不在湖边,安吉县居于"深山"之中,两者经济实力均较弱。从 YY-ratio 来看,除吴兴区和德清县,其余区域均超 1 000%,百强县长兴县债务较重(YY-ratio 为 1 177.8%),区域内部有一定分化。

表 6−14 湖州市 2019 年经济概况

区域	GDP(亿元)	一般预算收入(亿元)	基金收入(亿元)	YY-ratio
潮州市	3 122.4	316.07	456.43	1 066.0%
长兴县	693.28	65.83	77.3	1 177.8%
安吉县	469.59	53.56	76.87	1 043.5%
南浔区	458.01	37.93	32.89	1 010.6%
吴兴区	726.9	45.55	61.5	758.6%
德清县	537.01	65.70	83.56	616.0%

(3)重要园区分析

湖州市园区及开发区情况较为复杂,本部分对其进行简要梳理。市级层面有南太湖新区和湖州经开区。南太湖新区为浙江省四大新区之一(余下三个为杭州的钱塘新区、宁波的前湾新区以及绍兴的滨海新区),规划上包含湖州经开区(国家级开发区)。从本质上讲,南太湖新区并非行政区域,而是园区性质;行政区划上位于吴兴区,但行政级别隶属市级。从湖州西塞山开发建设有限公司的调研纪要可知,南太湖新区财政直接与市级进行分成,南太湖新区可拿九成。从各项报道来看,湖州意在通过打造南太湖新区来拉动经济增长。区县层面,德清、安吉、南浔、长兴均有自己的经开区,各个园区内城投平台数量众多。虽然城投平台数量多,但整体架构清晰,"多而不乱",呈现"以核心城投为中心,辅助发展次级平台"的结构。同时,据湖州莫干山高新集团有限公司的调研纪要,其有意新增一家城投平台。

表6-15　　　　　　　　　　　　　湖州市开发区一览

区域	园区	城投平台及介绍
市级	南太湖新区	组成部分:湖州经济技术开发区,太湖旅游度假区,南太湖产业集聚区核心区,湖州市吴兴区环渚街道5个村,以及长兴县境内的部分弁山山体
	湖州经开区	湖州经开投资发展集团有限公司(下属一级子公司湖州西塞山开发建设有限公司、浙江湖州环太湖集团有限公司)
德清县	湖州莫干山高新技术产业开发区	湖州莫干山高新集团有限公司(下属一级子公司德清恒丰建设发展有限公司、德清联创科技新城建设有限公司)
安吉县	安吉经济开发区	浙江安吉国控建设发展集团有限公司(下属一级子公司浙江安吉修竹绿化工程有限公司、安吉县城西北开发有限公司)
南浔区	浙江南浔经济开发区	浙江湖州南浔经济建设开发有限公司
长兴县	长兴经济技术开发区	浙江长兴经开建设开发有限公司

2. 产业与经济

2019年,湖州市生产总值为3 122.4亿元,一般公共预算收入316.07亿元,基金收入456.43亿元,其整体经济实力居浙江省内第三梯队,前为金华,后为衢州。湖州经济虽然一般,但债务水平为浙江"榜首",YY-ratio为1 066%。与邻省江苏相比,湖州在经济上与连云港(3 139.29亿元)、宿迁(3 099.23亿元)相当,但连云港、宿迁YY-ratio分别为754.24%、473.55%,低于湖州。本节将从人口和产业进一步阐述湖州经济结构。

(1)人口与土地

人口方面,湖州市2019年常住人口为306万人,近三年常住人口不断增加,各个区县均呈现增长态势。从人口结构来看,虽然湖州市老年人口比重在不断增加、青壮年人口在不断减少,但18岁以下的未成年人数目在增加,人口端的支撑有一定的保证。从土地成交上看,2017年旧改导致湖州楼市大热,商品房售价跨过万元大关,随后在2017—2019年急速下降。2020年湖州楼市稍微回升,成交226.71亿元,但住宅类成交土地总价进一步下降至158.2亿元。从结构上看,吴兴区成交量较大,而南太湖新区成交价格较高,德清县房价虽然遇冷,但在湖州市内仍处于高位。南浔受益于湖州"向东看"的大背景和高铁新城等一系列规划,成为2019年土地成交唯一增长的区域。在2020年,南浔区镇中心成交持续火热,而周边区域则遭遇了理性回调。整体来看,核心区域土地市场尚有支撑,而边缘区域土地市场支撑不足。

(2)产业结构

湖州经济以第二产业为主,2019年三次产业结构比例为4.3∶51.1∶44.6,其优势产业中传统动力电池国内市场占有率超70%,童装产业占到了全国市场份额的50%,竹地板产业全国市场占比达50%。湖州下属三县中,除安吉县第三产业占比超过第二产业外,德清县和长兴县均以第二产业为重。2019年规模以上工业增加值按可比价计算比上年增长8.4%,除德清县有所下降外,其他区域均有所增加。湖州市主要制造业为金属矿物制品业、纺织业、通用设备制造业、电气机械和器材制造业、电力、热力的生产和供应业,前四项占比超过60%。从增长率上看,电力、热力的生产和供应业表现为负增长,纺织业增速有限,需关注此类行业对经济和就业的影响。

表6-16　　　　　　　　　　湖州主要产业增加值

行　业	2019年工业增加值(亿元)	名义增长率	占制造业比重
金属矿物制造业	110	12.6%	19.58%
纺织业	79.9	5.6%	14.22%
通用设备制造业	77.6	12.7%	13.81%
电气机械和器械制造业	72.1	18.6%	12.83%
电力、热力的生产和供应业	64.8	-2.5%	11.53%
家具制造业	64.8	10.5%	11.53%
化学纤维制造业	48.8	16.6%	8.68%
化学原料和化学制品制造业	43.9	8.2%	7.81%
合　计	561.9	—	—

从公司上看,湖州上市公司数量众多,实力强劲。安吉和德清的医疗行业因为疫情,估值暴涨。安吉县主要产业为医药、电子设备制造、家具制造;德清县为医药、设备制造、互联网;经开区为食品饮料;南浔区为金属制品、专用设备、化学纤维;吴兴区为金属制品、通用设备、电子设备制造;长兴县主要为机械制造。

表6-17　　　　　　　　　湖州市2019年上市公司概况

区　域	市值(亿元)	公司(亿元)
吴兴区	308.59	旺能环境(63.9)、东尼电子(63.9)
南浔区	186.90	久立特材(79.5)、星光农机(37.4)

续表

区 域	市值(亿元)	公司(亿元)
长兴县	725.54	天能股份(557)
德清县	1 345.55	我武生物(260.6)、浙江鼎力(249.7)、完美世界(590.9)
安吉县	432.45	东方生物(226)、洁美科技(99.5)、永艺股份(42.7)
湖州经开区	107.55	香飘飘(107.6)

民营经济对湖州经济贡献巨大,但同时我们也应关注到,湖州尚有许多中小型企业,此类企业尚不具备规模效应,在经济波动的趋势下,中小企业老板"跑路"的现象较多。

(3)金融资源的赋能

湖州市现有6家银行,其中,湖州银行前身为湖州市商业银行,两区三县各有一家农商行,银行资产规模均不大,区域金融深度一般。但得益于2016年湖州开展的不良贷款处置行动,湖州市银行信贷资产质量居于浙江省前列,这也为后续的化债争取到了更多的腾挪空间。区域中,体量最大的湖州银行曾于2019年上会冲刺IPO(虽未成功),其营收主要来自存贷款业务,中间业务持续亏损。湖州银行2019年不良贷款率仅有0.59%,但考虑到2019年其逾期贷款同比增加43.46%,其资产质量控制能力仍存疑,应警惕静态数据的迷惑性。

表6-18 湖州市银行情况概览

银行名称	总资产(亿元)	财报日期
湖州银行	845.7	2020年第三季度
吴兴农商行	—	—
南浔农商行	490.65	2019年年报
德清农商行	543.34	2020年第三季度
安吉农商行	350.34	2020年第三季度
长兴农商行	357.93	2019年年报

3. 湖州的债务与化债之路

(1)湖州债务"画像"

从时间维度上看,自2018年化债工作开始以来,湖州地区债务并未缩减,有息负债和债券余额均表现为上涨趋势。截至2020年,以城投公司带息债务(扣除子公司)计算,湖州尚有3 821亿元有息负债(可能低估),若分别以5%、7%、9%的成本来看,财务成本在191亿—344亿元之间,融资成本较高。

截至 2020 年 12 月 31 日,湖州公开市场存量债券总额为 1 590.64 亿元。从期限结构看,湖州短期债务 353.34 亿元,占比达三成,其中,长兴县短期债务金额最高,一年内到期债券 130.74 亿元,占湖州市一年内到期债券比达 27.4%;市级一年内到期债券 86.62 亿元,占比达 23.82%;余下区域短期债务压力不大。分区县来看,长兴县为湖州债务最重的地区,YY-ratio 为 1 177.8%,短期长期偿债压力较大;湖州经开区由于规模较小,债务压力较轻。

(2)湖州的化债之路

用官方表述,湖州市整体化债可以概括为"控总量、降成本、展期限、盘资产、去风险",本部分将以上思路拆解为"堵"和"疏"两个维度。

①"堵"——积极的财政指引

针对存量债务,各个区县均采取了积极的态度,筹措资金,防范地区债务风险,其主要手段有二:第一,降低融资成本、缓解融资压力。湖州市通过政府指导,调整融资成本、融资结构降低财务成本。融资成本方面,2018 年由于融资渠道收紧,导致融资结构中非标占比增加,融资成本上升,因此,湖州市主要强调降低利率、争取展期,同时拓宽直融渠道。政府积极争取专项债、地方债额度,调整融资结构;协调银行资源进行债券展期和私募债认购,帮助企业置换高成本债务;暂停弱资质主体发债进度,从而降低整个区域的融资成本。从结果看,政策颇有成效。长兴县通过利率指导,将表内融资成本从 7.5% 下调至 6.8%,表外成本从 11% 下调至 9%。据南浔交通水利投资建设集团有限公司调研纪要,2020 年其融资成本下降了 100 个基点,同时,非标比重控制在整个债务的 15% 之下。

表 6-19　　　　　　　　　　湖州各区县降成本措施

区域	措施/成果	主要内容
长兴县	调整融资利率	加强融资利率指导,对企业债、公司债(中票、短融、PPN)、县内外银行贷款、信托(租赁、基金及其他)等不同融资方式分类控制成本上限,并随利率走势变化及时调整,2020 年已调整 3 次,表内成本由年初的 7.5% 下调到 6.8%,表外成本由年初的 11% 下调到 9%
	高成本债务置换	开展高成本债务置换,通过融资成本指导,私募有序发行,乡镇"关闸门",国有企业债转股、股权划转、资产整合等措施,增强了全县国企询价议价能力,降低了融资成本
	降低费用	降低券商承销费率(由 0.2% 降到 0.15%),低于周边县市区

续表

区域	措施/成果	主要内容
吴兴区	优化债务结构	不断优化债务结构,全力争取地方政府债券,在积极争取棚改专项债券的同时,加快建设创新品种项目收益专项债项目储备库。加快与金融机构协商,在符合隐性债务化债计划的前提下,做好展期、续借、周转等工作

第二,多方筹措资金、积极做大蛋糕,以拓宽收入为核心,扩大偿债资金来源。多方筹措资金,盘活已有资产,坚持"5个10%"的化债要求,保证偿债资金来源。德清县、长兴县构建政策性融资担保体系,通过担保降低融资成本。债务压力最大的长兴县建立县级应急周转金,制定《长兴县国有企业战略项目周转金管理暂行办法》,初期规模10亿元,委托县金控集团运作管理;开展资金池运作,尽可能提高间隙资金收益。但从实际情况来看,仅能说这个想法是好的。积极做大蛋糕,即拓宽一般公共预算收入,但是2019年湖州土地基金收入大幅下滑,加之2020年未见土地市场有明显回升,想要做大蛋糕恐怕难上加难。再看长兴县的应急资金,区区10亿元相较于其438亿元的公开市场债务而言,仅是杯水车薪。

②"疏"——增量债务的控制

增量端的政策主要集中于项目的规范化运行和城投平台的市场化转型。项目规范化运行方面,湖州加强源头管控,规范PPP项目运行,采用"500万以上政府投资项目联审制度",对项目合理性和必要性进行审查和探讨,贯彻"三个不得立项"的要求。长兴县成立了投融资服务中心,规范融资、担保、平台注资、投资基金设立、与社会资本合作、政府购买服务等相关行为,力求"防债有效"。在国企改革方面,湖州市推进融资平台的市场化转型。通过倾斜资源,重点培养核心城投平台;通过平台整合,凝聚优质资产,利用混改出清资质较差的平台。以长兴县为例,长兴县努力推进国有企业"4+3"市场化转型,力争将所有经营性资产分批注入四大集团,因此,长兴县平台股权变动频繁,其主要表现为各个企业实际控制人的变更,追根溯源可观察到政府部门之间的协调,比如交投集团从长兴县人民政府划出至长兴县交通局,而后又划回长兴县人民政府。平台整合上,暂未划入四大集团的长兴县公路工程有限责任公司已经无存量债券,考虑到资质较弱,后续存在一定整合概率。在此背景下,区域平台未来或进一步出清,融资端的有序性或会有一定的体现。

表 6－20　　　　　　　　　　湖州市各区县国企改革措施示例

区　域	措　施
德清县	完善国有企业法人治理结构,持续做强做优做大建发、文旅、交通水利、高新、经开等核心国企集团
长兴县	长兴县推进"4＋3"市场化转型,新组建金控集团、城投集团、交投集团、文旅集团四大集团,将全县所有的经营性资产(股权)分批全部划入四大集团,通过优质资产的注入,增加企业资产的总量和质量。稳妥推进四大集团二级及以下企业混合所有制改革,推进国有企业市场化转型
吴兴区	按照浙江省市场化转型 4 条标准,全力推进双覆盖工作。确保区交投集团今年实现双覆盖,区城投集团力争在 2021 年 3 月底前实现"双覆盖"

4. 化债成果总结

从 2018 年 8 月至 2020 年末,湖州市整体化债 938.29 亿元,完成计划的 113.23％,所有区县政府债务率均在 95％以下的绿色安全区。若以"公开市场债务余额＋已化解债务"代表化债前隐性债务(约为 2 528.93 亿元),则截至 2020 年末,湖州已经化解了 33.10％的隐性债务。但同时我们也注意到,2018—2020 年,湖州市仅债券余额就增加 525 亿元,整体债务规模仍呈扩张之势。

湖州下属各个区县也表现得良莠不齐。本身公开市场债务负担较轻的德清县和吴兴区早已退入 95％的安全线以内,而"老大难"长兴县,其政府债务率虽处于安全区域,但在 2018 年因一般债务率(178％)超预警线而被纳入风险提示名单,按照计划,2021 年其方能将一般债务风险预警指标控制在警戒线内。湖州市级层面出台的政策大多有"雷声大雨点小"的嫌疑,化债手段上,依靠区域经济的强势,以扩大财政收入为核心,以降利率降成本、国企改革为辅助,成功去化存量债务约四成,化债成果尚可。但湖州的债务规模绝不止于此,没有修完的高铁、没有建完的新城,都给湖州未来的债务去化蒙上了一层阴影。未来的湖州,是化债进程快还是债务增长快,仍有待观察。

第六章 隐性债务化解路径及案例 | 221

市级

- 2018年8月 自动化债
- 2018年末：全市全口径债务余额首次出现下降，各主体债务率平均控制在95%以下的绿色安全区
- 2019年9月
- 2019年末：市本级和各区县政府债务率均保持在95%以下的绿色安全区
- 2020年9月：全市全口径债务余额下降，各主体政府债务率平均控制在95%以下的绿色安全区内
- 2020年末：2018年8月至2020年末，市级层面计划化债828.66亿元，实际完成化债938.29亿元，完成计划的113.23%

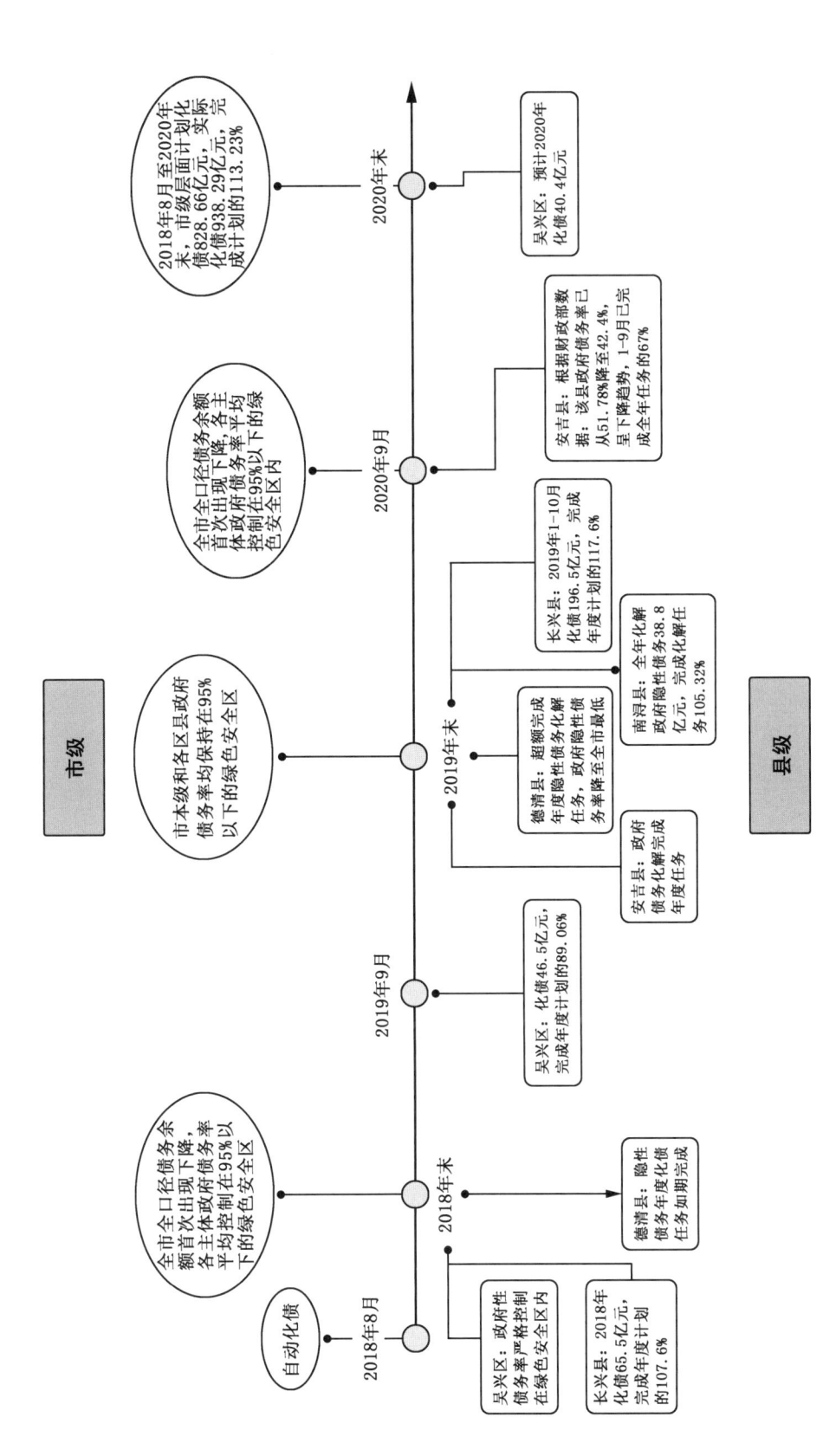

县级

- 2018年8月：
  - 吴兴区：政府性债务率严格控制在绿色安全区内
  - 长兴县：2018年化债65.5亿元，完成年度计划的107.6%
- 2018年末：德清县：隐性化债务年度化解任务如期完成
- 2019年9月：吴兴区：化债46.5亿元，完成年度计划的89.06%
- 2019年末：
  - 德清县：超额完成年度隐性债务化解任务，政府隐性债务率降至全市最低
  - 安吉县：政府债务化解年度任务
  - 南浔县：全年化解政府隐性债务38.8亿元，完成化解任务105.32%
  - 长兴县：2019年1-10月完成化债196.5亿元，年度计划的117.6%
- 2020年9月：安吉县：根据财政部数据，该县政府债务率已从51.78%降至42.4%，呈下降趋势，1-9月已完成全年任务的67%
- 2020年末：吴兴区：预计2020年化债40.4亿元

图 6-6 湖州化债进程

第五节　化解地方政府隐性债务风险的建议

一、化解地方政府隐性债务风险的短期建议

1. 推进债务置换，优化期限结构

当短期内债务结构不合理，到期债务期限集中，而地方政府的还款能力与再融资能力都较难得到有效提升时，解决紧迫的债务问题要靠运营债务置换的方式，"以时间换空间"就成为化解流动性风险的重要方式。隐性债务置换的三条途径中，自2018年以来，以中央主导的债务置换活动可能性较小，且金融机构预期不强。因此，一方面，地方政府在积极的财政政策背景下，需要利用专项置换债券置换隐性债务，调整债券期限结构；另一方面，金融资源的有效利用必不可少，地方政府需要整合区域内金融资源，以主动沟通联系的方式，自行争取债务置换的机会，利用金融机构贷款置换隐性债务，将隐性债务显性化，或整合组建平台公司，增强其主体信用和资产质量，厘清并移交负债，将政府性债务化为企业的经营性债务，由平台作为市场化主体运作置换债务。

2. 创新融资渠道，拓宽资金来源

地方政府在平台融资的途径中，长期倾向于选择银行信贷，创新多元化的融资渠道可以降低这种依赖。对于重度依赖信贷的投融资平台，加大债券市场融资力度，能够改善单一的融资方式，形成直接融资、间接融资并举的新格局。对于主要依赖传统银行债券市场的平台企业，积极加大交易所资本市场的债券融资力度，可以避免融资渠道单一，提高抵御政策变动的能力，降低融资波动风险。在银行和债券渠道之外，市场化运作的平台企业可以依托自身经营特色，选择更加多元化的融资方案。经营业绩好、财务表现佳的投融资平台企业，可积极利用新制度红利，加快上市进程，合理运用股权融资。资产证券化的发展已较为成熟，地方政府投融资平台可利用流动性较弱的资产构建资产池，将其演变为可流通的证券，从而盘活存量资产，拓宽融资渠道。

3. 加强项目整改，规范政府融资

地方政府隐性债务的产生，根本上在于预算内资金难以满足地方基础设施等方面建设巨大的投资需求，因此会产生预算外举债，藏匿债务风险。对于地方政府隐性债务风险化解，需要修明渠、堵暗道，一方面推进项目融资方式整改，缓解偿债压力，另一方面切实规范地方政府融资管理。项目融资应用最广的是PPP模式，自我国于2013年底发起PPP改革创新以来，其在助推治理体系优化、推动公共服务领域提质增效和基础设施投资补缺口方面起到了重要作用。但是就PPP项目而言，对财政承受能力

的划定标准固化和周期长、入库难也带来了潜在的隐性债务风险,所以,在落实中,重点应集中于提升公共服务的质量和效率,而不应该只关注地方政府融资。总之,规范项目审批,推动项目精细化开展,完善项目模式,推动市场化改革,明晰投资责任,方可切实保障项目融资健康发展,同时防范隐性债务风险。规范地方政府融资管理,则应重点关注地方政府及其融资平台的债券发行,确保发行方案可行,偿债能力真实。需建立地方政府隐性债务风险应急管理机制,充分测度存量隐性债务风险等级,安排偿债计划,合理安排应急结构,避免风险传导。

4. 健全披露机制,及时公开信息

对地方政府隐性债务的风险与处理机制的披露,可以帮助地方政府加强对隐性债务的管控,防范财政风险。健全相关披露机制,一方面,应当确立地方政府隐性债务披露的相关制度规范。当前,美国、捷克、加拿大均有法律强调政府对隐性债务信息的披露,其他国家则多侧重于财政风险公开。完善法律制度规范,可以让债务信息披露有法可依,提高地方政府对隐性债务的重视及敏感度,形成债务管理更加透明的监管机制。另一方面,要建立常态化的地方政府隐性债务审计监控机制,常态化监管是信息披露质量的保障,连续有序的审计监督,可以及时揭示地方政府融资管理中的不合规行为,堵住隐性债务滋生的"前门",也有助于地方政府信用评级的完善,解决当前东西部地区、沿海和内陆区域政府信用等级相同、不具有客观性的问题,从而提高政府信息披露的质量,持续关注并防范地方政府隐性债务风险。

二、化解政府隐性债务风险的长效机制

1. 地方财政:有效提升财政实力

财政实力是债务偿还的根本保证,提升财政实力,一方面要加强区域的产业发展,助推经济增长,另一方面则是要建立立足于财政水平和风险传染的隐性债务预警机制,防止债务风险冲击地方财政,引起财政困难。

第一,提升经济财政水平。长期以来,我国地方政府的土地财政不仅降低了资源配置的效率,也会影响区域内产业优化升级的效率。因此,应对隐性债务风险,治本之策是提升区域财政经济水平。一方面,要调整地区产业结构。结合本地特色,保证主要产业发展和老产业升级,抓住现代科技动向,推动新技术赋能主导产业;同时,促进新产业的发展,抓住 5G 时代发展机遇,推动区域内通信、互联网等产业发展。另一方面,要扩大地区需求。利用国内大循环和新基建政策红利,扩大区域内有效需求,激发消费活力;同时,以新基建、新型城镇化建设和重大项目建设拉动地方投资,激发区域经济增长动力,增强财政实力,有效防范化解隐性债务风险。

第二,建立隐性债务风险预警机制。科学的风险预警机制是监控防范风险的保障,但是当前地方政府隐性债务的风险监控与预警机制还不够完善,指标体系不完整,且地方政府相关信息不透明,债务风险难以预测。建立隐性债务风险预警机制,要遵循实用性、灵活性、可靠性的原则,通过广泛的数据信息收集,对隐性债务合理分类,选取有针对性、全覆盖的指标体系,包括但不限于债务率、逾期债务率、债务余额增长情况和反映经济发展情况与财政实力的相关指标;合理测算,借鉴国内外经验,选取适合地方区域隐性债务情况的警戒线。依据风险预警机制,制定合理应对风险的措施,避免隐性债务风险的传导扩散。

2. 投融资平台:积极推进平台转型

隐性债务的成因之一是地方政府投融资方式不够健全,因此,市场化的融资方式就比较关键。推进平台的市场化转型,一方面要梳理现有平台的职能,分类进行转化,另一方面则要推动平台建立完善的公司治理体系。

第一,要推动平台分类转化。理顺地方政府和投融资平台的关系,转变政府职能,利用市场化的方式融资,才能真正遏制隐性债务的增长。推进投融资平台转型,首先,要梳理地方融资平台,对其进行分类,对于完全不具备经营性资产的平台公司,根据具体情况进行关停或者兼并;对于既有公益性资产也存在经营性资产的平台,要将其定位为独立的市场融资主体,厘清其与政府的关系,助力其优化结构转向国有资本运营公司;对于资产质量高、融资能力强的平台公司,则应支持其向国有企业转型。其次,整合平台资产,推动兼并重组,集中培育定位明确、实力强的投融资平台,以注入经营性资产、剥离存量债务等方式助其轻装上阵。最后,明确平台公司的经营思路和发展方向,提升国有资本运营效率。

第二,对于转型后的平台,建立完善的公司治理体系必不可少。将平台剥离政府融资职能后,对有能力进行市场化运作的平台,应帮助其建立完善的公司治理体系,提升投融资管理能力和盈利能力,使其能够自负盈亏、自担风险,在将政府性债务向市场化债务转化的过程中,能够承担起化解债务风险的责任。建立平台公司的治理体系,首先,要确立基本的公司架构与体系,包括"三会一层"的设定完善以及公司部门结构的确立;其次,明确平台公司发展方向,基于投融资平台公司在过去的城市建设中发挥的功能,明确转型后公司的主营业务构成以及业务开展范围等;最后,以创新和人才助推平台公司壮大,通过新兴科技的运用、创新业务模式的选择和员工素质的提升,提高转型后平台公司的综合实力。以公司治理体系的完善,推动投融资平台转型后的市场化运作,提升其盈利能力,使其在长期内有能力负担现有的存量债务,降低隐性债务风险。

参考文献

[1]冯辉.地方融资平台公司退出市场的法律对策[J].中国特色社会主义研究,2021(06):45-54+2.

[2]王国刚.关于"地方政府融资平台债务"的冷思考[J].财贸经济,2012(09):14-21.

[3]张建文.地方政府投融资平台公司债务风险治理的私法向度[J].河南财经政法大学学报,2014,29(01):81-88.

[4]粟勤,熊毅.债务压力下我国地方政府融资平台转型[J].江西社会科学,2021,41(07):70-77.

[5]郎菁.如何构建中小企业财务会计制度[J].会计之友,2002(03):30.

[6]付丽.如何构建中小企业财务会计制度[J].财会通讯,2001(05):26-27.

[7]胡涛.企业债券发行审计应关注的主要内容[J].财务与会计,2014(07):64-65.

[8]吴旭峰.地方政府融资平台公司外部治理对策研究[J].学习与探索,2013(09):123-126.

[9]钱一蕾,陈姗姗,钟宁桦等.地方政府债券对城投债券发行规模与定价的影响[J].财贸经济,2023,44(07):22-38.

[10]马恩涛,任海平.党的十八大以来我国地方政府债务治理的新成就新经验[J].地方财政研究,2022(11):17-25.

[11]尹李峰.地方政府融资平台公司转型[J].中国金融,2021(05):90-92.

[12]杜惠霞.中小企业会计核算探讨[J].现代农业,2009(06):191-192.

[13]刘志红.健全中小型企业内部控制的思考[J].江西金融职工大学学报,2006(06):64-65.

[14]徐炳乾.城投公司财务管理模式探析[J].中国中小企业,2021(04):127-128.

报,2020-10-16(005).

[49]董添.统筹布局 集约开展新基建[N].中国证券报,2022-03-07(A06).

[50]陈标志.戒除土地依赖症有点难 海口靠土地偿债仍是"重头戏"[N].中国房地产报,2018-08-13(003).

[51]证券时报两会报道组.适度超前开展基础设施投资[N].证券时报,2022-03-04(A06).

附录：案例

××市建设投资开发有限责任公司

财务管理制度

第一章 总 则

第一条 为加强××市建设投资开发有限责任公司（以下简称公司）的财务管理和会计监督、规范财务行为，保证国有资产的保值、增值和安全完整，依据《中华人民共和国公司法》《企业会计准则》《中华人民共和国会计法》，结合公司实际，制定本制度。

第二条 本制度适用公司所有发生的经济业务。

第三条 公司设置财务部，公司发生的各项经济业务及资金结算必须通过财务反映和会计核算，实行会计监督。

第二章 资金管理办法

第四条 现金管理

（一）现金的使用范围

1. 员工工资、奖金、补贴、津贴；
2. 支付给公司外部人员的劳务报酬；
3. 各种劳保、福利以及国家规定的对员工的其他支出；
4. 出差人员必须随身携带的差旅费；
5. 结算起点 2 000 元以下的单位之间的零星支出；
6. 确定需要支付现金的其他支出。

（二）公司取得的货币资金收入必须及时入账，不得账外设账，严禁收款不入账。现金统一在公司财务部核算，任何部门或个人不得私自截留现金，私设小金库。

（三）不准利用公司银行账户为其他单位或个人存取现金。

（四）不得将公款以个人名义存入银行，不准私自挪用现金，以"白条"或不符合财务制度的凭证抵充库存现金。

（五）不准坐支现金。

（六）在收付现金时必须认真、详细审查收付款凭证是否符合制度规定，其原始凭证是否齐全、合法，票据是否有涂改、大小写金额是否相等。

产管理。

(三)固定资产的验收及领用

1.固定资产到货后由采购人员、保管员及相关部门组织验收,凭验收凭证及有关票据交财务报销。

2.领用固定资产时,领用人必须填写有关凭证,由部门负责人签字后,保管员凭部门负责人签字后的凭证付出物资,并将凭证及时传递至财务部。

(四)财务部协助综合办公室对资产进行编号,卡片或标签应贴在资产明显位置,并建立相应的资产卡片和登记簿;标签是用于资产管理、盘存核实的重要标志,不得涂改及毁损。

(五)各资产责任部门负责本部门资产的安全使用、维护及修缮,同时,应对固定资产的大修理和日常修理进行记录。

(六)固定资产的调拨

1.公司范围内固定资产的调拨应由调入部门提出申请,与调出部门协调后,上交公司司务会讨论,再由资产调出部门填写相关凭证,经调出部门负责人、调入部门负责人签字,分管领导批准后方可调拨,资产管理部门根据相关凭证登记变动资产存放地点或使用部门,并及时将凭证进行备份。

2.未办理调拨手续就将固定资产交予另外使用单位的,将直接追究前一使用单位的责任。

3.员工在调离工作岗位时应对其所使用的固定资产办理交接的手续。

(七)财务部协助综合办公室同有关部门每年至少对固定资产进行一次盘点,保证账实相符,对盘盈、盘亏、毁损以及报废的固定资产,应及时查明原因,上报公司司务会,根据不同情况处理,并将盘点结果报财务部备案,同于年度报告审计。

(八)固定资产折旧提取规定

1.计提折旧范围:公司所拥有固定资产应计提折旧。

2.公司固定资产折旧采用平均年限法计提,净残值率按5%确定。

3.公司固定资产折旧年限如下:

(1)房屋、建筑物折旧年限为20年;

(2)机器、机械和其他生产设备折旧年限为10年;

(3)与生产经营活动有关的器具、工具、家具等折旧年限为5年;

(4)车辆等运输工具折旧年限为4年;

(5)电子设备折旧年限为3年。

4.不准随意变更折旧方法,年度内不准任意提高或降低折旧率,需要调整的报有关部门批准。

(九)固定资产报废

1. 公司固定资产需按规定定时进行报废、销账处理。符合下列条件之一的固定资产可申请报废：

(1)使用年限过长,功能丧失,完全失去使用价值,或不能使用并无修复价值的；

(2)产品技术落后,质量差,耗能高,效率低,已属淘汰且不适于继续使用,或技术指标已达不到使用要求的；

(3)严重损坏、无法修复的,或虽能修复但累计修理费已接近或超过市场价值的；

(4)主要附件损坏,无法修复,而主体尚可使用的,可做部分报废。

2. 固定资产报废的废旧物资是国有资产的一部分,任何单位和个人均不得擅自处理。经批准报废的固定资产由资产管理部门统一组织处理。

3. 待报废的固定资产每半年集中办理报废,报废申请应于每年6月1日至6月15日、12月1日至12月15日提出,固定资产报废程序如下：

使用单位(使用部门)提出申请→填写固定资产报废申请单→使用单位盖章(部门负责人签字)→由财务部、审计监察部、资产管理部门和使用单位(或部门)组成小组审查→分管领导审批→总经理审批→董事长审批→报市国资委审批(备案)→资产管理部门销名→财务部门销账→资料存档→报废物资集中处理。

4. 经批准报废的固定资产必须保持其完整性,使用单位(使用部门)不得自行拆除部件。确需拆除有用部件,须经资产管理部门同意并备案,对所拆部件,应办理有关登记手续,说明用途。

5. 经批准报废的固定资产,财务部可办理固定资产销账手续,不得违规销账。

第九条 在建工程管理

(一)工程开工前,工程管理部门必须及时将项目初步设计、工程预算及施工合同移交财务部,无以上材料财务部有权拒绝付款。

(二)施工单位上报已完工程进度的审核程序

1. 施工单位及监理单位：施工单位需编制"已完工程进度报表",同时填制"工程款支付申请表",由甲方(我公司)现场管理人员签字,并交监理单位审核。监理单位根据工程完工情况,出具《工程款支付证书》并附上审查记录,交公司审核。

2. 工程管理部及成本合约部：据监理单位审查并认可的"工程款支付申请表"及其附件,审核施工单位所套用的各类定额以及取费标准是否符合合同规定,并由部门负责人签署意见后转交财务部。与融资相关的工程进度材料,需抄送融资部。

3. 财务管理部门：根据施工单位及工程管理部、成本合约部提供的材料,认真审核

第五章 单证管理办法

第十九条 单证包括：发票、财务专用收据及其他重要票证等。

第二十条 财务部门对单证应设专人管理，按各类单证保管要求存放。

第二十一条 各类单证必须序时连号开具，单证内容应填写齐全，正确无误，并加盖财务专用章或发票专用章。

第二十二条 经办人员在领用单证时，单证管理人员应填制《财务单证领取登记簿》。

第二十三条 各类单证实行核销制度，核销时应和账务核对是否有未入账单证，检查填开是否正确，核对无误后，经单证领用人及单证保管人员共同签字确认后按《会计档案管理办法》保管。

第二十四条 因工作失误或其他原因开错的发票，应当在发票上加盖"作废"戳记，不得涂改，开错的"作废"发票必须全联妥善保管，不得私自销毁。

第二十五条 财务部门应定期对单证进行全面的盘点清查。发现单证遗失等情况应及时报告，并及时采取有效措施。

第六章 财务人员工作交接管理办法

第二十六条 会计人员工作调动或因故离职，必须将本人所分管的会计工作全部移交接交人员，未办清交接手续、所经办的账务核对不符的，不得调动和离职。

第二十七条 移交时必须编制移交清册，列明移交内容，包括会计凭证、会计账簿、会计报表、有关印章、现金、有价证券、支票簿（注明起止号）、发票、文件、个人经管使用的办公品和其他会计资料等。实行会计电子化的，应在移交清册上注明会计软件及密码、会计软件数据硬盘及有关资料、实物。移交时必须按照清册逐项移交，所有的会计资料必须完整无缺，如有短缺必须查明原因，随时处理。

第二十八条 会计人员移交时，必须有专人负责监交。一般会计人员交接，由财务负责人或会计主管负责监交；财务负责人交接，由分管领导监交。

第二十九条 移交工作必须在账账、账表、账证、账实相符的前提下进行，接交人必须逐项核对清点接收，交接完毕后，交接双方和监交人必须在移交清册上签名，以明确责任；移交清册一式三份，交接双方各执一份，存档一份。

第三十条 财务负责人或会计主管移交时，还必须将全部会计工作、重大财务收支和会计人员的情况等，向接交人介绍清楚，对所需移交的正在办理或遗留的问题，出具书面材料。

第三十一条 接交人应该继续使用移交的会计账簿,不得自行另立新账。

第三十二条 临时工作交接,需他人代为接替或代办的,财务负责人指定有关人员代理,并办理交接手续。

第三十三条 移交人员在移交之后,如出现问题,从移交时点上分清责任,对移交人承担的责任有追溯权。

第七章 财务印章管理办法

第三十四条 财务印章包括:财务专用章、法定代表人名章、收(付)讫章等日常工作印章等。

第三十五条 公司各类活动中需要使用财务专用章的,需严格执行相关审批手续,经办人填写"财务章使用申请表",部门负责人审核签字,经分管领导审批、总经理签批、董事长批准后,财务部方可盖章,同时应当及时在《财务章使用登记簿》上登记。法人代表人名章使用按财务专用章使用规定执行,但必须经公司法定代表人签字。

第三十六条 严禁在各类未按规定履行审批手续的空白单据、票据上使用公司财务印章。

第三十七条 财务印章应按工作实际情况明确专人保管、使用,并办理印章存放登记。财务专用章,由指定的财务人员负责保管、使用;法定代表人名章,由法定代表人或授权财务人员保管、使用(财务专用章和法定代表人印鉴章不得由同一人保管、使用)。

第三十八条 财务印章应在办公场地内使用,不得带出办公场所,确因实际工作需要带出的,需财务负责人审批。

第三十九条 财务印章每次用印完毕,应随即入柜,不得随意放置,以防失窃或盗用;发现印章失窃或盗用,有关人员应立即向主管领导报告,并迅速采取措施追查。

第四十条 财务印章磨损或单位、人员名称变更需要更换时,应由财务部办理清收、销毁手续,并重新刻制财务印章。

第八章 会计电子化管理办法

第四十一条 编制记账凭证,要认真审核,做到会计科目使用正确,数字准确无误,对单据输入前、输入后的会计数据等进行严格的审核。

第四十二条 会计岗位权限包括软件功能权限、科目使用权限、报表使用权限、查询权限、其他权限等。财务部应根据各会计岗位工作内容制定会计岗位权限标准,临时性的岗位赋予其权限以外的权限,应由财务负责人或系统管理岗负责;"历史数据调整""数据恢复"等对会计信息正确性具有决定性意义的功能权限,不能作为任何岗位的永久性权限。

第四十三条 依据财务负责人或系统管理岗签字通过的会计岗位权限标准,对各会计岗位分配权限。临时性授权在完成财务负责人或系统管理岗所批准的任务后,立即收回。

第四十四条 操作人员必须设置自己唯一知道的口令,并做好保密工作。口令的安全由操作人员自己负责,操作人员发现自己口令被修改或删除应及时向系统管理员和财务负责人报告,待查明原因后再做处理。网络服务器及数据库口令的安全由系统管理员负责。

第四十五条 操作人员离开系统时应退出系统或进行系统封锁,操作人员对自己账号下的所有操作行为负完全责任。

第四十六条 原则上一项业务由一个会计人员处理数据输入,特殊情况下也可以委托他人代为输入,但必须将业务交代清楚,并且使用输入者本人的名字及口令。

第四十七条 所有机器产生的凭证、账簿、报表等会计资料,必须经过制单人员、审核人员、记账人员、财务负责人审核后,方可打印。

第四十八条 对系统软硬件的操作必须按照正确的操作规程进行。电源的开关、软件的启动与关闭都应遵循正确的顺序。

第四十九条 加强对会计数据的管理,每月必须有两套数据备份(即硬盘备份及移动硬盘或光盘备份),数据恢复必须经财务负责人同意后方可实施。年度结束后三个月内应做好年度数据备份两套(纸质打印和电子备份各一套),备份数据会计档案按保管年限规定保存。

第五十条 财务部应做好会计软件和会计数据的安全保密工作。

第五十一条 财务信息的安全是指信息不丢失、不损毁、不向无关人员泄露、不被非法修改。

第五十二条 连接外网要采取各种措施来保障上网数据的安全性。要严密控制好财务数据库及其服务器的口令,控制好各用户的口令。

第五十三条 严禁会计人员在计算机上安装各种游戏、盗版软件,以及使用一些非法软盘,以防止计算机感染病毒。有外来的数据盘,在使用前,必须做好查病毒工作。计算机发生故障应及时维护。如果没有能力维修,应及时与财务软件公司联系,进行维护。

第九章 会计档案管理办法

第五十四条 会计档案包括:会计凭证、会计账簿、会计报表及重要经济合同等书面形式的会计核算资料和储存在磁盘(软盘、光盘和硬盘)上的会计文件。

第五十五条 财务部应按规定对会计档案进行管理,对上年度的会计凭证、账簿、报表以及重要的经济合同等资料,应及时收集、归类、整理,编制目录或制作电脑软件备份,在规定时间交存公司档案管理部门集中管理。

第五十六条 查阅会计档案要严格执行审批手续,查阅人携已审批的《会计档案查阅审批单》查阅,并做好会计档案查阅登记工作。未经允许,不得将会计档案携带外出,需要复印的应经财务负责人同意。

第五十七条 遵守国家关于会计档案保存期限的规定,月度会计报表保存三年,各种账簿和会计凭证至少保存十五年,年度会计报表及涉外经济文件,永久保存。保存期限满,需要销毁时,应由财务部门和档案部门提出销毁意见,编制会计档案销毁清册,列明销毁会计档案的名称、卷号、册数、起止年月和档案编号、应保管期限、已保管期限。销毁会计档案时,报经董事会批准,同时填写销毁清册后,共同监销。销毁清册由监销人会同签章后,长期保存。

第五十八条 年度数据备份工作,数据磁盘应妥善永久保存,以胶片、磁、光等介质保存的数据的档案,必须有双份备份,分别存于不同地点,并按照有关规定保存在温湿度适宜、阳光不直射、不能被损害的场所。

第十章 财务报告制度

第五十九条 财务部负责公司范围内的会计报表合并和编制工作。

第六十条 财务部应按规定的统一格式及内容编制公司的财务报告。

第六十一条 财务报表应做好财务分析报告,财务分析报告内容包括但不限于以下内容:

(一)经营状况分析:对公司本期的经营活动进行评价,并与上年度同期水平进行对比说明,若上年度无经营业务的,则与上期进行对比。

(二)成本、管理费用及其他费用增减变化情况,并分析变化原因,为降成本及费用寻找途径;其他影响因素分析。

(三)利润分析:分析不同业务利润占总利润的比例;对各项投资收益、汇兑损益及其他营业收入做出说明;其他影响因素分析。

(四)应收账款账龄分析。

(五)负债分析:本期新增的借款去向;按季度、年度对借款利率与资金利润率进行对比,分析各种借款的利息及费用,为调整借款渠道和资金计划提供依据。

(六)财务指标分析:包括流动比率、速动比率、资产负债率、应收账款周转率、存货周转率、销售利润率、销售毛利率、销售增长率、净资产收益率、资产收益率、投资收益率等。

（七）其他事项分析：对重大的资产、负债变动，其他影响企业效益和财务状况的重大事件做出分析和说明。

（八）措施和建议：总结前期工作中的成功经验，分析所存在的问题，对企业生产、经营提出合理化建议，对现行的财务管理工作提出建议。

第六十二条　财务报告上报时间：月度报表在次月 10 日前提交，年度报表在年度结束后 30 日内提交，遇节假日顺延。

第十一章　附　则

第六十三条　本制度最终解释权属公司本部，如需修订，由财务部负责执行。

第六十四条　本制度自颁发之日起施行。